MÉTHODE INTUITIVE

EXERCICES ET TRAVAUX

POUR LES ENFANTS

SELON LA MÉTHODE ET LES PROCÉDÉS

DE PESTALOZZI ET DE FROEBEL

PAR

Mme FANNY CH. DELON

Directrice d'une école professionnelle à Paris

ET

C. DELON

Licencié ès sciences

PREMIÈRE PARTIE

———

CINQUIÈME ÉDITION

———

PARIS

LIBRAIRIE HACHETTE ET Cie

79, BOULEVARD SAINT-GERMAIN, 79

EXERCICES ET TRAVAUX

POUR LES ENFANTS

OUVRAGES DE M. CH. DELON

PUBLIÉS PAR LA LIBRAIRIE HACHETTE ET Cⁱᵉ

Méthode intuitive. — Exercices et travaux pour les enfants, d'après la méthode et les procédés de Pestalozzi et de Frœbel, par Mme F.-C. DELON et M. C. DELON, avec planches tirées en couleur, 2ᵉ partie, 1 vol. grand in-8, broché. . . . . 7 fr. »
Lectures expliquées, tableaux et récits accompagnés de développements et commentaires, et illustrés de nombreuses vignettes. 1 volume in-16, cartonné. . . . . 1 fr. 50
La leçon de choses, théorique et pratique. 1 vol. in-16, cart. toile.. 3 fr. »
La grammaire française d'après l'histoire. 1 vol. in-16, cart. toile. 3 fr. »

Gutenberg. 1 vol. in-18, illustré . . . . 15 c.
Le fer, la fonte et l'acier. 1 vol. petit in-16, illustré . . . . 50 c.
Le cuivre et le bronze. 1 vol. petit in-16, illustré. . . . . 50 c.
Mines et carrières. 1 vol. petit-16, illustré . . . . 50 c.
Idylles enfantines, 1 vol. in-16, illustré, cartonné . . . . 35 c.
Contes du soir. 1 vol. in-16, illustré, cartonné. . . . . 35 c.
Historiettes. 1 vol. in-16, illustré, cartonné . . . . 35 c.
Le moulin de Trompe-Souris. 1 vol. in-8, cartonné. . . . . 70 c.
Promenades dans les nuages. 1 vol. in-8, illustré, broché. . . . . 1 fr. 10
Histoire d'un livre. 1 vol. in-8, illustré, broché. . . . . 1 fr. 10
Petite astronomie descriptive, par M. C. FLAMMARION et C. DELON. 1 vol. in-16, illustré. . . . . 1 fr. 25
Les peuples de la terre. 1 vol. grand in-8, illustré de nombreuses gravures et de 24 planches en couleurs, broché. . . . . 4 fr. 50

35956. — Imprimerie LAHURE, rue de Fleurus, 9, à Paris.

MÉTHODE INTUITIVE

EXERCICES ET TRAVAUX

POUR LES ENFANTS

SELON LA MÉTHODE ET LES PROCÉDÉS

DE PESTALOZZI ET DE FROEBEL

PAR

Mme FANNY CH. DELON

Directrice d'une école professionnelle à Paris

ET

M. CH. DELON

Licencié ès sciences

PREMIÈRE PARTIE

CINQUIÈME ÉDITION

PARIS

LIBRAIRIE HACHETTE ET Cie

79, BOULEVARD SAINT-GERMAIN, 79

1897

INTRODUCTION

DE LA MÉTHODE INTUITIVE

I

Tous ceux que préoccupe la nécessité d'une vaste et profonde réforme de l'éducation et de l'enseignement, nécessité désormais incontestée, sentent que la réforme doit se faire par la base, c'est-à-dire à partir du premier degré, à commencer par le premier âge. Nous ne pouvons plus admettre que ces heures matinales de la vie soient abandonnées au hasard ou livrées à une routine inintelligente. Sans doute, à ce moment du réveil de la pensée notre intervention doit être discrète, pleine de ménagements pour la faiblesse de l'âge; aussi la forme donnée à cette initiation première, les procédés employés, doivent-ils être soigneusement mis en rapport avec les besoins spéciaux, les tendances naturelles des intelligences enfantines. Cependant l'éducation première n'est pas une œuvre isolée, tout à part, sans lien logique avec ce qui doit suivre; c'est, au contraire, un cas particulier dans l'œuvre générale, une partie dans l'ensemble; un degré déterminé, le premier degré de l'éducation : le premier pas dans la voie. Or, si l'enseignement enfantin est une préparation à l'enseignement plus avancé, il doit nécessairement viser le même but, partir des mêmes données, s'inspirer du même esprit. Que dire d'une éducation première qui, sous un prétexte ou sous un autre, s'isolerait de l'ensemble, et prenant la vie à rebours, ferait naître chez l'enfant des habitudes d'esprit telles que l'enseignement plus élevé aurait pour tâche préalable d'en effacer les traces, avant d'entrer dans une autre voie?... Quelque modifiés qu'ils soient dans la forme, les procédés de l'enseignement enfantin doivent donc se rattacher par le fond à un ensemble logique et rigoureux, pour satisfaire aux lois de la saine méthode pédagogique.

Tout ce qui constitue l'homme, forces motrices, organiques, instincts, facultés, existe chez l'enfant à l'état de germe, attendant son développement de la nature et de l'éducation. L'éducation n'a pas à créer les facultés; mais elle en favorise et en dirige le développement spontané, naturel, qui sans elle demeurerait incomplet, afin de mettre l'homme arrivé à l'âge adulte en possession de tous ses moyens d'action. L'éducation, en un mot, est un apprentissage de la vie. Or, dans la vie, l'homme aura besoin de toutes ses forces, devra mettre en activité toutes ses facultés. Celui à qui ferait défaut une seule des énergies, une seule des facultés de l'être humain, serait incomplet, difforme pour ainsi dire au point de vue intellectuel, comme l'est au point de vue physique l'homme privé d'un sens ou d'un membre. L'éducation doit donc se proposer de développer l'être tout entier, avec toutes les forces organiques qui doivent être au service de sa pensée, avec toutes les facultés de son intelligence; sans exclusion, sans disproportion, dans l'ordre et l'harmonie. C'est ce qu'on entend en disant que l'éducation doit être *intégrale.*

L'éducation intégrale comprend dans son unité l'éducation physique, l'éducation morale et l'éducation intellectuelle, dont fait partie l'instruction proprement dite.

La vie est un perpétuel échange. L'homme est en rapport de réciprocité avec le milieu naturel et le milieu social, avec l'univers entier et avec ses semblables. Il n'est pas né seulement pour connaître, mais aussi pour agir. Tour à tour actif et passif, il donne et reçoit; il prend des idées dans les choses, puis met ses idées dans ses œuvres. Il entre en communauté d'intérêts, de sentiments, de pensées avec les autres hommes; il bénéficie du travail d'autrui, puis il exerce son activité à son profit et au profit de tous. Tel est le rôle auquel chacun de nous est destiné; double rôle, qui correspond à ces deux termes contrastés : assimiler et produire; comprendre et exprimer; connaître le vrai et réaliser l'utile, le bien, le beau; savoir et travailler. Toute éducation qui ne prépare pas l'enfant à ce double rôle, qui ne tend pas à faire de lui à la fois un penseur et un travailleur[1], un être intelligent et un être actif, est une éducation incomplète et stérile.

Quant aux moyens, ils doivent évidemment être en

---

1. Dans le sens le plus général du mot.

rapport avec le but. A l'éducation intégrale correspond la *Méthode intégrale* qui a pour principe de tirer parti de toutes les ressources, de faire concourir toutes les forces de l'être à son propre développement; d'en appeler à tous les modes de procéder de l'intelligence humaine, pour faire naître et communiquer l'idée. Son caractère est de ne rien exclure, ni dans l'objet, ni dans les moyens de la connaissance.

L'objet de la connaissance, c'est *tout :* l'univers entier, y compris nous-mêmes; les choses et les êtres, les formes, les lois, les rapports. Nous avons également besoin de connaître et ce monde au sein duquel nous vivons, et notre être, et notre pensée avec ses procédés d'expression, et notre histoire. Or, pour acquérir sur toutes ces choses les notions élémentaires, indispensables, nous possédons deux moyens généraux : l'un indirect, la communication de l'idée par le langage; l'autre direct, le grand moyen universel et nécessairement premier de la formation de l'idée, l'observation. L'observation nous conduit à connaître les faits; le raisonnement les interprète, nous fait apercevoir leur enchaînement, leurs causes, leurs rapports, et nous met à même d'en tirer des conséquences pratiques. Telle est la manière générale de procéder de l'esprit humain. En est-il une autre opposée pour l'enfant? Non. En quoi l'intelligence de l'enfant diffère-t-elle de celle de l'homme? N'est-ce pas seulement par une moindre puissance, par une moindre fixité? Pour faire un penseur, faisons donc un observateur. En procédant ainsi, non-seulement nous ferons acquérir à l'enfant par la voie la plus directe et la plus naturelle une somme donnée d'idées justes et de connaissances utiles; mais, ce qui a plus de valeur encore, nous le mettons en possession des moyens nécessaires pour en acquérir par lui-même de nouvelles.

L'observation fait l'éducation des sens, elle les dresse et les perfectionne; elle rend le coup d'œil sûr, la main habile, la perception délicate. En même temps, elle met en activité les facultés sollicitées à intervenir; elle donne l'habitude de l'attention et de l'initiative. Par elle l'enfant est graduellement habitué aux grandes opérations de l'entendement humain : percevoir, analyser, abstraire; comparer, généraliser, synthétiser. — Le fait observé est complexe, chaque objet a tant d'aspects divers; il faut de toute nécessité diviser la tâche, pour examiner à part une seule propriété de la chose observée, la forme, par exemple : c'est analyser et abstraire[1]. Que l'enfant apprenne donc à analyser l'objet de son observation; puis, pour mieux en apprécier les caractères, il le comparera à d'autres objets; il constatera les analogies et les différences; et par là il fera l'éducation de son jugement, il apprendra à raisonner.

Raisonner, c'est enchaîner des pensées, faire naître des idées de la comparaison des idées. Ces facultés du raisonnement et du jugement, facultés suprêmes de l'intelligence, se développent, comme les autres, par l'exercice. Voilà pourquoi il ne suffit pas de confier à la mémoire de

---

[1]. L'analyse et l'abstraction ne sont pas des opérations difficiles, particulières aux hautes sciences; ce sont des procédés élémentaires que nous mettons en usage mille fois en vingt-quatre heures. Abstraire est un procédé de simplification nécessité par la limite même de l'intelligence humaine, trop faible pour tout embrasser à la fois. Plus les facultés sont bornées dans leur puissance, plus il devient indispensable et naturel d'abstraire.

l'enfant des assertions, des idées toutes faites, des jugements tout formés. Il ne suffit pas même de faire constater et analyser les faits par l'observation ; il faut que l'enfant applique immédiatement le raisonnement à l'observation, qu'on lui fasse chercher la cause de l'effet observé, les relations qui existent entre tel et tel groupe de faits. Qu'il parcoure sans cesse sous notre direction, tantôt en descendant de la cause à l'effet, tantôt en remontant de l'effet à la cause, l'enchaînement des faits et des idées, pour apprendre à tirer parti de ces deux procédés universels de l'intelligence, la déduction et l'induction. Graduellement il sera conduit à généraliser les idées acquises par l'observation de faits particuliers, à discerner les caractères communs, à classer, à coordonner, à former des ensembles.

Ainsi d'une part l'enfant apprend à user de ses moyens de connaître, et en même temps il acquiert une connaissance élémentaire, mais positive, des faits, une notion des grandes lois générales de la nature, des lois de sa propre vie et de sa propre pensée. Mais connaître, acquérir des notions, des idées, ce n'est pas tout, avons-nous dit ; l'homme doit réaliser sa pensée, travailler. C'est une nécessité pour l'homme de transformer toute chose autour de lui. Si c'est seulement en vue de son bien-être matériel qu'il transforme, c'est le travail industriel, au point de départ condition nécessaire de l'entretien de la vie, et devenant dans son développement un instrument de civilisation. Si c'est pour satisfaire aux besoins supérieurs de son intelligence, pour exprimer ses sentiments intimes, pour réaliser l'ordre, la beauté, l'harmonie, c'est le travail artistique. Or l'homme est tellement fait qu'il ne peut séparer totalement ces deux besoins de sa nature; il veut le beau dans l'utile. Jusque dans les objets de nécessité première, il recherche l'élégance de la forme, le fini du travail. De là il advient que chez toute nation civilisée le travail industriel a son côté artistique; que dans la plupart des professions, on ne peut être un bon ouvrier qu'à la condition d'être quelque peu artiste[1].

Quant à l'art proprement dit, si tous ne sont pas destinés à parler cette langue, tous devraient jusqu'à un certain point la comprendre; tous devraient apprendre à goûter les beautés de la poésie et de la vraie littérature, ne serait-ce que pour être à l'abri de la corruption du goût et des mœurs propagée par une littérature malsaine. Tous devraient s'élever par l'éducation jusqu'à sentir la majesté d'un bel édifice, la grâce expressive d'une belle peinture, l'émotion que fait éprouver la musique à l'être bien organisé. En ouvrant aux hommes cette source de pures jouissances, vous les détournez des jouissances grossières, vous les rendez meilleurs et plus heureux. Dans une société, l'art est un élément moralisateur.

Une première initiation au travail et à l'art doit donc faire partie de l'éducation générale : l'enfant doit être progressivement exercé au travail comme à la pensée. De petits travaux appropriés à son âge et choisis de telle sorte qu'ils laissent place à l'initiative personnelle, lui feront prendre l'heureuse habitude de l'activité. Qu'il trouve du plaisir à produire, à tirer quelque chose de lui-

---

1. Cette tendance est surtout remarquable dans notre industrie française; c'est à elle que nous devons ce bon goût qui fait loi dans le monde civilisé, et qui constitue pour notre pays un élément de supériorité et de richesse.

même; qu'il apprenne à sentir l'ordre, la beauté, qu'il se complaise à les réaliser autant qu'il est en lui.

II

Développer toutes les forces, toutes les facultés, faire acquérir à l'enfant les notions fondamentales et usuelles en tout ordre de connaissances, le rendre, dans la mesure du possible et toute proportion gardée, observateur et travailleur, tel est donc l'œuvre de l'éducation dans son ensemble. Qu'allons-nous faire dans la première période de l'éducation? — Commencer. Dès le point de départ, notre enseignement portera le même caractère. Il n'exclura rien ni des matières ni des moyens généraux de l'enseignement; il transformera, il proportionnera tout, pour se mettre en rapport avec l'ordre naturel du développement des facultés chez l'enfant. Ainsi la faculté de fixer sa pensée sur des choses abstraites s'éveille lentement; ce n'est pas une raison pour ne pas exercer les jeunes intelligences à abstraire et à raisonner, c'en est une pour y aller avec ménagement. Il n'est pas dans la nature de l'enfant de suivre le raisonnement très-loin du point de départ; ne prolongeons pas indéfiniment les séries de déductions. Les facultés perceptives, au contraire, sont, dès le premier âge, très-actives; l'enfant est naturellement observateur : c'est donc ici, plus que jamais, l'observation qui sera le grand moyen. De là le nom si expressif de Méthode intuitive[1] donné à la méthode rationnelle lorsqu'il s'agit de l'enseignement de l'enfance ; il la définit par son caractère dominant et distinctif, l'observation. De la perception à l'idée, du concret à l'abstrait ; à l'intelligence par les sens, au jugement par l'épreuve : il n'y a pas d'autre marche à suivre avec l'enfant.

A un tel mode de procéder correspondent tout spécialement certaines matières d'enseignement ; et c'est à celles-là plutôt qu'aux études abstraites que l'éducation de l'enfance, pour être logique, doit donner la plus large part dans son programme. C'est l'étude, très-élémentaire cela va sans dire, de la nature, qui est la science enfantine par excellence, le plus vivifiant exercice pour l'intelligence qui s'éveille, le plus attrayant pour la naïve curiosité du jeune âge ; là tout prend corps pour s'offrir à l'observation. La connaissance élémentaire de la forme, une géométrie intuitive est un des côtés les plus importants au point de vue pratique de cette étude des choses naturelles. Mais il y a autre chose que la forme dans la nature ; il y a la force et le mouvement, la vie et la pensée. L'observation, et autant qu'il est possible l'explication des phénomènes dans lesquels se manifeste l'action des grandes forces de la nature ; une idée première des propriétés de la matière les plus faciles à constater ; une notion de la forme de notre monde et des accidents de sa surface ; quelques connaissances usuelles sur les roches,

---

[1]. *Intueri*, regarder ; *intuitus*, observation. Ce nom de méthode intuitive correspond à celui de méthode expérimentale, en usage lorsqu'il s'agit des degrés plus élevés de l'enseignement. L'expérimentation est un procédé perfectionné d'observation.

sur l'organisation et la vie des plantes, leur culture, leur emploi, sur la constitution et les mœurs des animaux; enfin une connaissance sommaire de notre propre organisation : tel est le vaste champ que l'histoire naturelle et les sciences qui s'y rattachent offrent à l'éducation de l'enfance. Il n'entre pas dans notre pensée, répétons-le encore, d'écarter les autres matières d'enseignement, celles-là surtout qui sont de nécessité de moyen : la lecture, les éléments d'écriture, des notions de calcul; une étude première, rationnelle et pratique de la langue maternelle. Nous résisterions de toutes nos forces à ceux qui, pour introduire des matières d'enseignement ou des procédés perfectionnés, voudraient bannir de la petite école les exercices dont l'expérience est venue confirmer l'utilité. Les divers enseignements se soutiennent et s'équilibrent l'un par l'autre; c'est à compléter la série, et non à la rompre que nous devons viser. L'expérience de l'éducateur interviendra quand il s'agira de proportionner le niveau de chaque enseignement aux facultés des enfants qu'il dirige.

Quelques personnes s'effrayeront peut-être de la multiplicité des matières d'enseignement qui vont, diront-elles, envahir le programme. Qu'elles se rassurent : diversifier n'est pas surcharger. Il est aussi contraire à l'expérience qu'à la théorie de s'imaginer qu'on peut, pendant des années consécutives, tenir toute une longue journée les enfants en haleine dans le cercle étroit de deux ou trois matières d'enseignement, arides, abstraites — et ne le fussent-elles pas, fussent-elles, au contraire, par leur nature même, les plus agréables — insupportables par cela seul qu'elles n'offrent pas de variété. Le jeu le plus attractif intéresserait-il deux heures de suite l'imagination mobile des enfants? Demandez aux éducateurs intelligents, soucieux de ménager les forces physiques et intellectuelles de leurs élèves, à quels expédients ils doivent avoir recours pour dissimuler sous la variété de la forme l'accablante monotonie des exercices scolaires. Une atmosphère d'ennui pèse sur la classe entière. Pauvres enfants! eux si vivants, si mobiles! L'instinct d'initiative s'endort; une révolte inconsciente agite sourdement ce petit monde. Mais variez, alternez, prévenez la satiété, la lassitude; qu'à une étude de raisonnement succède une occupation tout à fait différente, un travail manuel attrayant, un de ces exercices récréatifs si ingénieusement combinés par Froebel, heureux intermédiaires entre l'étude et le jeu pour les heures où il faut laisser reposer la pensée.... Il vous est alors possible de tenir les enfants occupés, sans fatiguer leurs frêles organes. Satisfaction est donnée à l'instinct du changement, si impérieux chez les natures enfantines : vous l'aurez pour allié, et non plus pour adversaire. Ainsi, aux considérations majeures du développement intégral des facultés, de l'ensemble du plan d'enseignement, vient se joindre en faveur de l'introduction de ces éléments nouveaux une considération toute pratique et disciplinaire, dont les éducateurs expérimentés apprécieront l'importance.

III

Nous pouvons distinguer, parmi les procédés correspondant à la méthode intuitive, les *procédés généraux* et les *procédés spéciaux*. Ceux-ci ne sont, il est vrai, que des cas particuliers des premiers; mais ce sont des cas particuliers nécessitant une mise en œuvre spéciale et toute une disposition matérielle appropriée.

Les procédés généraux applicables aux matières les plus diverses de l'enseignement, quoique susceptibles de nuances infinies, ont en vertu de leur universalité même un caractère d'intime unité. Ils se résument en somme sous cette forme d'enseignement à laquelle on a donné le nom de *leçon intuitive*.

La leçon intuitive est professée par le maître dans un langage approprié à l'âge des élèves. Le plus souvent sous forme dialoguée, elle fait appel à la spontanéité des enfants dans un échange animé de questions et de réponses, suscitant les unes par les autres, provoquant et dirigeant l'activité des facultés intellectuelles. Au lieu de procéder par assertions, de donner à enregistrer à la mémoire des notions toutes faites, elle met pour ainsi dire l'idée dans la nécessité de naître; comme elle met le jugement en demeure de se produire, afin de le confirmer ou de le redresser, s'il y a lieu. Son caractère distinctif, qui est le caractère général même de la méthode, est de partir de l'observation directe et immédiate, pour faire raisonner les enfants en présence du fait observé.—L'objet point de départ, le voilà sous vos yeux ; le phénomène, constatez-le vous-même. Voyez, touchez, palpez s'il est nécessaire; regardez de près, tournez sur tous les sens. Analysons ensemble ; remarquez ceci, cela. Faisons abstraction de tout le reste pour concentrer notre attention sur tel caractère de l'objet, sur telle circonstance du fait. Comparons avec tel autre objet, ou présent ou antérieurement observé : quelles sont les analogies, les différences? Est-ce fait? Avez-vous bien vu? Avez-vous formé dans votre esprit une idée, une image fidèle de la réalité? Maintenant raisonnons ensemble. Quelles sont les causes de ce fait, ses conséquences? Si telles circonstances interviennent, que doit-il arriver? Faisons l'épreuve. Quelle est la place de ce fait parmi les faits du même ordre? De cet objet, quelle est l'origine, la destination? Résumons maintenant nos observations : fixons la notion dans une formule concise. Enfin, n'y a-t-il pas de conclusions pratiques à déduire de ce que nous venons d'apprendre? — Telle est, en somme, la marche de la leçon, marche qui peut s'accidenter de mille manières par des digressions, être retardée ou pressée, laissée et reprise selon les besoins, tandis que la variété du ton et du cadre rend la leçon pittoresque et animée.

Si l'objet de l'étude ne peut, par sa nature ou par les circonstances, être mis sous les yeux de l'enfant, une représentation fidèle peut en tenir lieu [1]. Si le phénomène ne se prête pas à une observation immédiate, l'appel fait

---

1. Les images, dessins, plans, reliefs, moulages en plâtre d'objets dont on ne peut posséder les originaux, et plus encore les dessins improvisés au tableau avec les deux crayons : tels sont les moyens auxiliaires que la méthode intuitive emploie fructueusement.

aux souvenirs, les descriptions, la comparaison avec des faits du même ordre immédiatement constatés ou déjà familiers, combleront autant que possible le vide. En tout ceci, comme dans la manière de présenter les faits, les idées, de diriger les esprits, de captiver les imaginations, il y a un art : un art qui a, comme tout art, ses principes, ses règles, ses traditions, ses artifices même, et auquel tout éducateur de l'enfance doit désormais être initié.

Ce qui est tout aussi important, sinon plus essentiel encore, c'est la relation à établir entre les leçons, de manière à constituer une *synthèse méthodique*, un ensemble logique et serré embrassant le cercle entier de l'enseignement dans une progression continue et parallèle.

Il semblera peut-être étrange de nous entendre dire que les leçons intuitives doivent embrasser comme sujets les matières les plus diverses du plan d'études. Dans sa forme *type* telle que nous venons de l'esquisser, il est évident que la leçon intuitive a surtout pour domaine le vaste champ des sciences naturelles. Rattachons-y immédiatement, à titre d'application, l'ensemble non moins vaste des procédés industriels; le travail de l'homme en face de l'œuvre de la nature : et vous voyez déjà se multiplier la série des leçons les plus attrayantes et les plus pratiques. Réunissons encore au même ensemble l'étude élémentaire de la forme par l'observation, la géométrie intuitive avec ses nombreuses applications. L'enseignement plus abstrait du calcul n'a-t-il pas lui-même l'observation du nombre à l'état concret comme point de départ rationnel, aussi bien que comme procédé méthodique ? Les moyens dès longtemps en usage pour la partie élémentaire de cet enseignement n'indiquent-ils pas comment il peut rentrer dans le cadre de la leçon intuitive?

Mais l'histoire? Disons d'abord que l'histoire telle que nous l'entendons d'ordinaire n'est pas faite pour le premier âge. Justement parce que les événements passés se dérobent à l'observation, l'enfant arrive très-difficilement à s'en faire une idée nette. Ce n'est pas qu'il faille exclure les récits anecdotiques, ou même les idées générales qui peuvent être accessibles à l'enfant; mais la série des événements lui échapperait nécessairement, et il serait fâcheux d'encombrer sa mémoire de mots sans valeur qui n'envelopperaient point d'idées. Quand l'enfant se sera développé par l'observation des faits contemporains de sa propre existence, alors viendra le tour des événements passés. Eh bien! c'est par la leçon intuitive que l'histoire entrera dans le cercle de l'enseignement. Il y a tout un grand côté intuitif dans l'histoire. Les faits passés ont laissé des traces matérielles. Il y a l'histoire pittoresque, l'histoire des mœurs, des coutumes, de l'industrie; et s'il est un côté de l'histoire accessible à de jeunes enfants, c'est évidemment celui-là. Des dessins fidèles et bien exécutés auront là une place importante; la comparaison des procédés et des produits du travail antique avec ceux de notre industrie amènera l'intervention d'objets qui frapperont l'imagination des enfants et fixeront les faits dans leur souvenir.

Reste la pensée, et le langage son incarnation. Comment une étude première du raisonnement et de la langue, de la grammaire, peut-elle admettre les procédés de la méthode expérimentale? Parce que la pensée et la parole sont des faits observables. Observer sa propre pensée, se rendre compte de ce qui s'y passe à l'aide de cette conscience que nous avons de nos opérations intellectuelles, cela s'appelle réfléchir. Or, nous pouvons conduire l'enfant à réfléchir, lui faire observer les sentiments qu'il éprouve et les idées qui naissent en lui. C'est là, direz-vous, chose abstraite. C'est, répondrons-nous, ce que vous faites chaque fois que vous faites une morale à votre enfant. Certes, nous n'en abuserons pas; car l'enfant n'est pas capable de fixer longtemps son attention sur lui-même. Mais la pensée prend une forme dans la parole; elle devient saisissable. Les sons eux-mêmes, enveloppes de l'idée, sont choses directement observables; une analyse intelligente des sons de la parole doit accompagner l'étude des signes représentatifs de ces sons[1]. Là est tout l'art de la lecture. Les mots, en tant qu'exprimant des idées, et les phrases elles-mêmes peuvent être analysés dans leur forme et dans leur sens, en établissant les rapports entre ces formes du langage et la pensée qui leur impose ses lois. Si l'habitude de se rendre compte de ses paroles en les comparant aux idées qu'il veut exprimer était de bonne heure et graduellement donnée à l'enfant, l'enseignement de la grammaire proprement dite dans la période suivante ne pourrait plus être ce qu'il est trop souvent, un mécanisme routinier.

Il est bien évident que les mots de *leçon intuitive* reçoivent ici une certaine extension de sens; c'est plutôt à la méthode qu'aux procédés de mise en œuvre que se

---

1. Le rôle de l'observation dans l'enseignement de la lecture est défini et analysé dans l'ouvrage intitulé : *Enseignement scientifique de la lecture, d'après la physiologie de la parole et l'histoire des mots français*, par H. Chavée : seule méthode au niveau du progrès de la linguistique moderne.

reporte la pensée. Mais l'enseignement fondé sur l'observation est susceptible de formes si variées, qu'il peut se prêter aux exigences des sujets en apparence les plus éloignés les uns des autres, comme aux besoins des âges les plus divers.

DES EXERCICES ET TRAVAUX DE FRŒBEL.

 I

Il nous fallait exposer sommairement le caractère et la marche de la leçon intuitive, dont les procédés spéciaux détaillés ci-après sont, ainsi que nous l'avons dit, des cas particuliers, soumis aux lois du genre et n'ayant de valeur qu'à cette condition. Quant au plan d'ensemble des diverses séries de leçons correspondant aux diverses matières d'enseignement, quant au plan particulier de chacune d'elles, suivant la série à laquelle elle appartient, à sa préparation, à son organisation matérielle, une telle et si importante étude ne saurait trouver place en ces pages d'introduction; c'est la matière d'un autre ouvrage. Nous nous restreignons en celui-ci à l'organisation des procédés spéciaux désignés sous ce titre d'*exercices et travaux*, tous se rapportant plus directement à l'étude et à la réalisation de la forme, à la géométrie et au dessin.

Un mot d'histoire est ici de rigueur. Il n'est pas besoin

de dire que l'idée première d'une démonstration sur le fait a de tous temps été du domaine du sens commun et de la commune pratique ; la méthode qui consiste à provoquer l'éclosion de l'idée et la formation du jugement était déjà célèbre dans l'antiquité sous le nom de *méthode socratique*, en souvenir de l'illustre philosophe qui en faisait son principal instrument d'enseignement. Mais si personne ne peut revendiquer l'invention du procédé général, son application, son organisation régulière comme moyen d'éducation collective, son adaptation aux conditions du premier enseignement, sont dus à l'initiative du célèbre éducateur suisse Pestalozzi.

Pestalozzi étudia à fond et connut parfaitement la manière de procéder des intelligences enfantines ; il signala les obstacles inaperçus dans le demi-jour de leur pensée, les malentendus qui existent si souvent entre l'enseignant et l'enseigné. Il apprit aux maîtres à ne pas franchir d'intermédiaires dans la marche progressive du raisonnement : chose que nous faisons si facilement sans nous en rendre compte, tant ces sous-entendus nous sont familiers. Il enseigna l'art si difficile de se faire petit pour être compris des petits ; de penser en enfant pour suivre la pensée enfantine, en même temps que l'on pense en homme pour la diriger. Nous devons à Pestalozzi la leçon intuitive dans sa forme développée et arrêtée ; c'est à lui que l'ont empruntée ceux qui l'ont répandue, sous différents noms, de la Suisse en Allemagne, en Belgique, en France, en Italie et jusqu'au delà de l'Océan.

En outre de la remarquable direction donnée à l'éducation morale, c'est l'enseignement proprement dit qu'avait en vue Pestalozzi. Son disciple, Frœbel, s'empara surtout des procédés de l'enseignement géométrique et mathématique, dans lequel avait excellé le maître. Il les développa en leur donnant une autre tendance; il en fit des procédés de première initiation artistique, complétant et équilibrant l'étude par le travail, le développement de la compréhension par le développement de l'activité créatrice. Tout ce grand côté de la méthode lui appartient. Il imagina ou perfectionna les procédés ingénieux qui portent son nom, et auxquels il donnait une valeur très-grande par l'esprit pédagogique qui en dirigeait la mise en œuvre. C'est d'après cet idéal de l'éducation par le travail que Frœbel créa ses Jardins d'enfants.

Frœbel rêvait de plonger l'enfant dans un milieu expressément créé pour lui, dans une atmosphère tiède, douce, sereine; il voulait les champs, les jardins, la culture des fleurs, des plantes d'utilité et d'ornement, l'élevage des animaux domestiques. Le Jardin de Frœbel devenait une colonie enfantine où les jeux, les chants entretenaient la joie, et faisaient de la première existence de l'enfant une idylle du travail. Idéal bien rarement et bien difficilement réalisable au sein de nos sociétés agitées et inquiètes.

Frœbel aime et comprend l'enfant, il aime et comprend la nature; mais, rêveur et Allemand, il mêle à la philosophie naturaliste, qui est au fond de sa méthode et lui donne l'âme et la vie, un étrange mysticisme dont son enseignement tout entier est comme imprégné. Il abuse des analogies poétiques; il fait du symbolisme à outrance[1].

---

1. Quand nous qualifions d'étrange le mysticisme de Frœbel et de quelques-uns de ses continuateurs, nous ne croyons pas courir le risque d'être taxés d'exagération. Qu'on lise les œuvres de Frœbel, notam-

Bon nombre de ces continuateurs ont été séduits par ce mysticisme qui peut convenir aux nuageuses imaginations allemandes, mais dont notre esprit national, plus ferme et plus positif, exige que l'enseignement soit dégagé. C'est du reste chose facile.

Qu'on ne nous accuse pas de vouloir dessécher l'imagi-

---

ment *les Causeries de la mère;* le *Manuel des jardins d'enfants,* de Jacobs, etc. Mettant hors de cause ce qui tient aux sentiments et aux opinions religieuses de l'auteur (Frœbel était pieux protestant), il y a là un véritable débordement de symbolisme. Dans quel monde irait-on jeter l'imagination des enfants, si par bonheur leur simplicité plus près de la nature et leur besoin d'idées nettes et positives ne les mettaient à l'abri de telles exagérations ! — Qu'on en juge, du reste : nous ne pouvons tout citer; mais quelques phrases seulement, au hasard.

L'enfant dans les bras de sa mère, regarde la girouette du clocher et imite de sa petite main son mouvement de rotation. — « Ce jeu, dit « Frœbel, a pour objet de faire comprendre à l'enfant les choses invisi- « bles et immatérielles au moyen des choses visibles et matérielles; » — et il a soin d'ajouter, — « il ne sait pas parler encore ! » (*Les Causeries de la mère,* Frœbel.)

Ailleurs : il s'agit du jeu de coucou, autrement dit cache-cache ; vous voyez que nous sommes toujours à la première enfance. — « Ce senti- « ment de l'union dans la distinction (l'enfant caché et cependant pré- « sent) et de la séparation de la personnalité dans celle de l'union, est « la base même de la conscience humaine, au cri de laquelle correspond « le cri de cou-cou ! dans ce jeu. »

Jusqu'à quel point les habitudes d'esprit une fois acquises peuvent égarer un bon esprit, et mettre en contradiction avec les principes fondamentaux de sa méthode celui-là même qui lui a donné pour base cette maxime : « Ne rien présenter à l'enfant qu'il ne soit en état de « comprendre ! » Ses continuateurs, du moins un bon nombre, vont s'égarer à sa suite. — Il s'agit du *jeu de la balle.* « Mais l'enfant ne sera pas « toujours guidé par sa mère; bientôt il saura courir ; ses propres forces « devront alors le soutenir. Grand, il sera dans le monde où il devra « subsister et agir par lui-même, s'il ne veut pas être le jouet des ca- « prices et des folies d'autrui. Cet état d'indépendance est figuré par la « balle en liberté (la balle lancée sans être retenue par le cordon). » (*Manuel des Jardins d'enfants,* Jacobs.)

Plus loin ce sont les petits ouvrages de l'enfant, qui, mis de côté pour être conservés, figurent « qu'il doit tâcher de conserver son « cœur dans toute sa pureté, dans toute son innocence. » (*Ibidem.*)

Et le même esprit se mêle à l'œuvre entière. Qu'on nous pardonne cette longue note justificative : il fallait citer.

nation de l'enfant, et, sous prétexte de notions positives, le sevrer de toute émotion, de toute poésie. Nous voulons au contraire que l'existence de l'enfant en soit toute parfumée ; mais c'est dans les choses de la nature et de la vie que nous voulons mettre cette poésie, et non dans les rapports obscurs d'un symbolisme inaccessible. Idéalisons pour l'enfant la vie humaine dans ses travaux et ses devoirs, ses tristesses et ses joies, les sentiments humains auxquels son cœur devra s'ouvrir, et dont les affections de la famille sont pour lui un doux et vivifiant apprentissage ; nous aurons travaillé à la fois pour a morale et pour le bonheur.

Un autre danger que n'ont pas toujours su éviter les imitateurs les plus enthousiastes de Frœbel consiste à n'apercevoir que le côté extérieur de sa méthode. Les procédés n'étant plus alors animés de l'idée pédagogique qui vit dans l'ensemble dégénèrent en un froid mécanisme. Un esprit d'exclusivisme étroit et d'imitation servile peut d'autant plus facilement se glisser dans la méthode de Frœbel, que son mécanisme plus délicat et sa théorie pédagogique même laissent quelque chose de vague. Il est arrivé que certains éducateurs ont pris la forme pour le fond, et se sont crus en possession de la méthode quand ils n'en avaient saisi que le côté extérieur. Au reste dans nulle œuvre humaine le parfait absolu ne saurait être atteint. L'idéal de Frœbel ne le fut pas sans doute, même dans les Jardins d'enfants qu'il fonda et fit fleurir sous son influence directe. Quoi qu'il en soit et malgré les obstacles, l'œuvre a prospéré, grâce à l'initiative des esprits éclairés et des bons cœurs. Un nombre aujourd'hui considérable d'écoles enfantines, plus ou moins conformes au type esquissé par Frœbel, ont été créées en Suisse, en Allemagne, en Hollande, en Belgique, en Italie, en France, surtout dans les départements de l'Est, les plus avancés en matière d'instruction; enfin en Amérique, où ces méthodes trouvent d'ardents propagateurs. Un immense progrès s'est ainsi réalisé, et l'esprit public est désormais et décidément entré dans cette voie.

Un obstacle s'était rencontré dans ce vague et ces tendances mystiques, qui ont fait reprocher à l'école de Frœbel son origine. Pour s'adapter à notre caractère français, il fallait qu'elle se fît française, qu'elle se naturalisât pour s'acclimater parmi nous. C'est ce qui a été tenté non sans succès par quelques esprits sérieux, convaincus de l'excellence des principes généraux et de la méthode de Pestalozzi et de Frœbel, et non moins convaincus de la nécessité de certaines transformations. Tel est aussi le but que nous nous sommes proposé dans le présent ouvrage.

II

Au sein de nos villes la colonie enfantine telle que la voulait Frœbel n'est pas réalisable, ou du moins ne l'est qu'exceptionnellement. C'est pour nous cependant, sauf les réserves précédemment indiquées, un idéal dont nous devons tenter de nous rapprocher autant que le milieu et les conditions données nous le permettent. Conservons non-seulement l'esprit synthétique de la méthode, les procédés de la leçon intuitive, les exercices et les travaux ; conservons encore à l'école enfantine la physionomie sereine et gaie, la grâce, la poésie, les chants et les jeux ; le jardin : — le jardin riant et vert, le jardin aux allées sablées ; le jardin où chaque enfant a son petit coin de terre pour apprendre par la culture des fleurs et des plantes d'utilité à respecter, à entourer de soins des existences fragiles et délicates. Le jardin c'est la moitié de la joie de l'enfant. Si des conditions impitoyables de localité nous contraignent à le sacrifier, conservons d'autant plus précieusement les chants animés et la joyeuse gymnastique des rondes et des jeux.

Car l'étude et le travail ne sont pas tout à l'école Frœbel : soucieux avant tout de protéger et de favoriser le développement physique, il fit une large part aux jeux de mouvement ; la gaieté, chez les enfants surtout, est pour plus de moitié chose physiologique. Les études sont partagées en courtes séances, fréquemment interrompues par des exercices gymnastiques, des marches, des rondes. Satisfaction étant ainsi donnée au besoin de mouvement, l'ordre est beaucoup plus facile à obtenir pendant les exercices qui réclament l'attention ; le moment où l'enfant entre en classe est justement celui où, après l'excitation du mouvement, il souhaite naturellement le repos. L'équilibre se trouve ainsi constitué, et l'équilibre est la condition première de l'ordre.

La gymnastique est une nécessité impérieuse dans l'éducation ; c'est un contre-poids nécessaire au travail intellectuel. A l'école enfantine, cet exercice revêt comme les autres une forme spéciale. Les mouvements combinés pour donner à tous les membres une activité équilibrée, sont rhythmés et soutenus par un chant cadencé. Le plus souvent ces mouvements sont motivés plus ou moins par une idée quelconque qui met de l'action, de l'entrain. — Il s'agit, par exemple, d'imiter les mouvements divers d'un travailleur accomplissant telle tâche, ou quelque scène rustique : les paroles de la chanson guident les mouvements et expliquent l'action. Puis ce sont des marches, toujours rhythmées par le chant ; des rondes diversement figurées ; enfin des jeux organisés dirigés par la maîtresse. A certains moments de la journée, aux heures de récréation proprement dite, il faut laisser l'enfant choisir ses jeux, sauter, bondir comme il l'entend, ou se reposer à sa guise ; mais à d'autres moments il faut l'entraînement des jeux organisés où tout le monde entre dans l'action. Ces jeux sont très-animés, au Jardin d'enfants ; il en est de très-jolis. Pourtant le répertoire n'est pas encore assez complet, assez varié ; il serait à désirer que quelque ami de l'enfance voulût bien se donner pour leur joie un peu de peine, et inventât de nouveaux jeux plus diversifiés. Il faut en dire autant relativement aux chants.

On chante beaucoup à l'école de Frœbel : chant pour rhythmer les jeux et les marches, chant avant et après l'étude, chant pendant la distribution des instruments de travail. Excellente tradition, appuyée de la recommandation la plus expresse des théoriciens de l'éducation. Non-seulement le chant est une gymnastique qui développe les organes respiratoires et vocaux ; mais c'est une excitation physiologique et intellectuelle à la fois à la vie, à l'expansion ; d'autre part encore, c'est un moyen d'ordre et d'ensemble qui n'emprunte rien à la contrainte. Les chants doivent être tantôt gais, mouvementés, tantôt sérieux et doux; les paroles doivent être simples, décrire des faits, contenir des idées, exprimer des sentiments accessibles à l'enfant. Les chants usités en Suisse et en Allemagne ont une mélodie agréable par sa douceur, mais un peu vague; traînante, indécise parfois. Il nous faut des mouvements plus franchement rhythmés, en rapport avec le tempérament plus vif de nos petits Français.

Dans les Jardins d'enfants de Frœbel, l'institutrice accompagne les chants de quelques accords simples touchés sur un petit orgue : les voix enfantines, mises dans le ton et le mouvement, sont guidées et soutenues; quelque chose de recueilli et de gracieux ajoute à l'impression que le chant est destiné à produire sur les imaginations enfantines. Pourquoi nos enfants seraient-ils privés de cette bienfaisante jouissance? — La musique à l'école, non-seulement à l'école enfantine, mais à l'école primaire, à l'école secondaire; la musique faisant partie des études, quel heureux élément de diversion et d'équilibre, et en même temps quelle attraction pour l'école, quelle douce influence sur l'imagination et les mœurs!... Mais laissons ces visées qui dépassent notre cadre et rentrons à l'école enfantine.

III

Quelques mots sont ici nécessaires touchant l'organisation matérielle qui correspond à la méthode, aux procédés, aux travaux et aux jeux dont nous venons d'entretenir nos lecteurs. Il ne s'agit pas ici du local et de ses conditions générales; s'il faut que l'école soit vaste, largement éclairée, bien aérée, c'est là une commune nécessité à laquelle la méthode n'ajoute ni ne retranche rien. Disons cependant qu'une petite classe organisée avec les procédés du Jardin d'enfants doit, plus que toute autre, offrir un aspect riant. Elle aura pour ornements naturels les tableaux, dessins divers, objets servant à l'enseignement, et dont la méthode intuitive fait un si large emploi; de plus les travaux accomplis par les enfants eux-mêmes, exposition permanente des produits de leur naïve industrie. Des dessins choisis parmi les plus heureux essais, des *piquages* brodés de vives couleurs, des entrelacements de lattes figurant des rosaces géométriques, suspendus aux murailles, en égayent la blancheur. De la sorte, l'œil distrait de notre petit élève ne peut s'égarer un instant sans rencontrer quelque objet dont la vue ne le ramène à la pensée de l'étude et du travail, mais du travail présenté sous une forme gracieuse, attrayante; et il s'attache volontiers au séjour qu'il a lui-même contribué à orner.

Ces détails ont sur l'enfant plus d'influence qu'on n'est

tenté de leur en accorder; le milieu déteint énormément sur lui. Voilà pourquoi, toute réserve faite des impossibilités réelles, nous avons insisté pour le jardin. Hélas! combien de fois il faudra nous borner à demander qu'on ajoute à l'indispensable cour plantée d'arbres une petite plate-bande de terre végétale, quelques caisses à fleur où l'enfant, s'il lui est impossible de faire de la culture, pourra du moins observer le développement et la floraison, les principaux organes du végétal, sur quelques plantes rustiques. — Une salle de récréation ou *préau couvert* est aussi de nécessité ; mais c'est une nécessité commune à toutes les écoles enfantines, et nous n'avons pas à nous y arrêter ici.

Quant à l'ameublement et au matériel d'enseignement, les procédés de la méthode intuitive et les travaux de Frœbel réclament quelques dispositions particulières. Mais ces dispositions ne sont ni plus compliquées ni plus coûteuses que d'autres. L'estrade est supprimée; les enfants sont assis sur des bancs mobiles à dossier et ont en face d'eux une petite table, indispensable pour les travaux. La surface supérieure de ces tables est horizontale et non oblique; elle est peinte, et porte des rayures de couleur tranchée formant un quadrillage dont le carré doit avoir pour côté la longueur de l'arête des cubes du 3ᵉ *Don* (2 cent. 5); cette condition est également de rigueur. Un tableau noir semblablement quadrillé est nécessaire pour le dessin. Ajoutons une armoire ou vitrine pour serrer les collections de solides, les spécimens destinés aux leçons intuitives; quelques échantillons des produits de la nature et de l'industrie; une petite collection des minéraux usuels et des roches principales; des dessins de plantes, d'animaux ; un ou deux reliefs topographiques et géographiques, vous aurez tout le matériel fixe spécial à la méthode intuitive, sans exclusion, bien entendu, de celui que l'on peut adopter pour l'enseignement de la lecture, du calcul, etc.

Quant au matériel *mobile*, — nous entendons par là les objets destinés à être distribués aux enfants, maniés ou employés par eux,— celui dont nous faisons usage dans la petite classe comprend, outre les quatre premiers *Dons* (collections de solides) de Frœbel, des Bâtonnets, des Lattes, des Anneaux, des Ardoises quadrillées pour le dessin. Joignons-y des matériaux d'un prix minime destinés à être consommés par l'usage : la petite provision de *chaînes* et de *trames* pour le tissage, de bandelettes de papier pour le tressage ; le papier blanc et colorié, le papier quadrillé pour le dessin, le papier transparent pour les calques ; les laines et soies de couleurs diverses pour le piquage ; des couleurs pour l'enluminure.

Ajoutons encore ici une observation essentielle relativement aux collections de solides. Chaque enfant doit avoir entre les mains, au moment de l'exercice, un exemplaire de la petite collection. Il serait illusoire de penser qu'un seul exemplaire entre les mains de la maîtresse pût suffire à la démonstration. Cela vaudrait mieux que rien sans doute, mais ce serait insuffisant. L'enfant n'observe bien, en général, que ce qu'il tourne et retourne entre ses mains. D'ailleurs les petites constructions, — mais disons mieux, l'économie entière de la méthode exige que l'élève réalise lui-même les groupements et dispositions diverses. De là la nécessité d'avoir autant d'exemplaires de chaque *Don* qu'il y a d'enfants dans une même division, devant se livrer à la fois au même exercice. Une observation analogue s'applique aux bâtonnets, aux lattes, aux anneaux, dont chaque enfant doit recevoir un nombre suffisant pour pouvoir réaliser lui-même les figures et combinaisons indiquées par la maîtresse.

Relativement aux difficultés d'organisation de tout ce matériel il n'y a pas lieu de s'effrayer. Quand on crée une école, il faut bien un ameublement; et celui qui s'adapte aux méthodes et exercices dont il s'agit ici n'est ni plus compliqué ni plus coûteux qu'un autre. Faisons encore une observation : il n'est pas nécessaire que tout, dans le détail du petit matériel, soit définitivement agencé dès le jour de l'ouverture. Certains exercices n'entreront que plus tard en ligne; on a devant soi tout le temps d'en préparer l'organisation.

Lorsqu'il s'agit d'introduire les procédés de la méthode intuitive dans une classe organisée en vue d'un autre mode d'enseignement, on peut rencontrer, il est vrai, tant dans la disposition du matériel déjà existant que dans les habitudes acquises, des obstacles qui rendraient laborieuse une transformation radicale, s'accomplissant du jour au lendemain. Nous avons entendu parler du « bouleversement que cela va faire dans une classe », du « trouble jeté dans l'esprit des enfants » : mais cette « révolution » n'est pas dans la nécessité des choses; on peut fort bien ménager la transition. Les procédés peuvent être introduits successivement, à commencer par ceux qui coûteront moins de dérangements; la distribution du temps, le matériel lui-même peuvent passer par les transactions d'une modification successive : c'est un progrès régulier à accomplir. Nous ne nous dissimulons pas que des difficultés peuvent surgir; mais quelle est donc la chose que l'on fait sans dépense d'intelligence et d'activité, surtout dans l'œuvre laborieuse de l'enseignement? Les efforts dépensés trouveront une ample compensation dans ceux qui seront épargnés d'autre part, dans la facilité qu'on trouvera à faire pénétrer l'enseignement, plus encore dans la libre initiative rendue à la maîtresse. « On respire, ici ! » s'écriait une institutrice prenant la direction d'une classe déjà organisée avec les procédés de la méthode intuitive et les exercices de Frœbel, en face des visages tranquilles et souriants des petits travailleurs. Les résultats obtenus en matière d'enseignement ne sont-ils pas la meilleure récompense des peines qu'on s'est données pour les réaliser? Croit-on qu'en retour des efforts qui le leur ont conquis, une part du bonheur des enfants ne retourne pas à l'éducateur ?

L'enseignement par la méthode intuitive avec les procédés de Pestalozzi et de Frœbel peut être employé pour l'éducation donnée dans la famille aussi bien que pour l'éducation collective. Dans la famille, l'organisation se simplifie de tout le mécanisme nécessaire dans une école à cause du nombre, en vue de l'ordre et de l'ensemble, et qui serait superflu ici. D'autre part, on perd les avantages de l'éducation collective; les exercices enfantins deviendraient un peu froids, et l'enfant s'en lasserait vite, si l'intervention de la mère ou de l'institutrice n'y apportait l'intérêt et la vie, et en compensation de l'entraînement de l'exemple et du nombre, ce charme intime qui s'évapore un peu dans le petit monde de l'école. Nous engagerions cependant volontiers ceux qui désirent faire l'éducation de leur enfant dans la famille, à réunir aux heures des travaux et leçons un petit groupe de deux ou trois enfants de familles amies. Les exercices y gagneraient en animation et n'y perdraient rien par ailleurs. A ceux-là mêmes qui ne pourraient organiser dans toute son étendue la méthode intuitive et les procédés qui s'y rattachent, nous conseillerions encore d'adopter quelques-uns des petits travaux de Fræbel. Séparés de l'ensemble ils perdront de leur valeur, mais il leur en restera encore une réelle. Ils ne seront plus guère que des jeux, mais des jeux propres à exercer l'intelligence, à développer l'adresse et, pouvant remplir utilement les heures que l'on ne saurait consacrer à des études plus sévères.

IV

A l'égard de l'organisation et de la pratique des procédés spéciaux, les œuvres de Fræbel et de ses interprètes sont surtout une mine précieuse à exploiter; on y trouve les idées, les moyens même, le tout un peu en bloc. Ce qui restait à faire, c'était tout d'abord la gradation. Il restait à diviser l'enseignement par séries logiques d'exercices, à établir la concordance entre elles, à formuler des règles pour la direction des petits ouvrages. Ce travail très-considérable dans le détail demeurait jusqu'ici à la charge de chaque instituteur ou institutrice, de telle sorte qu'une fois fait, au prix de bien des fatigues, et perfectionné sous la dictée de l'expérience, il se trouvait ne profiter qu'à son auteur; c'était à recommencer dans chaque école qu'il s'agissait d'organiser. C'est à épargner à ceux qui s'engagent dans cette direction une telle dépense de temps et de forces que nous avons visé d'abord. Puis nous nous sommes donné pour tâche d'engager l'enseignement dans une voie positive, abstraction faite de tout symbolisme transcendant.

Les procédés spéciaux, avons-nous dit, se rapportent particulièrement et directement à l'étude et à la réalisation de la forme géométrique. Nous avons pris le parti de les conduire franchement dans cette voie, sans cependant proscrire les digressions qui surgissent du sujet, conviant au contraire l'éducateur à faire à l'occasion de l'objet dont l'enfant analyse ou représente la forme une explication usuelle, ou un tableau descriptif animé et gracieux.

La plupart des exercices et travaux de Frœbel, en outre de leur but immédiat qui est de faire l'éducation de l'œil, principal instrument de perception, et de la main, principal instrument de travail, visent le dessin auquel ils sont pour ainsi dire un prélude. Tels sont plus particulièrement les Bâtonnets, les Lattes, les Anneaux. Nous avons donné à ces derniers une importance plus grande relativement, en vue du développement que nous avons cru devoir apporter à l'emploi des éléments courbes dans le dessin.

Relativement aux petits travaux, il était surtout nécessaire d'initier l'institutrice, — car c'est tout naturellement à des femmes qu'incombe la tâche délicate du premier enseignement, — d'initier l'institutrice non encore expérimentée en cette matière aux naïfs préceptes du genre: nous y avons apporté un soin tout particulier. La feuille de papier pliée a paru un instrument tellement bien accommodé à l'étude intuitive des formes géométriques, qu'il a été jugé convenable de développer à ce point de vue les exercices du *pliage*, dans lesquels on ne voit le plus souvent qu'un travail récréatif, gymnastique pour l'adresse des doigts. Un autre de ces travaux, le découpage, a semblé dans la plupart des cas trop abandonné à la fantaisie; nous nous sommes efforcés de donner plus de valeur intentionnelle à cette forme particulière de dessin, en combinant des séries méthodiques de formes géométriques destinées à être exécutées par les enfants eux-mêmes, pour leur donner l'intelligence des lois élémentaires de la symétrie. Les résultats obtenus sous nos yeux par ce mode de procéder sont vraiment remarquables au point de vue du goût, comme à celui de la délicatesse du travail.

Enfin, sans sortir des limites que l'âge de nos petits élèves nous imposait, nous nous sommes efforcés de donner au dessin une direction plus ferme. Les lenteurs des exercices de verticales et d'horizontales tels qu'on les trouve exposés dans le *Manuel des Jardins d'enfants*, le vague des formes ainsi ébauchées décourageraient bien vite nos petits Gaulois, moins patients mais plus vifs d'intelligence. Nous avons visé à obtenir le plus tôt possible par la combinaison des trois éléments : horizontale, verticale, oblique, des figures plus nettes dans leurs contours et plus intéressantes. En revanche, nous avons épargné à nos petits élèves les tracés difficiles de certaines obliques, et nuancé avec un soin minutieux la gradation des difficultés.

Le petit dessinateur de l'école Frœbel ne copie pas servilement. Aussitôt qu'il a appris à former les traits et qu'il a réalisé à titre d'exercices préliminaires quelques groupements de lignes définies dans leur direction et leur longueur, il est invité à faire acte d'initiative; il doit inventer, composer. C'est surtout dès lors par des conseils et des encouragements que doit se faire sentir la direction. Muni des principes très-simples de la symétrie quaternaire, il compose à leur aide des dessins géométriques toujours réguliers, délicats, parfois très-gracieux, pleins d'originalité. Nous avons largement développé le procédé indiqué par Frœbel, et qui consiste à *dicter* quelques traits principaux. Nous avons ajouté de même quelques notions usuelles à la théorie, d'ailleurs élémentaire toujours, de la symétrie.

Les petits artistes du Jardin d'enfants arrivent en vertu de ces lois fort simples à réaliser des combinaisons très-jolies; pourtant la fantaisie y est vague, surchargée et un peu décousue malgré la régularité. Nous avons cherché à donner plus de valeur à ces productions en initiant graduellement nos petits élèves aux lois d'une composition relativement supérieure. Ici une ou plusieurs formes élémentaires, régulières, répétées un certain nombre de fois et symétriquement groupées, entrent dans l'unité complexe d'une forme plus étendue, assujettie aussi elle-même aux règles de la symétrie. En d'autres termes, il s'agit de composer un système ornemental avec un ou plusieurs motifs. Tantôt le motif sera dicté par la maîtresse; tantôt défini seulement dans ses éléments géométriques essentiels, il devra recevoir des élèves des variations de fantaisie; le plus souvent enfin c'est l'enfant qui crée à la fois le motif et le groupement. Ce mode de procéder a réussi au delà de toute espérance avec les enfants de la petite classe même; et les résultats obtenus, dont les dernières planches de ce livre offrent quelques spécimens, sont riches de promesses pour un prochain avenir.

Nous nous sommes arrêtés quelques instants sur le dessin à cause de l'importance majeure de la matière; nous devions du reste rendre compte des motifs qui nous ont fait engager cet enseignement dans une voie nouvelle à quelques égards. De plus amples explications préalables touchant la direction imprimée aux travaux et enseignements divers seraient, croyons-nous, superflues : un rapide coup d'œil sur le texte même des exercices en révélera suffisamment les tendances et la portée.

Nous n'avons pas eu l'intention de fournir aux institutrices des leçons toutes faites, mais de leur offrir pour ainsi dire la charpente de la leçon; à elles de la revêtir de la forme convenable. Nous avons réuni en un seul paragraphe sous le titre d'*exercice* un ensemble de notions qui nous ont paru former un groupe logique et dépendre étroitement les unes des autres. Nous n'entendons pas que cette somme déterminée de notions doive nécessairement être donnée en une seule leçon. Parfois il y aura lieu de diviser la matière de l'un des exercices; toujours il y aura lieu de revenir sur l'enseignement donné, tantôt avec le même instrument de démonstration qui a servi la première fois à communiquer la notion, tantôt à l'occasion d'un autre objet et sous une autre forme.

Tout cela peut dépendre de circonstances impossibles à prévoir; il faut d'ailleurs que l'initiative de l'institutrice ait devant elle un large espace. Voilà pourquoi nous serons toujours opposés à une division rigoureuse par leçons découpées impitoyablement à l'avance, ne laissant place ni à l'individualité du maître, ni à l'imprévu qui jaillit des circonstances et donne à l'enseignement du mouvement et de l'à-propos. Notre disposition par exercices n'a nullement ce caractère; c'est un classement des idées et non une division du temps.

V

Le présent ouvrage concerne exclusivement les travaux et les exercices de la première période de l'enseignement; c'est-à-dire qu'il correspond à l'âge compris entre quatre et sept ans, un peu plus ou un peu moins suivant les milieux et les individus, âge auquel peut commencer l'enseignement proprement dit. Ce sont à peu près les limites des écoles maternelles et des salles d'asile. Du reste, il sera facile, en parcourant les séries d'exercices ci-après détaillées, de voir à quel âge s'adresse chacune d'elles.

La méthode intuitive, autrement dite expérimentale, s'adapte à tous les degrés de l'enseignement; mais les procédés spéciaux varient. Parmi ceux-ci quelques-uns ayant fait leur temps et rempli leur but, seront plus tard abandonnés, comme l'enfant abandonne un vêtement devenu trop étroit; d'autres, au contraire, ne peuvent entrer en ligne que lorsque le petit élève est arrivé à un certain âge et à un certain degré. Il est tel procédé, telle série d'exercices qui aura sa place dans la seconde période de l'enseignement, et dont nous ne parlons pas ici, parce que nous jugeons son emploi prématuré dans la première. D'autres enfin sont de nature à se développer presque indéfiniment, à se transformer à mesure du progrès réalisé. Tels sont en particulier les exercices du *dessin* et ses diverses variantes ; tel est encore l'enseignement géométrique intuitif, à l'aide des collections de solides plus compliquées (5⁰ et 6⁰ Dons) de la série de Frœbel, et d'autres solides encore, les uns appartenant au matériel traditionnel, les autres venant s'y adjoindre ; l'emploi du papier pour représenter les figures planes, du carton pour les surfaces planes ou courbes et les développements de solides, des fils tendus pour figurer les lignes génératrices, etc., etc. Il y a là pour l'enseignement appelé *primaire* une riche mine à exploiter. Frœbel l'avait déjà tenté, et après lui d'autres ont obtenu de remarquables succès. Pour notre compte, nous pouvons affirmer que nos efforts pour adapter, en les transformant, les procédés des Jardins d'enfants aux premières années de l'école primaire, ont répondu à nos espérances.

Il n'est pas rationnel, en effet, d'abandonner brusquement, à un âge donné, la méthode qui a produit de si heureux résultats, pour se jeter dans une voie diamétralement opposée, la voie routinière des anciennes méthodes. Le petit élève sort de l'école enfantine ; ses sens commencent à se perfectionner par la culture ; ses facultés d'observation et de raisonnement ont pris l'essor ; d'excellentes habitudes d'esprit se sont développées, le goût du travail, le don de l'initiative.... Que va-t-on faire de cela ? Assis le lendemain sur les bancs de l'école primaire, pour lui vont commencer les récitations à perte de vue, les devoirs écrits sans trêve ni relâche, la copie éternelle et servile en tout et sous toutes les formes. Plus de leçons intuitives : l'enseignement a changé de caractère. L'œuvre si laborieusement accomplie est non avenue; on fera autre chose. Les fondements jetés sur un large plan et déjà sortis de terre seront laissés en souffrance; on va bâtir à travers cela un autre édifice sur un autre plan. Qui donc nous condamne à cette inconséquence? Ne voit-on pas que les travaux de la première enfance peuvent, en se transformant de degré en degré à travers la période suivante, et sans perdre leur caractère général de procédés d'éducation, aller se rattacher aux travaux professionnels ou artistiques dont l'enfant devra commencer l'apprentissage, soit à titre de futur moyen d'existence, soit à titre d'instrument de culture intellectuelle?

Le dessin notamment, pour ne parler que du plus important d'entre eux, ne va-t-il pas, à partir des simples tracés linéaires par lesquels il débute, et s'avançant dans la voie qui lui est ici tracée jusqu'au delà de la limite où nous devons nous arrêter dans cet ouvrage, rejoindre par la transition la plus heureuse et le dessin linéaire proprement dit, et le dessin ornemental et artistique ? Il ne s'agit que de le débarrasser peu à peu de ses lisières, et de développer ce qui n'est ici qu'en germe pour en faire la vraie méthode d'enseignement du dessin à l'école primaire.

Ces développements et transformations des procédés constituent la matière d'un ouvrage spécial et ne peuvent entrer dans le cadre de ce livre, restreint, avons-nous dit, au premier degré de l'enseignement; mais il nous a fallu ouvrir ici une perspective sur ce champ où l'expérience a déjà amplement moissonné, pour faire comprendre aux éducateurs que nous ne les conduisons pas dans une impasse. La réforme de l'enseignement primaire sur les bases d'une pédagogie rationnelle est une œuvre immense, vaillamment entreprise et vigoureusement poussée depuis quelques années. Les obstacles accumulés sur la voie du progrès s'évanouissent l'un après l'autre : les violents contrastes, les contradictions que nous signalions tout à l'heure entre les divers degrés de l'enseignement sont choses désormais condamnées, et qui chaque jour vont disparaissant.

La refonte des programmes d'étude s'est accomplie dans le sens d'un enseignement intégral ; les sciences physiques et naturelles, en faveur desquelles nous plaidions, s'y sont introduites dans la juste et prudente mesure de simples notions usuelles ; les éléments de la géométrie, le dessin y prennent une place qui bientôt s'élargira. En même temps que le programme s'étend, la transformation des méthodes est poursuivie avec non moins de résolution par les réformateurs de notre enseignement public. De tous côtés, par les lois, les règlements, par la direction des études normales, pénètre dans l'école l'*esprit scientifique*, l'enseignement par l'observation et le raisonnement ; les procédés de la méthode naturelle, de la *méthode intuitive*, enfin, tendent à remplacer de plus en plus complètement les anciens procédés qui ne s'adressaient qu'à la mémoire. Les Exercices et travaux enfantins, œuvre délicate de Frœbel et de ses continuateurs, ne sont plus relégués en certains établissements spéciaux, ou réduits à se glisser sous l'ombre d'une intelligente tolérance dans les établissements publics : ils viennent d'y entrer par la grande porte : je veux dire par la loi. Ce sont là d'éclatantes, d'incontestables victoires, et la meilleure des récompenses pour ceux qui, dès longtemps, avaient pris l'initiative de ces réformes devant l'opinion publique et travaillaient obscurément à les préparer, à les rendre possibles. Les progrès déjà réalisés nous en promettent d'autres et de plus grands encore; mais surtout il faut que les réformes inscrites dans nos lois passent dans nos mœurs et se généralisent dans la pratique : or cela ne peut se faire que par le concours zélé et intelligent de tous les membres du grand corps enseignant, chacun dans sa sphère. Alors notre instruction primaire sera en réalité ce qu'elle aurait toujours dû être : « une préparation à la vie intelligente et active de l'homme de nos temps, au sein d'une société éclairée et laborieuse. »

EXERCICES ET TRAVAUX
POUR LES ENFANTS

Toute éducation qui ne tend pas à faire à la fois un penseur et un travailleur, un être intelligent et un être actif, est une éducation incomplète et stérile.

LE JEU DE LA BALLE.

PREMIER DON.

Le jeu de la balle a surtout pour but de fixer pour la première fois l'attention de l'enfant sur un objet déterminé, de lui faire observer les principales propriétés de cet objet, de lui donner la notion des rapports de position et de mouvement, enfin de lui fournir les *termes propres* pour exprimer les idées que cette première observation fait naître. Cet enseignement sous forme de jeu comprend donc tout d'abord :

1° L'observation de l'objet lui-même et de quelques-unes de ses propriétés les plus apparentes ;

2° L'observation des positions d'un objet dans l'espace, par rapport à l'enfant et par rapport à un autre objet ;

3° L'observation du mouvement : direction, vitesse, etc.

Le jeu de la balle constitue en outre un exercice gymnastique.

DISPOSITIONS PRÉLIMINAIRES.

La maîtresse doit se procurer autant de balles qu'il y a d'élèves, plus une semblable pour elle-même. Ces balles, formées d'une substance plus ou moins élastique, sont recouvertes d'un tissu de mailles de laine, et munies d'un cordon de suspension de 25 à 30 centimètres.

Chacune d'elles offre l'une des trois couleurs principales : rouge, bleu, jaune, ou des trois intermédiaires : violet, vert, orangé.

PREMIER EXERCICE.

Distribution des balles.

Après avoir mis en œuvre pour attirer et captiver l'attention des petits élèves un de ces moyens qu'une institutrice de l'enfance doit savoir indéfiniment varier, la maîtresse présente sa balle. Elle fait trouver le *nom* de l'objet. Elle suscite chez les enfants le désir d'avoir entre les mains un jouet semblable, puis fait la distribution des balles.

Le procédé de distribution, combiné en vue du bon ordre, s'emploie non-seulement à l'égard des balles, mais en général chaque fois qu'il s'agit de faire parvenir entre les mains des enfants un objet quelconque, instrument d'étude ou de travail. Toute distribution semblable doit être accompagnée d'un chant autant que possible approprié à la circonstance. C'est un excellent moyen pour empêcher la précipitation et le désordre, et faire que l'objet soit arrivé à sa destination au moment où va commencer l'exercice.

Pour distribuer les balles, la maîtresse dépose d'abord à l'extrémité de chaque table, en face de l'enfant qui occupe la première place, autant de balles qu'il y a d'élèves sur le banc. Dans les classes nombreuses, la maîtresse au lieu de quitter sa place fait venir à la file les moniteurs ou monitrices (premiers de banc); elle leur remet les balles que ceux-ci vont distribuer à leurs compagnons.

Pour cela l'invitation « *Passez les balles* » accompagnée d'un coup de *signal*, avertit de passer de mains en mains les balles, comme les maçons se passent les pierres. Cet exercice lui-même constitue un jeu auquel s'intéresseront les enfants, si la maîtresse sait leur faire trouver du plaisir à la régularité du mouvement que peut facilement rhythmer le bruit du claquoir.

Il est fort possible qu'une première fois cette opération préliminaire prenne tout le temps consacré à la leçon; mais rien ne presse. C'est d'ailleurs une leçon d'ordre et d'ensemble.

Avec l'habitude acquise, ces sortes de distributions arrivent à se faire avec la plus grande rapidité et en bon ordre.

A la fin de l'exercice, un mécanisme inverse ramène les balles entre les mains de la maîtresse.

DEUXIÈME EXERCICE.

La forme.

Comme les enfants seront tout d'abord frappés par la diversité de couleur des balles, tant à cause de la vivacité des teintes qu'à cause de leur contraste, on peut s'arrêter un instant à cette première impression. Profitez donc de cette observation toute spontanée pour faire connaître le nom des couleurs. Faites citer des objets naturels ayant les mêmes teintes.

Voilà la *différence* qui frappe l'œil dans les objets observés : maintenant quelle est la *ressemblance?* qu'ont-ils de commun?

Tout d'abord la *forme.*

Les enfants savent tous que la balle est *ronde;* s'ils n'ont pas tous le mot, on le leur donnera. Que l'enfant palpe la balle en la roulant entre ses mains, pour mettre le toucher de la partie. Faites sentir et comprendre la forme de la balle en la comparant à celle d'objets tout à fait différents et bien connus, et en proposant, par rapport à cette forme, divers attributs, afin de faire juger s'ils conviennent ou non.

« Trouvez-vous que la balle ressemble à.... — Est-elle faite comme.... — Est-elle pointue? plate? etc. — Est-elle allongée? — Est-elle « faite pareillement » tout autour? — Est-elle également arrondie en tous sens? »

Quand vous croirez que la notion de forme est née par l'observation et la comparaison, alors vous la préciserez en faisant connaître le terme qui y correspond : « la manière dont une chose est faite s'appelle la *forme;* et alors nous dirons : *la balle a la forme ronde.* »

Pour mieux fixer l'idée, faites trouver quelques adjectifs qualifiant la forme simple de différents objets, contrastant franchement avec la balle, ou ayant avec elle une ressemblance bien nette.

Dans de telles explications la maîtresse doit accentuer la valeur des expressions qu'elle emploie par des gestes descriptifs.

L'exercice sera clos par un chant approprié.

TROISIÈME EXERCICE.

Les positions dans l'espace.

Il s'agit maintenant d'attirer l'attention des enfants sur les diverses positions que peut occuper un objet, tant par rapport à l'observateur, que par rapport à un autre objet, et de préciser la valeur des mots qui désignent ces positions. L'appréciation des positions dans l'espace est un point important de la première éducation du futur *observateur*.

Les rapports de position nous fournissent deux séries qu'il est convenable de répartir en deux exercices.

Chaque enfant tient de la main droite le cordon qui suspend sa balle, de telle sorte que celle-ci se trouve soutenue en face de lui et un peu au-dessus de la table. C'est la position initiale, celle à laquelle on revient. Puis les enfants mettront successivement la balle dans les positions désignées par la maîtresse, tous ensemble, et en répétant le mot qui a servi au commandement. La balle arrivera rapidement à la position indiquée, et y sera maintenue immobile un court instant.

1° En face.
2° A droite.
3° A gauche.
4° En haut.
5° En bas.
6° Devant.
7° Derrière (en renversant le bras par-dessus l'épaule).
8° Près (du corps), (en ramenant le bras par un mouvement arrondi).
9° Loin (en avant).
10° Ici (près).

11° Là (loin).
11° En face (retour).

Répéter le même exercice de la main gauche. Clore l'exercice par un chant accompagné de mouvements, rappelant des positions ci-dessus désignées.

QUATRIÈME EXERCICE.

Les positions relatives de deux objets.

L'observation porte maintenant sur la comparaison des positions de deux objets. L'objet qui se prête le mieux à cet exercice fait avec la balle est la boîte cubique du troisième don, vide et privée de son dessus. Cette boîte est posée sur la table devant l'enfant, l'ouverture en dessous. De même que dans l'exercice précédent les balles suspendues par le cordon prendront les positions indiquées, et y seront un instant maintenues.

1° Sur la boîte.
2° A droite de la boîte.
3° A gauche de la boîte.
4° Au-dessus.
5° Au-dessous. — [L'enfant soulèvera légèrement la boîte de la main gauche.]
6° En deçà (entre l'enfant et la boîte).
7° Au delà.
8° Près.
9° Loin.
10° Dedans. — [L'enfant devra retourner la boîte de la main gauche.]

La balle remplit un certain espace dans la boîte. Tout objet grand ou petit tient de la place *là où il est*.

11° Dehors.
12° A la place de la boîte.

Pour cette dernière position, faire remarquer à l'enfant qu'il est impossible de mettre la balle à la place de la boîte sans vaoir tout d'abord retiré celle-ci.

Répéter l'exercice entier en intervertissant le rôle des deux mains.

Chant de clôture.

CINQUIÈME EXERCICE.

Le mouvement.

Le mouvement est un changement de place. La balle peut être changée de place : elle est *mobile*. Mais elle ne change pas de place d'elle-même ; il faut qu'on lui donne le mouvement.

Nous allons faire observer dans le mouvement deux choses : la direction et la vitesse. Dans les différents exercices suivants (sauf le 10° et le 11°), la balle devra recevoir un mouvement assez lent et continu, afin que l'enfant observe le *mouvement* même, et non pas seulement les positions extrêmes.

L'objet est au repos : la balle posée sur la table ; l'enfant tient le cordon. Mettre l'idée de *repos* en contraste avec celle de *mouvement*.

1° Repos.
2° Aller vers la droite.
3° Aller vers la gauche.
4° Monter.
5° Descendre.
6° Avancer.
7° Reculer.
8° Aller, s'éloigner.
9° Venir, s'approcher.
10° Lentement (en avant).
11° Vite, vite! (Retour en arrière.)
12° Repos (comme terme du mouvement).

Le même exercice de la main gauche.
Chant de clôture.

SIXIÈME EXERCICE.

Direction du mouvement.

Ici c'est sur le chemin suivi, la *trajectoire*, qu'il faut appeler l'attention. Dans les mouvements indiqués n°° 1, 2, 3, la balle, tenue par le cordon, doit être traînée lentement sur la table, en suivant autant que possible les lignes du quadrillage. La balle au repos : elle va se mouvoir. Ce sera le départ; l'endroit où elle est sera le *point de départ*.

1° Départ. Elle part de droite à gauche.
2° Arrivée. Elle s'arrête. — L'endroit où elle arrive est le *point d'arrivée*; du point de départ au point d'arrivée elle a suivi un chemin.
3° Retour. Elle revient tout droit.
4° En rond. Mouvement circulaire de la balle suspendue près de la surface de la table (dans le plan horizontal).
5° En tournant comme la roue (dans le plan vertical, le cordon tenu très-court).
6° En tournant comme la toupie (sur elle-même). — L'enfant posera la balle sur la table, tordra le cordon entre les doigts, puis soulèvera la balle.
7° Rouler (sur la table). — L'enfant retient le cordon d'une main et de l'autre fait rouler doucement la balle.
8° Balancer comme le pendule, comme l'escarpolette; d'avant en arrière, puis de droite à gauche.
9° Bondir, sauter, hop! hop! — La balle posée sur la table, l'enfant donne au cordon une légère secousse.
10° Tomber. — La balle un peu soulevée au-dessus de la table, on lâche le cordon.

Cette série et la précédente donnent la signification des principaux verbes de mouvement dont la balle est considérée comme *sujet*.

SEPTIÈME EXERCICE.

Sujet et objet de l'action.

Une nouvelle série de mouvements va nous donner occasion de faire observer de nouveaux rapports. Ici ce que nous considérons, c'est l'enfant lui-même agissant sur la balle *objet* (régime) des verbes de mouvement dont nous allons expliquer la valeur.

1° Poser (sur la table).
2° Presser (de la main contre la table).
3° Tenir (sans soulever).
4° Porter, supporter (sur la main).
5° Suspendre (par le cordon).
6° Entourer. — La balle étant posée sur la table, l'enfant l'entoure en formant un cercle avec les pouces et les index.
7° Couvrir (d'une main en recourbant légèrement les doigts et sans toucher.)
8° Serrer (entre les doigts.)
9° Pousser. — La balle étant posée sur la table, l'enfant retenant le cordon, pousse la balle.
10° Tirer (à soi), la balle par le cordon.

Faites en sorte que l'enfant en sentant le léger effort qu'il produit, se rende compte qu'il agit *sur* un objet, et que son action produit un certain effet que la balle subit. Il pousse, la balle est poussée. C'est à faire sentir ce rapport entre l'être actif et les objets sur lesquels il agit, que cette série d'observations est destinée[1].

Faites désigner des êtres ou des choses dans l'accomplissement d'actions analogues à celles dont la balle a été l'objet : le cheval *tire* la voiture, l'enfant *pousse* la porte pour l'ouvrir, le toit *couvre* la maison, etc.

Chant pour finir.

---

1. Cette série de verbes de mouvement est extraite de la *classification naturelle des verbes primitifs*. H. Chavée, Revue de Linguistique (n° 1 et suivants.)

HUITIÈME EXERCICE.

Étude des caractères de l'objet.

Nous allons maintenant faire observer, à l'aide de la balle, quelques-unes des propriétés les plus apparentes de la matière.

1° Mollesse. — Faire citer des matières molles : la laine, le coton, etc., et en contraste des matières dures : le fer, la pierre, etc.
2° Douceur au toucher; rudesse. — Faire citer des objets doux au toucher, et par opposition des objets rudes.
3° La balle *rebondit* : elle est élastique. — Les enfants laissent tomber la balle sur la table, en retenant le cordon. Faire citer des matières élastiques.
4° La balle n'est pas *fragile*, elle ne se brise pas en tombant; répéter l'épreuve précédente.
Faire citer en opposition des matières plus ou moins tendres et des matières fragiles.
5° Choc de la balle contre la table : il se produit un bruit. Faire citer des objets dont le choc produirait plus ou moins de bruit que celui de la balle (toute chose égale d'ailleurs).

Dirigez maintenant l'esprit de l'enfant sur ses moyens d'observations eux-mêmes.

6° Comment connaissez-vous que la balle est ronde? — En la voyant et en la touchant : par la *vue* et par le *toucher*.
7° Comment apercevez-vous sa couleur?
8° Comment savez-vous qu'elle est molle? douce? etc.
9° Comment savez-vous que la balle fait du bruit quand elle choque la table?
10° Comment savez-vous si elle est en repos? en mouvement?

Chant de clôture.

NEUVIÈME EXERCICE.

La pesanteur.

Nous allons faire observer une des plus importantes propriétés de la matière, la pesanteur, à l'aide d'un objet dont la chute n'entraîne aucun inconvénient, la balle. Il est important de bien généraliser la notion.

1° Les enfants soutiennent la balle suspendue au-dessus de la table. — On lâche le cordon. La balle *tombe*.

2° Pourquoi tombe-t-elle? Vous tenez une pierre à la main, vous ouvrez la main, la pierre tombe. Pourquoi la pierre tombe-t-elle? Parce qu'elle est *pesante*. C'est la *pesanteur* qui la fait tomber. — Laissez la balle au repos.

3° Tous les objets tombent-ils quand ils ne sont pas soutenus? — Oui. Citez des objets que vous avez vus tomber : une pierre, une planche, un fruit qui se détache, un verre, une assiette. Qu'arrive-t-il le plus souvent à ces derniers objets lorsqu'ils tombent?

4° Conclure : tous les objets sont donc *pesants*, même les choses les plus légères. — La maîtresse laisse tomber un fragment de papier. Citer des objets légers, en faisant juger qu'ils sont *pesants* cependant.

5° Faire citer en opposition des objets lourds et des objets légers.

6° Soulevez la balle par son cordon. — Est-il difficile de soulever la balle? — Pourriez-vous soulever ainsi un lourd pavé? Un homme pourrait-il le soulever? Pourquoi? Parce qu'il est plus *fort*. Il faut donc de la *force* pour soulever un objet.

7° Plus l'objet est lourd, plus il faut de force pour le soulever. Si votre balle était de plomb ou de fer, faudrait-il plus de force pour la soutenir? Et pour soutenir cette épingle? Il faut peu de force parce que l'objet est léger.

8° Laissez tomber la balle. En tombant elle fait un *mouvement*. Va-t-elle à droite? à gauche? en haut? en bas? — Va-t-elle tout droit en bas? — Tout objet qui tombe, si rien ne le dérange, va aussi « droit en bas. »

9° Votre balle est posée sur la table, elle y reste ; pourquoi la mienne ne reste-t-elle pas sur mon pupitre (incliné)? — Les objets roulent ou glissent sur les pentes : c'est encore tomber ; c'est encore la pesanteur qui est cause de ce mouvement.

Pour empêcher un objet de tomber il faut le poser. — « Posez la balle sur la main gauche. » — Ou le suspendre. — « Suspendez la balle par son cordon. »

Chant de clôture.

DIXIÈME EXERCICE.

La ligne et ses directions.

Cette fois le cordon sera l'objet observé. La balle suspendue formant un fil à plomb est le point de départ le plus commode pour l'observation des directions de la ligne.

1° Tenez la balle dans la main gauche ; tendez le cordon de la main droite. — Le cordon représente une ligne ; quand il est tendu c'est une ligne *droite*.

2° Rapprochez un peu les deux mains. — Le cordon représente encore une ligne, mais cette fois elle est *courbe*.

3° Suspendez la balle par le cordon. — C'est le fil à plomb. Le cordon représente une ligne droite dans la direction *verticale*. — Faites apercevoir des lignes dans la direction verticale parmi celles que présentent la construction, les meubles, etc.

4° Prenez la balle dans la main droite, tendez le fil ainsi (horizontalement). — Le cordon représente une ligne droite dans la direction *horizontale*. — Faites apercevoir des lignes horizontales.

5° Abaissez la main droite, levez la main gauche. — Le cordon représente une ligne *oblique* à droite.

6° Mouvement inverse. Ligne oblique à gauche. — Faites apercevoir des lignes obliques [1], dans les meubles, la construction, etc.

---

1. Il a paru nécessaire, pour fixer les idées et pouvoir déterminer la position d'une oblique dans le dessin, d'employer ces deux termes « oblique à droite, oblique à gauche, » par abréviation pour « oblique de gauche à *droite* en descendant, de droite à *gauche* en descendant.

Ce dernier exercice est destiné à servir de transition pour l'emploi géométrique des bâtonnets.

Indication de quelques sujets de leçons pouvant être faites à l'occasion de la balle :

La laine, le fuseau; le fil, le lin, le chanvre, la teinture; le caoutchouc, etc.

LA SPHÈRE, LE CUBE, LE CYLINDRE.

DEUXIÈME DON.

En lui mettant entre les mains cette petite collection de solides géométriques, désignée sous le nom de *deuxième Don*, Frœbel a eu pour but d'initier l'enfant à l'analyse et à la comparaison des formes. Ces objets proposés à l'observation ont été choisis simples de forme et réguliers; ils offrent à la comparaison des ressemblances assez nettes et des contrastes bien tranchés. Il s'agit moins encore ici de faire connaître à l'enfant quelques formes géométriques, ce qui pourtant a bien sa valeur, que de l'exercer aux opérations de l'intelligence mise en rapport direct avec l'objet de son observation.

Cette première étude, on le sent bien, doit se renfermer dans les limites les plus discrètes; l'âge de nos petits élèves nous fait un devoir de la leur présenter comme un jeu : jeu sérieux pourtant, dont tout l'attrait consiste dans la satisfaction donnée au besoin d'observer, de manier, d'exercer enfin de mille façons l'activité spontanée.

DISPOSITIONS PRÉLIMINAIRES.

Les trois solides : sphère, cube, cylindre, sont égaux suivant les trois dimensions, c'est-à-dire que le diamètre de la sphère est égal à la hauteur et au diamètre du cylindre, à l'arête du cube. Ces solides sont munis d'agrafes dans lesquelles peut facilement passer un cordon de suspension que l'on tient double. Tout d'abord le cordon de suspension du cylindre doit être passé dans l'agrafe fixée au centre de l'une des bases; celui du cube dans l'agrafe fixée au milieu de l'une des faces. Les trois solides sont renfermés dans une boîte de bois fermant à coulisse. Chaque enfant doit avoir entre les mains une de ces boîtes.

PREMIÈRE SÉRIE D'EXERCICES.

PREMIER EXERCICE.

La sphère.

Si les boîtes étaient distribuées dès le début de la première leçon, sans précaution préalable, l'empressement naïf d'une curiosité difficile à contenir entraînerait du désordre ; de plus l'attention des enfants se partagerait entre les trois objets, on ne pourrait plus la fixer sur celui que l'on veut faire examiner tout d'abord. A l'aide d'un petit artifice on peut tourner la difficulté

La maîtresse avant de distribuer les boîtes ouvre la sienne, et pose sur la table, bien en vue des enfants, les trois solides. Les tenant successivement suspendus par le cordon, elle en fait en deux mots une description très-sommaire, juste ce qu'il faut pour les faire nettement distinguer l'un de l'autre, une étude plus complète devant être faite lorsque l'enfant aura les objets entre les mains. Elle enseigne le nom de chacun des trois objets : la *boule* ou *sphère*, le *cube*, le *cylindre*. Elle fait répéter ces noms en désignant successivement du doigt chacun des solides. La curiosité de la surprise étant alors émoussée, la distribution des boîtes peut se faire sans inconvénient. (Voir, pour le mode de distribution, le Jeu de la balle, p. 44.)

Il faut obtenir que les enfants n'ouvrent pas les boîtes avant le signal donné.

« Posez la boîte en face de vous. — Retenez la boîte de la main gauche ; de la main droite enlevez le couvercle. — Posez le couvercle sur la table. »

La maîtresse exécute elle-même les mouvements à mesure.

« Otez la *sphère* de la boîte. — Tenez-la suspendue par le cordon. »

On vérifie ainsi si quelque enfant n'a pas pris un solide pour l'autre.

LA SPHÈRE, LE CUBE, LE CYLINDRE.

« Posez la sphère sur la table. — Refermez la boîte. — Posez la sphère sur la boîte. — Tenez la sphère suspendue. »

On fait comparer la sphère à la balle du premier don. Pour la première fois l'enfant est appelé à établir un parallèle entre un objet directement observé et un objet absent dont l'idée est restée peinte dans sa mémoire.

Ressemblance : la forme. Différence : la matière. La sphère que voici est de bois; surface plus unie, dureté plus grande. Frapper avec la sphère un coup léger sur la table: on constate que le choc est plus retentissant. Mais la forme des deux objets comparés est la même : ce sont deux sphères.

Ces observations étant faites avec les développements qui naîtront de la circonstance, répétez avec la sphère quelques-uns des exercices de mouvements qui ont été exécutés avec la balle (Exercices 3, 4, 5, 6). Puis les enfants, sur l'invitation de la maîtresse, replacent le solide dans la boîte, la referment et la font passer à la tête de la table, ainsi qu'il a été expliqué pour les balles.

Chant pour finir.

DEUXIÈME EXERCICE.

Le cube.

La sphère qu'il fallait présenter la première comme étant la forme la plus simple, offre peu de ressources à l'analyse avec sa surface continue. Le cube, au contraire, présente dans sa structure régulière des éléments diversifiés. Il sera cette fois l'objet de l'étude, la sphère restant là comme terme de comparaison, afin de faire ressortir les caractères par le contraste.

Les enfants, sur l'invitation et à l'exemple de la maîtresse, ouvrent les boîtes.

« Ôtez le cube de la boîte. »

La maîtresse ôte de sa boîte le cube, et le présente suspendu par le cordon. Les enfants font de même. On vérifie ainsi s'ils ont reconnu le solide demandé.

« Posez le cube sur la table. — Otez la sphère de la boîte. — Refermez la boîte. — Posez le cube et la sphère sur la boîte, l'un près de l'autre. »

Les enfants seront ainsi frappés de la différence de forme.

« Prenez le cube entre vos mains : nous allons examiner sa forme. »

Expliquez alors ce que c'est qu'une *face*, faites compter les faces du cube. Puis comme il importe que la notion obtenue par l'observation se fixe dans la mémoire par une *formule*, faites redire par tous :

« Le cube a six faces. »

En faisant passer le doigt sur une des faces, on remarque qu'elle est *droite*, *plate*. L'expérience répétée sur les autres faces, on constate qu'elles le sont toutes. Donnez le terme propre.

« Les faces du cube sont *planes*, » — et pour préciser la notion par la comparaison, — « comme le dessus de la table, comme les faces de la boîte, etc. »

« Posez le cube sur la table. » Le cube pose bien sur une de ses faces qui appuie tout entière sur la table : il est *stable*.

« Posez la sphère sur la table. » Elle roule, elle ne touche la table qu'en un petit endroit : elle n'est pas stable.

Ayant fait ainsi mieux *sentir* la nature de la surface courbe et de la surface plane à l'aide de cette observation, donnez la signification du mot *courbe*, arrondi, en opposition avec *droit*, plat. Faites répéter les formules qui fixent ces notions :

« Les faces du cube sont *planes*.
« La surface de la sphère est courbe. »

Faites citer des objets à faces planes parmi ceux qui entourent l'enfant, et en contraste, des objets dont la surface soit courbe.

On peut terminer en faisant exécuter avec le cube une des séries de mouvements indiqués au jeu de la balle.

Retour des boîtes. Chant de clôture.

LA SPHÈRE, LE CUBE, LE CYLINDRE.

TROISIÈME EXERCICE.

Les arêtes et les angles.

Le cube seul est retiré de la boîte.

Il s'agit de faire apercevoir les *arêtes*, lignes qui limitent les faces du cube et sont produites par leur intersection.

« Prenez le cube dans votre main. Tournez vers vous une de ses faces. Faites avec le doigt le tour de cette face. (La maîtresse donne l'exemple en même temps que le précepte.) — J'appuie légèrement : je sens sous mon doigt quelque chose de tranchant — Je fais le tour en 4 fois : 1, 2, 3, 4. Je suis ainsi le contour de la face du cube. Chaque *bord* tranchant s'appelle une *arête* du cube.

« Nous allons compter les arêtes du cube; 1, 2, 3 4 : en haut; 1, 2, 3, 4 : en bas; 1, 2, 3, 4 : autour. En tout, 12. »

« Le cube a 12 arêtes.

« La sphère a-t-elle des arêtes? » — Non.

Faites poser maintenant le doigt sur un des angles du cube, de manière à faire sentir la pointe; dites que cette partie terminée en pointe se nomme un *angle* (*angle solide*) du cube.

« Faites trouver les huit angles du cube, puis répéter :

« Le cube a 8 angles. »

« La sphère a-t-elle des angles ? » — Non

« Essayez de poser le cube sur une arête. Il ne tient pas; il n'est pas *stable*. — Sur la pointe de son angle (sommet de l'angle solide). Impossible de l'y faire tenir. Il n'est stable que lorsqu'il repose sur une face. »

Pour finir, récapitulons :

« Combien le cube a-t-il de faces? d'arêtes? d'angles?

Retour des boîtes. Chant de clôture.

QUATRIÈME EXERCICE.

Le cylindre.

Le cylindre sera étudié en comparaison avec le cube. On fera donc retirer de la boîte les deux solides. Les enfants doivent chercher une ressemblance entre ces deux objets ; aidez-les à la trouver : deux faces planes[1] « aux deux bouts ». Faites observer la surface courbe qui forme le « tour » du cylindre.

« Le cylindre a, comme la sphère, une surface courbe ; mais elle n'est pas semblable à celle de la sphère. »
« Regardez bien une des faces planes du cylindre. — Son contour est rond. En faisant le tour avec le doigt on sent le « *bord* » tranchant, seulement, il n'y a pas d'angles. On en fait le tour « d'un seul coup », en tournant, et non pas comme pour le cube, en quatre mouvements droits. (Faites répéter l'observation sur le cube.) »

Le contour de la face du cylindre n'est pas appelé une arête.

« Le cylindre n'a pas d'arête. Le cylindre n'a pas d'angle. Posez le cylindre « droit » sur la table. Il repose sur une de ses faces planes, il appuie bien, il est stable.
« Posez-le en travers. Il est sur sa surface courbe : il roule, il ne se tient pas ferme.
« Essayez de le poser sur son « bord » (obliquement). Il ne peut pas tenir ; il retombe. »

Récapitulons : Le cylindre a deux faces planes aux deux bouts ; le contour de ces faces est rond. Il a une surface courbe tout autour. Il n'a pas d'arêtes ; il n'a pas d'angles.

Faites exécuter avec le cylindre à titre d'exercices gymnastiques une des séries de mouvements du *jeu de la balle*. Chant pour finir.

---

1. Bases.

CINQUIÈME EXERCICE.

Les trois solides comparés.

Les trois solides sont rangés sur la boîte, le cylindre au milieu. Faites retrouver les ressemblances et les différences constatées déjà entre les formes de ces solides.

« Le cylindre a deux faces planes, comme le cube. — Une surface courbe comme la sphère. Il peut rouler comme la sphère; il peut se tenir stable comme le cube, etc., etc. »

Faites encore remarquer, quant à la substance, que ces trois objets différents de forme sont de même matière : le bois.

L'enfant s'habitue ainsi à considérer et à comparer plus de deux objets à la fois.

Nous pouvons lui faire observer dès maintenant un curieux effet dans les apparences d'un corps en mouvement : observation sur laquelle nous n'insisterons pas pour le moment; on pourra y revenir plus tard pour en tirer grand parti. Ici c'est surtout un exercice pour la vivacité du coup d'œil.

« Soulevez la sphère par le cordon; faites-la tourner rapidement comme la toupie. Quand elle tourne ainsi sans changer de place, on dit qu'elle tourne *sur elle-même*. »

L'enfant peut prendre la sphère d'une main, tordre de l'autre le double cordon, puis laisser la sphère tourner suspendue.

Faites observer que la sphère, quand elle tourne sur elle-même, apparaît toujours semblable à ce qu'elle est en repos.

« Posez la sphère. Faisons tourner le cylindre *sur lui-même*. »

On se rappelle que le cordon de suspension est fixé au centre de l'une des bases. Le cylindre en tournant ainsi ne change pas non plus d'aspect.

« Faisons tourner le cube sur lui-même, vite! vite! »

Faites observer que l'on cesse alors de distinguer nettement la forme du cube ; ses arêtes, ses angles s'effacent et se confondent, on *croit voir* « au milieu » un *cylindre* (le cube est suspendu par le centre de l'une des faces [1]).

« Nous allons faire un autre jeu encore. Prenez le cylindre ; dépassez le cordon de l'agrafe. Passez le cordon dans l'agrafe fixé sur la surface courbe. Tordez le cordon : faisons tourner le cylindre. »

Le cylindre étant ainsi suspendu et tournant rapidement, on croit voir « au milieu » une *sphère* [2].

Vous pouvez faire de même observer le cube tournant suspendu : 1° par le milieu d'une des arêtes ; 2° par un des angles solides. L'enfant tâchera de saisir la forme qui apparaîtra (solide de révolution engendré dans le mouvement). Mais cette forme est compliquée et il n'y a pas lieu de l'analyser ni de lui donner de nom.

« Otez les cordons ; mettez-les dans la boîte. Nous allons construire quelque chose.... »

Comme essai préalable, on pose :

1° Le cylindre sur le cube : tout est stable dans cette condition ;

2° Le cube sur le cylindre ;

3° La sphère sur le cube ;

4° La sphère sur le cylindre.

La sphère peut rouler, mais avec un peu d'adresse on la fait tenir.

« Essayons de mettre le cube sur la sphère. — Impossible de la faire tenir. — Le cylindre ? — Également.

« Posons maintenant le cube dessous, le cylindre sur le cube, la sphère sur le cylindre, bien « au milieu. »

---

1. En tournant dans cette position, les arêtes engendrent un cylindre extérieur, transparent, peu saisissable : le même effet du mouvement fait apparaître au milieu de ce volume un autre cylindre, opaque, engendré par les intersections des positions des faces. C'est celui-ci qui est le plus facile à discerner, et que l'œil de l'enfant saisira.

2. En tournant sur cet axe, le cylindre dans les positions successives de son contour apparent, engendre un solide de forme un peu compliquée, transparent, peu visible : au centre, les intersections des positions de la surface courbe font apparaître en même temps une sphère opaque, nette, facile à discerner. C'est cette forme que l'œil de l'enfant saisira.

LA SPHÈRE, LE CUBE, LE CYLINDRE. 63

Le petit monument ainsi construit (borne milliaire, sphère terrestre sur un piédestal, etc.) offre l'occasion de faire remarquer aux enfants que les maisons, les murs, etc., etc., sont formés de plusieurs *pièces* posées l'une sur l'autre, l'une près de l'autre, *ajustées, fixées* ensemble. Ces pièces sont les parties de l'objet. L'objet formé par la réunion des parties est un *tout*. Le *tout* est composé de *parties*. Former un *tout* avec des *parties*, cela s'appelle *construire, composer*. Séparer les parties qui forment le tout, c'est *détruire, décomposer*[1].

« *Décomposer* votre petite *construction*, mettez ses *parties* dans la boîte. »

Retour des boîtes. Chant.

DEUXIÈME SÉRIE D'EXERCICES.

PREMIER EXERCICE.

Les faces du cube.

Nous venons de clore la première série des leçons à faire sur le deuxième *don*. Lorsque, par le moyen du *pliage* et des *petits bâtons*, les enfants auront acquis les notions de *ligne*, d'*angle*, de *carré*, etc., il y aura lieu de faire une nouvelle série de leçons, où ces notions seront appliquées à l'étude des solides. Il est du reste nécessaire que cette deuxième série où l'analyse de la forme du cube sera achevée, précède les exercices du troisième *Don*, tous fondés sur les propriétés de la forme cubique.

Le cube, demeuré dégagé de son cordon de suspension, est retiré de la boîte et posé sur la table.

---

1. Il n'y a pas d'autre *destruction* que la *décomposition*.

« Combien le cube a-t-il de faces? — Examinons une seule de ces faces. — Quelle est la forme de cette face. — Un carré. — Montrez la surface de ce carré; montrez son contour. — Qu'est-ce qui forme le contour de cette face carrée? »

Les enfants diront « les *bords* ou les *arêtes* » du cube. Rappelant que les contours d'une surface sont des lignes (voir le *Pliage*, 3e Ex.), faites voir des lignes dans les arêtes du cube. Là est le point capital de la leçon.

« Ces lignes sont-elles *droites* ou *courbes?* Combien le carré a-t-il de *côtés?* Montrez les côtés de la face du cube. — Ces 4 lignes sont-elles égales? Montrez les angles de ce carré? Combien y en a-t-il? Ces 4 angles sont-ils égaux? Sont-ils aigus? Obtus? Ce sont des angles droits. — Est-ce bien sûr? Nous allons vérifier. »

Rappelant que les angles formés par les lignes du quadrillage de la table sont des angles droits, faites *superposer* l'un des angles de la face du cube aux angles du quadrillage.

« S'applique-t-il exactement à l'angle droit tracé sur la table? — Oui. — C'est donc bien aussi un angle droit.

« Regardez bien maintenant l'une après l'autre les faces du cube. Sont-elles toutes des carrés? Vous paraissent-elles toutes égales? »

Nous n'avons pas encore de vérification possible, nous nous en tenons au témoignage du coup d'œil.

« Oui, mes enfants, elles sont toutes parfaitement égales. Et comme il y en a.... — Combien? — Six. — Nous dirons donc :
« Le cube a 6 faces, qui sont 6 carrés égaux. »

Cette leçon est très-importante; mais étant un peu abstraite et réclamant beaucoup d'attention, elle ne doit pas être prolongée. Il vaut mieux y revenir que de fatiguer l'esprit, de décourager la curiosité. On peut aussi couper la leçon en deux, après l'étude de l'une des faces. Terminez par quelque exercice récréatif, et un chant.

DEUXIÈME EXERCICE.

Les arêtes du cube.

Cette seconde leçon est pour ainsi dire la continuation de la précédente. Les lignes, les arêtes, vont nous occuper quelques instants. L'important est de faire entrer dans l'esprit de l'enfant que l'arête du solide (intersection de surfaces) est la véritable ligne, dont le trait, tracé au tableau ou sur le papier, le cordeau tendu, le petit bâton, etc., ne sont que des représentations.

« Montrez les arêtes du cube. Combien y en a-t-il ? Toutes les arêtes du cube sont-elles égales? Regardez. Elles sont toutes égales, puisqu'elles forment toutes des côtés de carrés égaux. »

La maîtresse montrant deux arêtes opposées de l'une des faces, essayera de faire reconnaître que ce sont deux lignes parallèles.

« Et les deux autres? Elles sont aussi parallèles l'une à l'autre, absolument comme les côtés du carré formé avec les bâtonnets, puisque la face du cube est aussi un carré. »

On fera observer que deux arêtes qui se réunissent à un angle sont deux lignes perpendiculaires, puisqu'elles forment l'angle droit du carré.

Le cube étant toujours posé sur la boîte, faites reconnaître que quatre des arêtes sont des lignes *dans la direction verticale;* rappelez le cordon de la balle suspendue, etc.

« Montrez-moi maintenant une arête qui soit une ligne droite dans la direction horizontale. Combien voyez-vous d'arêtes horizontales? »

Les enfants indiqueront sans doute les quatre arêtes de la face supérieure. Faites alors constater que les quatre arêtes de la face qui pose sur la table sont aussi horizontales. En tout, huit arêtes dans cette direction. Et afin que l'enfant sente que ces attributs d'*horizontal* et de *vertical* ne tiennent pas à la nature même du solide, mais à sa position déterminée, faites tourner le cube sur une de ses arêtes, pour le faire poser sur une autre face, *adjacente* à celle sur laquelle il posait d'abord. Faites observer que les quatre arêtes qui étaient verticales sont devenues horizontales, tandis que quatre autres arêtes qui étaient horizontales sont devenues verticales. Il n'est pas nécessaire de faire déterminer lesquelles ; il suffit que l'élève ait observé le changement de position sur une ou deux d'entre elles. Vous ajoutez :

« Eh bien, ces arêtes que vous voyez les unes verticales, les autres horizontales, êtes-vous capables de les rendre toutes *obliques* d'un seul coup ? »

Les enfants chercheront une position qui rende toutes les arêtes obliques. En faisant poser le cube sur une d'entre elles, huit deviennent obliques, mais quatre restent horizontales.

« Pour qu'elles deviennent toutes obliques à la fois, j'ai trouvé, moi, le moyen : voyez ! »

Les enfants imiteront la maîtresse, et soutiendront comme elle, par la pression de leur doigt posé sur un angle, le cube appuyant sur la table par l'angle opposé.

Faites répéter pour finir quelques-uns des exercices de mouvement, pour défatiguer l'attention de l'enfant à laquelle nous venons de demander un petit effort. — Chant.

TROISIÈME EXERCICE.

Le cercle.

L'enfant, qui a vu des lignes droites dans les arêtes du cube, n'éprouvera pas de difficulté à voir une ligne courbe dans la circonférence de la base du cylindre.

Le cylindre est retiré de la boîte. Enseignez qu'une surface *plane* limitée par un contour parfaitement rond, se nomme un *cercle*. La ligne courbe qui forme le contour du cercle s'appelle *circonférence*, d'un mot qui signifie justement *contour*.

LA SPHÈRE, LE CUBE, LE CYLINDRE.

Faites observer, au juger de l'œil, que les deux faces planes d'un cylindre sont des cercles égaux.

Pour généraliser la notion, faites « trouver » quelques objets usuels ayant à peu près la forme d'un cercle (une pièce de monnaie, etc., etc.), et distinguer soigneusement le *cercle*, surface plane, réelle ou idéale, comprise en dedans de la circonférence, de la *circonférence*, ligne courbe limitant le cercle.

« Le cercle, c'est tout ceci. (Vous passez le doigt sur la surface.) La circonférence, c'est cette ligne courbe qui fait le tour. » (Vous suivez du doigt le tour du cercle.)

« Regardez l'une des faces planes du cylindre, celle qui a l'agrafe. Où est-elle placée cette agrafe? — Au milieu du cercle. — Le milieu d'un cercle s'appelle *centre*. Nous dirons donc : l'agrafe est au centre du cercle. Retournez maintenant votre cylindre, et montrez du doigt le *centre* de l'autre cercle. »

Généralisez encore la notion par le moyen de quelques questions.

« Qui me citera des objets ayant la forme d'un cercle? — Le dessus de la table ronde, une roue, etc. — Où est le centre de la roue? — Quelle est la partie de la roue qui touche sur le sol, quand la roue de la voiture roule? »

Tâchez de mettre de l'entrain dans ces exercices. — Chant de clôture.

Les trois solides du deuxième *don* serviront encore, plus tard, à un enseignement plus étendu des formes géométriques.

LES CUBES.

(LE CUBE DIVISÉ EN HUIT CUBES.)

TROISIÈME DON.

Les exercices du troisième don ont pour objet principal la construction : former, comme nous le disions en terminant l'étude du deuxième don, un tout avec des parties. Les petits cubes sont les matériaux de ce travail. L'enfant apprendra à les grouper en dispositions symétriques, et son œil s'habituera à juger de la régularité des combinaisons; puis il prendra plaisir à réaliser des formes rappelant plus ou moins celles de divers objets familiers, et par là sera conduit à apercevoir les rudiments de la forme, les *axes* et les *enveloppes*, éléments géométriques essentiels qui charpentent les ensembles, et auxquels se relient les détails. C'est ainsi que nous lui présentons des combinaisons auxquelles il rattache certaines idées plus définies que les formes mêmes qui les lui ont rappelées. A cette occasion l'enfant observera les conditions qui assurent la stabilité dans la construction.

En faisant passer d'une forme à l'autre les combinaisons qu'il réalise, l'enfant, inspiré par la maîtresse, apprend que le travail industriel a pour but la *transformation*. Il sent qu'il n'est pas lui-même uniquement destiné à consommer, mais à travailler, à produire; et qu'il doit dès maintenant se préparer à devenir plus tard producteur et transformateur; non-seulement contemplateur, mais réalisateur de formes, d'harmonies.

Si l'on veut rester dans l'esprit de la méthode, et tirer parti de ses ressources, on devra, à l'occasion de chacune des constructions que l'enfant réalise, donner quelques explications relatives à l'usage, à la fabrication des objets qu'elle lui représente. Combien il acquiert ainsi de notions pratiques, utilisables à chaque moment de la vie, notions que nous sommes trop souvent portés à lui supposer, tandis qu'il ne les possède pas! A un instant donné vous vous apercevez d'une lacune étrange à l'endroit des choses les plus vulgaires; vous restez étonnés de cette découverte, et vous reconnaissez que vous aviez édifié sur le vide. Que les explications données ne soient pas sèches, purement démonstratives et utilitaires; qu'elles soient animées, gracieuses. Ce n'est pas seulement l'instruction de l'enfant que nous voulons faire, c'est bien aussi un peu son bonheur. Autour de cet objet que sa main vient d'imiter et dont l'image est présente à son esprit, faites un petit tableau frais, riant, où son imagination se complaise. — Est-ce le banc de pierre? Il est à la porte de la maison, dans le jardin, sous la vigne qui l'ombrage. La grand'mère est assise : les enfants sont autour d'elle, écoutant ses jolis récits. Est-ce la petite fontaine? C'est au coin du champ sous les grands arbres, au bord du sentier. L'eau y est si fraîche et si vive! les enfants du village y viennent boire dans le creux de leur main, etc. Songez que ces idylles qui vous font sourire sont toutes neuves pour l'enfant. Chers petits, n'est-ce pas de toutes ces imaginations simples et naïves qu'est faite leur joie?

DISPOSITIONS PRÉLIMINAIRES.

Le cube divisé en huit cubes est contenu dans une petite boîte de bois de forme cubique, et fermant par un couvercle à coulisse. Il faut de toute nécessité une boîte semblable pour chaque enfant. Une autre est entre les mains de la maîtresse, qui s'en sert pour réaliser elle-même, en présence de ses élèves, les opérations qu'elle indique. Chaque boîte doit porter le chiffre 3 sur la face antérieure, du côté où se tire la coulisse.

LES CUBES

PREMIER EXERCICE.

Le tout et les parties.

Ce premier exercice a surtout pour but d'enseigner à l'enfant la manœuvre préalable au moyen de laquelle les éléments de son petit travail seront mis à sa disposition, sans que cela entraîne désordre. Puis il reconnaîtra la forme d'ensemble du solide, et y appliquera les notions de *tout*, de *parties*, etc., précédemment données à l'occasion du deuxième don.

Les boîtes sont distribuées suivant le procédé habituel (voir le jeu de la balle). La maîtresse agitant légèrement sa boîte conduit les enfants à conclure du petit bruit entendu « qu'il y a quelque chose dans la boîte, » qu'elle n'est pas *vide*.

« Que contient-elle ? Nous allons voir. — Posez la boîte sur la table, le couvercle en dessous. — Tournez le numéro vers vous. — Approchez la boîte du bord de la table. — Prenez le couvercle par le bord, et tirez-le de la main droite (l'enfant retient la boîte de l'autre main). »

« ..trez le couvercle. — Posez-le sur la boîte. — Poussez votre boîte vers le milieu de la table en face de vous. — Enlevez la boîte et posez-la à votre droite. » (Les 8 petits cubes demeurent sur la place).

Ce que ces indications peuvent avoir de vague disparaît pour les enfants, quand ils voient la maîtresse exécuter elle-même à mesure les mouvements indiqués [1].

Le cube divisé apparaît. Faites reconnaître dans la forme d'ensemble les éléments observés sur le cube du deuxième don : les six faces planes, égales, carrées ; — les arêtes, les angles (solides). Ces éléments seront montrés du doigt par les enfants, et sans toucher le cube que le contact le plus léger déformerait.

« Ce cube est un *tout* composé de plusieurs *parties*. — J'enlève de la main droite deux des parties, je les pose à droite. J'en enlève autant de la main gauche, et je les pose à gauche. Je prends encore deux parties de la

---

[1]. On comprend que toutes ces précautions ont pour but d'éviter le désordre, la chute des cubes, etc.

main droite et autant de la main gauche, et je les écarte un peu. — Je sépare les deux parties posées à droite en attirant une d'elles vers moi.— J'en fais autant pour les autres. Voilà toutes les parties séparées : comptons-les : 1, 2, 3, 4, 5, 6, 7, 8. — 8 parties. »

« En réunissant ces portions, nous allons former un *tout*. Comment appellerons-nous ce travail? — Construire. »

Sur l'invitation de la maîtresse, l'enfant pose le couvercle de la boîte en face de lui, près du bord de la table. Il prend un des petits cubes de chaque main, et les pose l'un et l'autre *au contact* sur le couvercle; ainsi de suite, jusqu'à ce que le cube entier soit reconstruit.

« Le cube que nous avons décomposé, le voilà recomposé. — Tenez la boîte entre les mains. Quelle est sa forme? — La boîte est creuse : elle est destinée à contenir quelque chose. Pourrais-je y faire entrer tel objet (d'un volume sensiblement plus grand)? Pourquoi non? — Et tel autre (plus petit)? »

Que les enfants citent des objets pouvant entrer dans la boîte, et d'autres qui ne peuvent y être contenus. Faites conclure que le *contenu*, « la chose renfermée, mise dedans, » ne peut pas être plus grand que « la chose qui renferme, qui contient, » le *contenant*.

« Couvrons le cube avec la boîte renversée. Maintenons le couvercle et retournons la boîte. — Voyez! le cube est rentré dans sa boîte. »

Faites observer qu'il en remplit à peu près complètement « le creux, » l'espace intérieur. Ce procédé est toujours et identiquement employé à la fin de chaque leçon, pour faire rentrer le cube dans sa boîte.

« Fermez adroitement les boîtes. »

Retour des boîtes.

DEUXIÈME EXERCICE.

Les petits cubes.

Après avoir reconnu la forme cubique de chacune des parties, nous allons les utiliser comme matériaux des constructions les plus simples et des dispositions symétriques les plus élémentaires.

Distribution et ouverture des boîtes. Décomposition du cube comme à l'exercice précédent.

« Prenez en main une des parties que vous venez de séparer. — Quelle est sa forme? »

L'enfant reconnaît la forme cubique. Faites répéter rapidement l'analyse, comme sur le grand cube. (Exercice précédent.) Faites conclure à la ressemblance de forme et à la différence de « grandeur » (volume).

« Un objet petit peut avoir la même forme qu'un gros : la dimension ne fait rien à la forme. — Remettez le petit cube à sa place. — Toutes les autres parties sont-elles aussi des cubes? — Vous paraissent-elles toutes égales? — Nous allons vérifier. »

L'enfant tenant un cube de chaque main applique l'une contre l'autre deux faces, et juge de leur égalité par superposition. Faites répéter l'épreuve sur une ou deux autres faces des mêmes cubes; puis sur un ou deux autres cubes pris au hasard. Généralisez, et concluez :

« Toutes les faces de tous ces petits cubes sont égales : ce sont des carrés égaux. Toutes leurs arêtes doivent-elles être égales? »

Faites vérifier par superposition, comme pour les faces.

« Elles sont toutes égales. Les petits cubes sont tous égaux. — Reformez le cube sur la table. — Nous allons maintenant *construire*. Les petits cubes seront les *matériaux* de nos constructions; ceci est notre *provision* (le grand cube). »

Dans toutes les dispositions et constructions, il faut avoir soin que l'enfant place ses cubes en se guidant sur les lignes du quadrillage. Il faut lui faire apercevoir là une condition de régularité.

CONSTRUCTIONS AVEC DEUX CUBES.

1° « Prenez 2 cubes. Posez-les sur la table. Faites-les joindre par une de leurs faces. Ceci nous représente une boîte (pl. 1, fig. 1).

2° « Les cubes l'un sur l'autre : Une borne, au bord du chemin (fig. 2). Utilité de la borne. »

DISPOSITIONS SYMÉTRIQUES.
(Sur la table.)

Planche 3, figures 1, 2, 3, 4, 5, 6, 7, 8; 9, retour à la disposition première.

Un cube demeure immobile ; le second voyage en glissant autour, et occupe successivement les positions figurées. La *circulation* est un procédé général pour la transformation des dispositions symétriques.

CONSTRUCTIONS AVEC TROIS CUBES.

1° « Prenez un troisième cube. Joignez-le aux deux premiers. Qu'est-ce que ceci vous rappelle ? — Un banc de pierre (pl. 1, fig. 3), sur la promenade, pour nous reposer quand nous serons fatigués.

2° « Un escabeau (fig. 4), pour atteindre les livres dans la bibliothèque, un fruit sur le buffet.

3° « Un pilier (fig. 5), comme ceux que vous avez vus à.... et qui servent à soutenir....

4° « Un canal (fig. 6), pour laisser écouler l'eau. »

DISPOSITIONS SYMÉTRIQUES.

1re série, planche 3, figures 10, 11, 12, 13, 14, 15.
Le cube central reste immobile ; les deux autres circulent ; les enfants les poussent un de chaque main, simultanément.

2e série, semblable à la précédente, mais le cube central étant posé diagonalement, fig. 16, 17, etc.

Les 3 cubes se touchant 2 à 2 par une arête (fig. 18) : au milieu un espace vide. Faire observer le triangle formé par les 3 arêtes.

Inventions libres. — Le champ n'est pas très-large cette fois ; mais il importe de commencer.

Page 74.   Pl. 1.

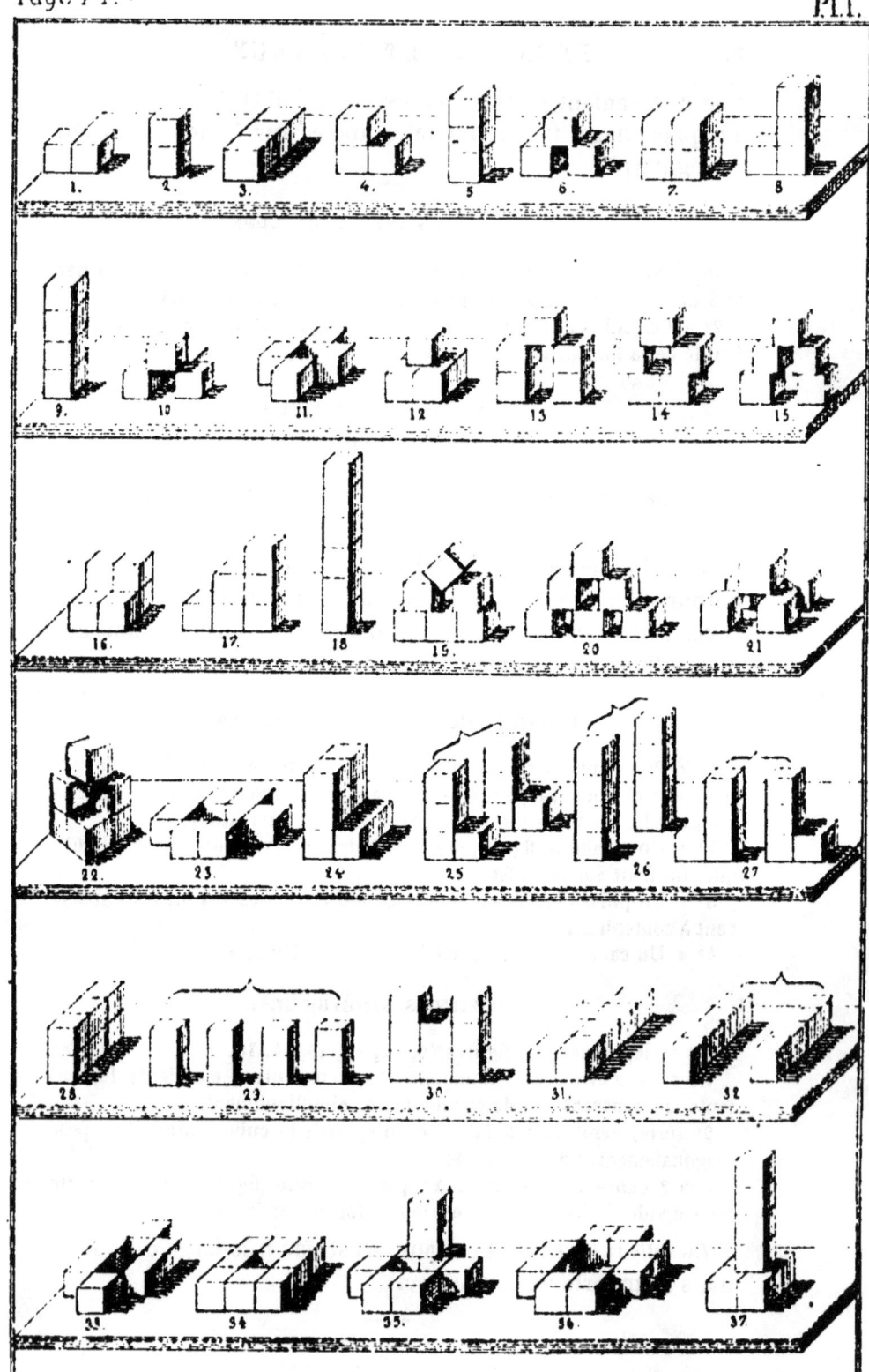

Imp. Manrocq, 3 rue Suger, Paris

TROISIÈME EXERCICE.

Division de l'entier.

L'enfant, à l'aide des petits bâtons, a acquis la notion des quatre opérations fondamentales sur les entiers. D'autre part, il a déjà observé la décomposition d'un *tout* en ses *parties*. Pour lui donner une idée de ce que c'est qu'une « *fraction* », chose si importante, il n'y a guère plus que des mots à lui enseigner.

Le cube étant posé sur la table, expliquez, avant de procéder à la division, qu'un *tout* est aussi appelé un *entier*. Puis la maîtresse enlève d'une main et sans les disjoindre les quatre cubes supérieurs et les pose sur la table, en invitant les enfants à l'imiter

« Qu'ai-je fait? J'ai partagé l'*entier* en deux. — Voilà les deux parties. — Sont-elles égales? — Ce sont les deux *moitiés* de l'entier. On dit aussi les deux *demies*. »

« Replaçons une des moitiés sur l'autre. — Qu'avons-nous fait? — Combien faut-il de *demies* pour faire un *entier*? »

« Quand on partage un entier en plusieurs parties égales, chaque partie s'appelle une *fraction*, ce qui veut dire un *morceau* de l'entier. »

« Partageons encore notre entier en 2 moitiés. — Partagez aussi, comme moi, chaque moitié en 2. — En combien de parties est maintenant partagé l'entier? — Chacune de ces 4 parties s'appelle un *quart*. — Voilà 1, 2, 3, 4 *quarts*. — Combien y a-t-il de quarts dans un entier? — Combien dans une *demie*? »

« Reformons les deux demies. — Reformons l'entier. »

« Décomposez encore de même votre entier en 4 quarts. Rapprochez 2 quarts. Posez sur cette *demie* un troisième quart. L'entier est-il refait? Qu'y manque-t-il? — Nous avons seulement les 3 quarts de l'entier. »

« Quand on réunit plusieurs parties de l'entier, mais non pas toutes, l'entier n'est pas complet; on n'a encore qu'une *fraction*, c'est-à-dire un morceau plus ou moins grand du tout. — Complétons l'entier : qu'allons-nous faire pour cela? »

Généralisez ces notions en rappelant le partage d'un fruit, d'un gâteau, etc. Les enfants ayant écarté le cube vont en détacher quatre petits cubes pour faire des constructions.

CONSTRUCTIONS AVEC QUATRE CUBES

1º Une caisse d'emballage (pl. 1, fig. 7).
2º Un siége à grand dossier (fig. 8).
3º Un grand pilier (fig. 9).
4º Une niche, pour le chien de garde (fig. 10).
5º La petite fontaine, au coin d'un champ (fig. 11).

DISPOSITIONS SYMÉTRIQUES.

1re série, planche 3, figures 19, 20, 21, 22, 23, 24; — retour, figure 19.

2e série, fig. 25, 26, 27, 28, 29, 30, 31; — retour, fig. 25.

Inventions libres.

QUATRIÈME EXERCICE.

Division de l'entier (suite).

Cet exercice revise et continue le précédent à l'égard de la division de l'entier. Faites diviser le cube en 4 quarts, comme précédemment; puis chacun des quarts est décomposé à son tour en deux parties : les huit parties se trouvant disposées symétriquement, sur deux rangs parallèles. (Voir le 1er exercice.)

« Combien avons-nous de parties? — Sont-elles égales? — Nous appellerons chacune de ces parties un *huitième*, pour rappeler que l'entier a été décomposé en huit parties.

« Rapprochez 2 de ces *huitièmes* : qu'avez-vous recomposé? — Un quart. — Il faut 2 huitièmes pour faire un quart.

« Combien faut-il de huitièmes pour faire une demie? — Essayez!

« Formez un 3e quart et posez-le sur les 2 autres.

« Combien avez-vous là de huitièmes réunis? — Que manque-t-il encore pour former l'entier? »

Ajoutez encore un huitième.

L'entier se trouve alors recomposé sous sa forme de cube, sauf un petit cube absent à un angle. Faites observer que ces *sept huitièmes* réunis ne sont encore qu'une fraction.

« Combien faut-il donc de huitièmes pour recomposer l'entier ? — Ajoutons le dernier huitième. »

Variez la forme des questions, développez-les, retournez-les ; faites en sorte que les enfants opérant eux-mêmes ces décompositions et recompositions de l'entier *observent et trouvent* avant de répondre. Fixez alors la notion acquise sous quelque formule brève :

« Un entier vaut donc : 2 demies ; 4 quarts ; 8 huitièmes. »
« Une demie contient : 2 quarts ; 4 huitièmes. »
« Un quart est formé de 2 huitièmes. »

CONSTRUCTIONS AVEC CINQ CUBES.

Les enfants détachent d'abord 4 cubes, 2 de chaque main ; puis, un cinquième.

1º Un *piédestal* pour mettre une statue (pl. 1, fig. 12). Avez-vous vu des statues ? Qu'est-ce qu'elles représentaient ? Sur quoi étaient-elles placées ? etc., etc.

2º Une porte (fig. 13).

3º Une petite fenêtre (fig. 14). En quoi une fenêtre diffère-t-elle d'une porte (dans sa construction d'abord, puis dans son utilité) ?

4º Une échelle double (fig. 15).

DISPOSITIONS SYMÉTRIQUES.

Formez d'abord avec 4 cubes la disposition pl. 3, fig. 29, les arêtes se joignant exactement. Faites observer le vide qui reste au centre. Montrez le contour de « l'ouverture » formé de 4 arêtes ; faites reconnaître à cette ouverture la forme carrée ; au *vide* lui-même la forme d'un cube, en ces mots :

« Il y a juste la place de mettre un de nos petits cubes. »

Introduisez le 5ᵉ cube, qui comble exactement le vide. L'enfant apprend ainsi à attribuer une forme et une dimension à un espace *vide*, limité par des surfaces, et à le comparer à un espace *plein*, sous le rapport de la forme et de la dimension.

1ʳᵉ série, pl. 3, fig. 32, 33, 34, 35 ; 2ᵉ série, fig. 36, 37, 38 ; 3ᵉ série, 39 et 40.

Inventions libres.

CINQUIÈME EXERCICE.

Le solide.

L'expression géométrique de *solide* est d'un usage tellement général qu'il deviendra bientôt incommode, presque impossible de s'en passer dans nos petites leçons enfantines. Faites donc comprendre qu'un *objet*, le cube, par exemple, est un solide. Tout objet est un solide, quelle que soit sa forme (régulière ou non).

« La sphère est-elle un solide? — Le cylindre est-il un solide? — Notre petite boîte est-elle un solide? etc. »

Évitons, pour le moment, de faire porter le jugement de l'enfant sur des objets dont les trois dimensions ne soient pas facilement saisissables; dont la surface seule, par exemple, ou la longueur absorberait l'attention : tels qu'une feuille de papier, un fil, etc.

Le cube étant posé sur la table, faites distinguer le *solide* de *surface*.

Le solide, c'est l'objet lui-même; la surface, c'est le « dehors. » Les *six faces* (faites-les montrer en passant le doigt sur leur étendue) forment la surface de mon cube.

« Prenez un des petits cubes. Est-ce encore un solide? — Montrez sa surface (en passant le doigt sur les 6 faces). »

CONSTRUCTIONS AVEC SIX CUBES.

« Nous allons prendre cette fois les 3 quarts de notre cube. Combien aurons-nous de petits cubes? — Prenons donc 6 petits cubes. Avec ces *matériaux* nous allons construire :

1° « Un banc de pierre à dossier, pour la promenade publique (pl. 1, fig. 16).
2° « Un escalier de pierre (fig. 17).
3° « Un haut pilier (fig. 18).
4° « Une pendule (fig. 19), pour mettre sur la cheminée. A quoi sert la pendule? etc. (Le temps.)

LES CUBES.

5° « Un perron (fig. 20), pour la porte d'entrée de notre maisonnette des champs.

6° « Un piédestal (fig. 21), pour une statue.

7° « Une niche (fig. 22), où nous mettrons une gentille *statuette*.

8° « Une auge (fig. 23), où s'abreuvera le cheval. »

DISPOSITIONS SYMÉTRIQUES.

La symétrie ne peut être quaternaire. Pl. 3, fig. 41, 41, 43, 44, 45, 46, 47, 48, 49, 50.

Inventions libres.

SIXIÈME EXERCICE.

Les trois dimensions du solide.

Le cube étant posé sur la table, la maîtresse montre et fait montrer :

1° La *hauteur* du cube, de bas en haut, au-dessus de la table ; 2° sa *largeur*, de droite à gauche ; 3° son *épaisseur*, d'avant en arrière. — Pour mieux fixer la notion, elle fera exécuter les opérations suivantes :

1° « Partagez le solide en 2 moitiés, suivant la hauteur. — Replacez les 2 moitiés l'une sur l'autre, pour recomposer le tout. »

2° « Décomposez le cube en deux moitiés, en les séparant suivant la largeur. (On fera glisser une moitié à droite, l'autre moitié à gauche, des deux mains, simultanément.) Rapprochez les parties pour recomposer l'entier. »

3° « Partagez le cube en 2 demies suivant l'*épaisseur*. (On fait glisser la moitié antérieure en avant ; l'autre demeure en arrière.) — Reconstruisez l'entier. (Mouvement contraire.) »

« Le cube est-il plus haut que large ? — A-t-il sa largeur plus grande que son épaisseur ? — L'épaisseur du cube est-elle égale à sa hauteur ? »

« Prenez un des petits cubes : posez-le sur la table. Montrez sa largeur, — son épaisseur, — sa hauteur. »

« Prenez la boîte, fermez-la. (Sans cette précaution l'enfant serait exposé à confondre l'épaisseur de la paroi avec l'épaisseur du solide géométrique formé par la boîte.) Posez-la devant vous. — Montrez sa hauteur, — son épaisseur, — sa largeur. »

Tous les solides, c'est-à-dire tous les objets, ont une certaine hauteur (ou longueur), une largeur, une épaisseur plus ou moins grande. Exemples divers, choisis par la maîtresse ou désignés par les enfants, parmi les objets présents, et dont les trois dimensions soient facilement perceptibles et bien distinctes : un livre, une boîte, le pupitre de la maîtresse, l'armoire où l'on serre le matériel, etc.

CONSTRUCTIONS AVEC SEPT ET HUIT CUBES.

1º Grand siége (pl. 1, fig. 24).
2º Deux chaises (fig. 25).
3º Deux colonnes (fig. 26), élevées sur la place publique.
4º L'entrée du jardin (fig. 27).
5º Un mur (fig. 28).
6º Une rangée de piliers (fig. 29).
7º Les tours de Notre-Dame de Paris : façade avec 2 tours carrées (fig. 30).

DISPOSITIONS SYMÉTRIQUES.

Quatre cubes demeurent fixes au centre[1].
1re série, pl. 3, fig. 51, 52, 53, 54, 55, 56.
2e série, fig. 57, 58, 59, 60, 61, 62.

Inventions libres.

SEPTIÈME EXERCICE.

Le volume.

Nous nous proposons ici d'amener l'enfant à se faire une idée nette du *volume* d'un objet.

Le cube étant posé sur la table, la maîtresse fait refermer la boîte. L'enfant prendra à part un des petits cubes ; ce petit cube et la boîte seront les deux termes de comparaison.

« Voilà deux solides. Ils ont la même forme. (Développez.) En quoi diffèrent-ils ? — En grosseur. — La boîte, qui est plus grosse, tient plus

---

1. Nous avons laissé de côté dans ces séries des formes de transition dont la symétrie nous a paru incomplète, vague, difficile à saisir.

de place que le petit cube. — La grosseur d'un objet, l'espace plus ou moins grand qu'il occupe, s'appelle le *volume* de cet objet. — Citez des objets qui ont un grand volume; un petit volume. »

Faisons pressentir à l'enfant la relation qui existe entre le volume d'un solide et ses *dimensions*.

Les élèves, sur l'invitation de la maîtresse, mettront le petit cube en contact avec la boîte, de telle sorte qu'une face, deux arêtes, un angle coïncident à la fois.

L'enfant constatera : 1° que la hauteur du petit cube est moindre que celle de la boîte; 2° que la largeur, 3° que l'épaisseur sont moindres aussi.

Rappelez aux enfants que le petit cube a autant de faces, d'arêtes, etc., que le grand cube complet et que la boîte cubique elle-même : il a tout *semblable*, mais en plus petit. Son volume, l'espace qu'il occupe, est plus petit, justement parce qu'il est moins haut, moins large et moins épais.

S'il était plus épais ou plus large qu'il n'est, il aurait plus de volume. Si sans être plus large ni plus épais, il était plus haut, il aurait plus de volume aussi; il tiendrait plus d'espace (en hauteur). Insistez sur cette dernière idée; car l'enfant est assez porté à ne considérer l'espace, « la place que tient un objet, » que par rapport à la superficie, à l'étendue de la surface horizontale qu'il couvre.

CONSTRUCTIONS AVEC HUIT CUBES.

1° Pavé de dalles (pl. 1, fig. 31). — Pourquoi pave-t-on les rues, les trottoirs? etc., etc.
2° Deux quais (fig. 32), entre lesquels coule la rivière. — A quoi servent les quais?
3° Un grand abreuvoir (fig. 33), pour le bétail.
4° Un autre abreuvoir, carré (fig. 34).
5° Une fontaine publique, avec son réservoir (fig. 35).
6° Un grand bassin carré (fig. 36), pour élever des poissons.
7° Une colonne sur son piédestal (fig. 37), pour orner la place publique.

DISPOSITIONS SYMÉTRIQUES.

1re série (avec un vide au centre de symétrie), pl. 3, fig. 63, 64, 65, 66, 67, 68.
2e série (id.), fig. 69, 70, 71, 72, 73, 74.

Inventions libres.

HUITIÈME EXERCICE.

La stabilité.

Nous n'irons pas plus loin, pour le moment, en fait de géométrie, afin de laisser aux intelligences enfantines le temps de s'assimiler ces notions premières et toutes usuelles. Nous allons consacrer trois petites leçons à préciser les observations que les enfants auront déjà dû faire en manipulant leurs cubes, relativement à la stabilité et à la symétrie de leurs petites constructions.

Un petit cube est posé sur la table.

Sa face *plane* appuie sur la surface de la table qui est plane aussi. En cette position le cube se tient ferme, *stable*[1].

Un second cube posé « droit » sur le premier est stable. (Pl. 2, fig. 38.) — Si ce second cube « dépasse » l'aplomb d'un côté ou de l'autre d'une petite quantité (fig. 39), il est encore stable; mais s'il dépasse « trop, » de plus de la moitié de la surface, il tombe (fig. 40). — Un cube est encore stable s'il s'appuie des deux côtés sur deux autres[2], même de très-peu; il laisse un vide au-dessous (fig. 41).

Un cube sera encore très-stable s'il s'appuie, même de très-peu, par les quatre angles de sa face inférieure sur quatre autres cubes[3] (fig. 42).

Deux cubes qui ne portent chacun que d'un côté, seront stables s'ils s'appuient l'un contre l'autre (fig. 43), et peuvent alors en supporter un troisième, un quatrième (fig. 44); c'est là le point de départ de la voûte.

« Construisons un petit pilier, en sorte que ses arêtes, dans le sens de la hauteur (montrez-les), soient bien verticales. Notre colonne est stable : les cubes posent solidement les uns sur les autres. — Essayons maintenant de construire notre pilier de telle sorte que chaque cube avance,

---

1. Base de sustentation constituée par une surface en contact avec une autre. — 2. Base réalisée par des lignes d'appui. — 3. Base réalisée par des points d'appui isolés.

Page 82

Pl. 2.

« dépasse » un peu, toujours du même côté. Le pilier n'est pas vertical: il est oblique. Il ne se tient pas ferme. Si nous retirons notre main qui le soutient, il tombe, il s'écroule.

« Un pilier, un mur de clôture, la muraille d'une maison, etc., pour être stables, doivent être construits bien *d'aplomb*, c'est-à-dire verticalement.

« Construisons encore un mur avec nos cubes; faisons-le d'aplomb pour qu'il soit stable, et ne s'écroule pas. — Les murs sont souvent formés de pierres taillées. Ces pierres sont posées les unes sur les autres par leurs *faces planes*, comme nos cubes. Ces faces, sur lesquelles les pierres se posent, doivent être *horizontales*, comme les faces des cubes de notre petit mur. — Si on les plaçait obliquement, les pierres pourraient glisser les unes sur les autres, comme le petit cube que voici glisse et tombe quand il est posé sur un autre placé trop obliquement (fig. 46); le mur s'écroulerait.

« On ne se contente pas de poser les pierres taillées les unes sur les autres comme nous posons nos petits cubes: le mur, le pilier, la maison ainsi construits seraient encore trop faciles à renverser. On *colle* les matériaux, on les cimente ensemble avec une sorte de bouillie que l'on appelle du *mortier*. Cette bouillie sèche et se durcit; les pierres sont alors fortement retenues..., etc., etc. »

CONSTRUCTIONS AVEC HUIT CUBES.

1º Quatre bornes pour jouer aux quatre coins (pl. 2, fig. 47).
2º Un puits profond (fig. 48).
3º Un puits *mitoyen* (fig. 49), où l'on vient puiser des deux côtés.
4º Une guérite (fig. 50).
5º La porte de la cour (fig. 51).
6º Un petit pont (fig. 52), (avec 7 cubes).
7º Le passage couvert (fig. 53).
8º Le gradin en pyramide (fig. 54) pour mettre des fleurs (construction d'un équilibre un peu difficile).

DISPOSITIONS SYMÉTRIQUES.

Quatre cubes restent immobiles.

1ʳᵉ série, pl. 3, fig. 75, 76, 77, 78, 79.
2ᵉ série, fig. 80, 81, 82, 83, 84.

Inventions libres.

NEUVIÈME EXERCICE.

La symétrie.

L'enfant a déjà observé la symétrie, puisqu'il l'a tant de fois réalisée. Il ne s'agit donc plus que de le faire se rendre compte des conditions de la symétrie la plus simple. L'enfant *sent* la beauté des formes régulières ; il se plaît à les réaliser. Il dit que « c'est joli ; » nous voulons lui montrer que cette *beauté*, appréciée par son œil, tient à *l'ordre*. Pour cela arrêtons un instant sa pensée sur cette relation, afin que notre petit élève ait, de l'ordre et de la beauté, l'idée en même temps que le sentiment, autant qu'il convient à son âge.

Nécessairement, nous appellerons d'abord son attention sur la symétrie la plus simple, la symétrie *par deux*[1] (binaire). L'enfant prend un petit cube et le pose en face de lui sur la table. Ce cube marquera le point central de la symétrie.

Faites placer un autre cube touchant le premier par une arête, à droite. (Pl. 3, fig. 85.)

Expliquez alors que, pour qu'une disposition semblable soit agréable à l'œil, régulière, qu'il y ait de l'ordre, de la *symétrie*, il faut qu'à partir du milieu la droite réponde à la gauche, l'avant à l'arrière. Si donc nous avons placé un petit cube à droite, il faut en placer un autre semblablement à gauche (fig. 86).

Si l'un des cubes s'éloigne d'un côté (fig. 87), ou se retourne (fig. 88, 89), il faut que l'autre s'éloigne ou se retourne aussi.

Répétez les mêmes dispositions et observations relativement aux positions *avant — arrière*.

Mettez un des cubes dans quelque position franchement dissymétrique, afin que l'enfant sente que son œil n'est pas satisfait quand la condition d'ordre n'est pas remplie.

---

1. Autour d'un axe principal, dans un même plan. Cette disposition n'entraîne pas l'exclusion d'axes secondaires, tant s'en faut.

LES CUBES.

Faites réaliser une série de symétrie binaire très-simple, avec 5 cubes dont 1 au centre.

(Première série, fig. 90, 91, 92, 93, 94.)

Il n'est pas nécessaire qu'il y ait un cube occupant le milieu (ôtez le cube du milieu de la fig. 94), pourvu qu'à droite et à gauche du milieu les cubes soient disposés semblablement.

Deuxième série (avec le centre vide), fig. 95, 96, 97, 98.

Faites observer de plus à l'enfant que lorsqu'il fait une symétrie « par deux », les deux parties de la symétrie doivent être *semblables de forme*, mais *tournées en sens inverse* (inverses de direction). Il apercevra cette condition et s'en rendra compte en réalisant les dispositions suivantes, dans lesquelles les deux parties nettement distinctes montrent fort bien leur opposition de direction.

Troisième série (avec 6 cubes), fig. 99, 100, 101, 102, 103, 104.

Faites construire les mêmes séries et répéter les mêmes observations dans les positions relatives opposées *avant — arrière* (sur un axe de symétrie perpendiculaire au premier).

CONSTRUCTIONS AVEC HUIT CUBES.

1º Double porte (pl. 2, fig. 55).
2º Fontaine rustique (fig. 56), au bord du sentier, sous les arbres.
3º Fauteuil avec accoudoirs (fig. 57), pour la grand'mère.
4º Four rustique (fig 58), dans la cour de la ferme.

DISPOSITIONS SYMÉTRIQUES.

1re série (avec 7 cubes, un marquant le centre; symétrie binaire), pl. 3, fig. 105, 106, 107, 108, 109.

2e série : reproduire les mêmes symétries dans une direction perpendiculaire à celle de la série précédente.

Inventions libres.

DIXIÈME EXERCICE.

La symétrie (suite).

Faites observer que les deux directions de la symétrie binaire peuvent être réunies et former la symétrie « par quatre » (quaternaire), tout étant semblable autour du milieu dans les quatre directions.

L'enfant s'en rend compte en réalisant les symétries suivantes, avec 5 cubes, 1 marquant le milieu.

Faites d'abord poser le cube qui marque le centre de symétrie ; puis un à droite, un à gauche, un en avant (fig. 110).

« Notre symétrie n'est pas complète. Qu'est-ce donc qu'il faudrait y ajouter pour que ce fût joli ? — Un autre cube, en arrière (fig. 111). — Posons-le.

« Et maintenant si nous écartons ou retournons (fig. 112, 113, 114) un de nos quatre cubes, il faudra que les trois autres soient retournés ou écartés de même manière.

« Il n'est pas nécessaire qu'il y ait un cube au milieu ; nous pouvons laisser le milieu vide. (Otez le cube du milieu de la fig. 114, vous obtenez la fig. 115.)

« Et maintenant si nous ajoutons un cube en avant, il faudra en ajouter trois autres, un en arrière, un à droite, un à gauche : et nous aurons cette jolie disposition (fig. 116).

« Enfin nous pouvons encore former de jolies symétries en rangeant les cubes par 3, ou 5, ou 6, ou 8, autour du milieu. (Symétrie autour d'un point, polygonale.) »

DISPOSITIONS POLYGONALES.

1º Disposition polygonale formant au centre un triangle (pl. 3 fig. 117).
2º Et inversement (fig. 118), les trois cubes en contact par une arête.
3º Avec 5 côtés (pentagone) (fig. 119).
4º Étoile à 5 rayons (pentagonale) (fig. 120).
5º Avec 6 côtés (hexagone) (fig. 121).
6º Étoile à 6 rayons (hexagonale) (fig. 122).
7º Avec 8 côtés (octogone) (fig. 123). Un grand bassin pour cultiver des plantes aquatiques et élever de jolis poissons.
8º Étoile à 8 rayons (octogonale) (fig. 125). Autre symétrie (fig. 124).

Page 86.

Faites apercevoir la forme polygonale du vide restant au milieu de la disposition. Observez que le contour de cet espace vide est formé par les côtés des faces supérieures des cubes. Faites compter ces côtés.

CONSTRUCTIONS AVEC HUIT CUBES.

1º Grande fenêtre (pl. 2, fig. 59).
2º Grande porte (fig. 60).
3º Un caveau (fig. 61), pour mettre les provisions au frais.
4º Un train de chemin de fer (fig. 62). — Les cubes sont rangés avec soin suivant deux lignes parallèles du quadrillage de la table, figurant les rails. — La locomotive, la vapeur, la fumée, le feu ; le bruit ; la vitesse.

Inventions libres. —Constructions, dispositions symétriques par deux et par quatre

Nous joignons encore ici, à titre d'exemples, des combinaisons formées avec plus de huit cubes ; les enfants se réunissant deux par deux mettront leurs matériaux en commun pour une œuvre commune :

« Nous pourrons ainsi réaliser de beaucoup plus grandes et plus intéressantes constructions, direz-vous ; ceci, mes enfants, vous montre l'avantage de l'*association* pour le travail fait en commun, l'avantage de l'aide mutuelle. » (Développez.)

CONSTRUCTIONS AVEC PLUS DE HUIT CUBES.

1º Une gare (fig. 63), avec 16 cubes.
2º Une pyramide (fig. 64), 10 cubes : la 1re assise a un cube au centre.
3º Un puits hexagone (fig. 65), 12 cubes.
4º Une fontaine monumentale à quatre bassins, pour la place publique (fig. 66), 16 cubes.

LES PRISMES.

(LE CUBE DIVISÉ EN HUIT PRISMES.)

QUATRIÈME DON.

Les petits prismes (prismes parallélipipèdes rectangles) qui composent la collection de matériaux offerte à l'enfant sous le nom de *quatrième don*, présentent dans les éléments de leur forme une variété que le cube n'a pas. Ils nous permettent de pousser plus loin, toujours dans de discrètes limites et par les mêmes procédés concrets, notre étude intuitive des formes géométriques. Ces nouveaux matériaux se prêtent moins bien que les cubes aux groupements symétriques ; en revanche, ils offrent plus de ressource pour les constructions représentatives d'objets. Ils apportent, plus diversifiés et plus pittoresques, des sujets de descriptions et d'explications, pour lesquelles de semblables constructions donnent un point d'appui dans le réel à l'imagination mobile des enfants.

DISPOSITIONS PRÉLIMINAIRES.

Les huit petits prismes du 4e *don* forment par leur réunion un cube égal à celui du 3e *don*, et sont contenus de même dans une boîte semblable de forme et de dimensions. La largeur de ces prismes est égale à la moitié de leur longueur ; leur épaisseur à la moitié de leur largeur. Ces proportions, reconnues les plus favorables à la construction, sont celles qu'on donne aux briques. C'est pour cela que les enfants désignent souvent sous le nom de *briques* les éléments du 4e don. Plusieurs auteurs ont adopté cette coutume. Nous préférons le nom géométrique *générique*, aussi facile à retenir.

La boîte porte le chiffre 4 écrit sur sa face antérieure.

PREMIER EXERCICE.

Les prismes.

Vous avez promis à l'enfant un nouveau jeu, des matériaux pour des constructions plus jolies encore que les précédentes.... Présentez-lui l'étude sommaire que vous allez faire de la forme de ces matériaux comme la condition nécessaire de leur emploi, afin qu'il sente en même temps que l'étude dirige le travail et prépare le plaisir.

Les boîtes sont distribuées suivant le procédé habituel. On emploie, pour les ouvrir et en retirer les pièces, les mêmes procédés avec lesquels les enfants se sont familiarisés lors des exercices du 3e don.

Faites reconnaître dans le *tout*, tel qu'il se présente au sortir de la boîte, la forme du cube. Faites indiquer rapidement : — 1° Les six faces. Elles sont des carrés. Elles sont égales. — 2° Les douze arêtes; quatre sont en ce moment dans la direction verticale, huit dans la direction horizontale. Elles sont toutes égales. — 3° Les sommets des huit angles (solides). — 4° La hauteur, la largeur, l'épaisseur du cube. Les trois dimensions sont égales.

« C'est donc bien un cube que nous voyons là. — Nous allons décomposer ce *tout* en séparant ses parties. Partageons d'abord l'entier en deux dans le sens de la hauteur. Voici les deux moitiés de l'entier, les deux demies. Partageons de même encore chacune des moitiés en deux; quelles fractions de l'entier aurons-nous ? des quarts. — Combien ? — Quatre. — Posons les 4 quarts symétriquement sur la table, 2 en avant, 2 en arrière : 2 sont à droite, 2 sont à gauche. — Nous allons encore décomposer chaque quart en 2 parties, en les partageant cette fois dans le sens de la largeur. (On écarte les deux prismes qui composent chaque quart de telle sorte qu'ils soient symétriquement rangés sur deux files.) Combien y a-t-il de pièces en tout? — Quel nom donnerons-nous à chacune de ces fractions de l'entier ? »

L'enfant ayant devant lui les huit pièces, aperçoit la différence de forme qui existe entre ces éléments et ceux du troisième don. Sans nous arrêter ici à une comparaison détaillée (nous y reviendrons plus tard), constatons avec lui cette différence.

« Prenez en main une de ces pièces. Trouvez-vous qu'elle ait la même forme que les cubes du 3ᵉ don?

« Remarquez qu'elle est plus longue que large, plus large qu'épaisse (allongée, aplatie, etc., etc.).

« Ce petit *solide* n'est donc pas un cube. Nous lui donnerons le nom de *prisme*. Nous dirons donc: notre cube entier est partagé en huit *prismes*. »

Cela dit, faites recomposer successivement les quarts, les demies, l'entier, comme pour le troisième don. Par cet exercice, l'enfant appliquant ce qu'il sait déjà à des pièces de forme différente, sentira et comprendra que la forme des parties ne change en rien leur rapport arithmétique avec l'unité.

CONSTRUCTIONS AVEC DEUX PRISMES.

Détachez du cube deux prismes; avec ces matériaux nous pourrons déjà construire plusieurs choses; par exemple :

1º Un petit banc à dossier (pl. 4, fig. 1).
2º Une borne (fig. 2), comme celle qu'on met au bord des routes, pour indiquer aux voyageurs la longueur du chemin.
3º Deux marches de pierre (fig. 3) devant la porte de la maison, pour pour descendre au jardin.
4º Une équerre de menuisier (fig. 4) pour tracer des angles droits.
5º Une petite table de classe (fig. 5).

CONSTRUCTIONS AVEC TROIS PRISMES.

1º Prenez maintenant un 3ᵉ prisme, et placez-le devant la table, pour représenter le banc où les enfants vont s'asseoir. — La table et le banc (fig. 6).
2º Le canal couvert, par où s'écoule l'eau (fig. 7).
3º Le double banc de la promenade publique (fig. 8).
4º La porte (fig. 9): les deux montants, la traverse.
5º Un piano (fig. 10). Description brève, usage. — La musique.

Inventions libres.

Les dispositions symétriques avec deux et trois prismes offrent peu d'intérêt.

Les prismes sont réintroduits dans leurs boîtes par un mécanisme semblable à celui qui a été décrit à l'occasion du troisième don. Retour des boîtes.

DEUXIÈME EXERCICE.

Étude du prisme.

Le cube est posé sur la table. Un des prismes en est distrait pour être examiné à part. Rappelant que la forme du prisme a déjà été jugée, à vue, différente de celle du cube, vous faites commencer l'analyse de cette forme nouvelle.

Faites donc *observer, découvrir :*

1° Que le prisme a six faces ;
2° Que ces faces sont planes ;
3° Qu'elles ne sont pas toutes égales ;
4° Qu'il y en a deux grandes, deux petites, deux *moyennes.* (Expliquez la signification de ce dernier mot.)

Un simple coup d'œil suffit pour constater cela. Établissez la comparaison en faisant remarquer que le prisme a six faces comme le cube : voilà une ressemblance. Mais celles du cube sont égales; celles-ci ne le sont pas : voilà la différence. — Achevez le parallèle.

« Posez votre prisme à plat, sur une de ses grandes faces. — En travers, sur l'une de ses faces moyennes. — Debout, sur l'une de ses petites faces. Cela fait trois positions différentes que nous pouvons donner à nos prismes dans nos constructions.

« Maintenant prenez le prisme en main. Montrez les lignes qui forment le contour de ses faces. Sont-elles droites? Comment appelons-nous les lignes droites qui forment le contour des faces du cube? — Des *arêtes.* — Nous appellerons aussi *arêtes* les lignes qui forment le contour des faces du prisme. Passez votre doigt sur les arêtes du prisme en les comptant. — Il en a 12. — Autant que le cube. Mais les arêtes du cube sont toutes égales; les arêtes du prisme sont-elles toutes égales aussi? — Non, elles ne sont pas toutes égales; il y en a de grandes, de petites, de moyennes.

« Posez le prisme sur la table, debout, sur une de ses petites faces, les deux grandes se trouvant l'une en avant, l'autre en arrière. Nous comptons :

« 4 grandes arêtes dans le sens de la hauteur ou *longueur;*
« 4 moyennes, dans le sens de la largeur ;
« 4 petites dans le sens de l'épaisseur. »

Les enfants indiquent, en passant leur doigt dessus, les arêtes désignées.

Faites coucher le prisme sur une de ses grandes faces : les arêtes ont changé de position ; mais il y en a toujours quatre grandes, quatre petites, quatre moyennes.

CONSTRUCTIONS AVEC QUATRE PRISMES.

1° Fenêtre (pl. 4, fig. 11). Carrée, montants, traverse du haut, traverse du bas; la *baie*, l'espace vide.
2° La porte qui se ferme avec un seul battant (fig. 12).
3° La cheminée sur le toit (fig. 13), par où s'envole la fumée comme un petit nuage gris ou bleu.
4° Une fontaine (fig. 14) à la campagne.
5° Petit lit d'enfant (fig. 15).
6° Pupitre pour écrire (fig. 16).

DISPOSITIONS SYMÉTRIQUES.

1re série : symétrie quaternaire, pl. 6, fig. 1, 2; les ailes du moulin à vent, fig. 3, 4, 5, 6.

2e série : symétrie binaire, figures 7, 8, 9, 10, 11, 12, 13, 14, 15, 16, 17, 18, 19.

Inventions libres.

TROISIÈME EXERCICE.

Les faces du prisme.

Au point où nous en sommes, l'enfant, par les exercices du *pliage*, des *bâtonnets*, etc., a fait connaissance avec le *rectangle* et ses propriétés les plus facilement observables. Il ne s'agit donc plus que de lui faire appliquer ces notions aux surfaces rectangulaires du solide.

Le prisme étant posé « à plat » (sur sa grande face) ses grandes arêtes dirigées de droite à gauche :

1° Faites reconnaître que la face « de dessus » a la forme d'un *rectangle*.

2° Montrez les deux grands côtés ; — les deux petits côtés du rectangle.

3° Faites observer que les deux grands côtés, *opposés* l'un à l'autre, sont parallèles. — Que les deux petits, opposés un à l'autre, le sont aussi.

4° Indiquez les quatre angles droits du rectangle.

5° Retournez le prisme, et faites remarquer que l'autre grande face est absolument semblable à celle-ci. Elle lui est égale.

Faisant poser le prisme sur l'une de ses faces moyennes, faites répéter les mêmes observations. Puis le prisme étant posé debout sur une de ses petites faces, constatez les mêmes faits (rapidement).

Résumez les observations : 1° le prisme a six faces, qui sont toutes des rectangles ; 2° elles sont égales *deux à deux* ; 3° ces rectangles ont, comme tous les rectangles, leurs côtés opposés égaux et parallèles, leurs angles droits.

CONSTRUCTIONS AVEC CINQ PRISMES.

1° Porte à deux battants (pl. 4, fig. 17).
2° La cabane du berger (fig. 18), où il se met à l'abri en gardant son troupeau dans les champs.
3° Petit perron (fig. 19).
4° Une auge (fig. 20) posée près de la fontaine.
5° Foyer (fig. 21). L'âtre. La cheminée ; la tablette. Le feu.

DISPOSITIONS SYMÉTRIQUES.

Planche 6, figures 20, 21, 22, 23, 24, 25, 26, 27, 28, 29.

Inventions libres. — Symétrie binaire.

QUATRIÈME EXERCICE.

Comparaison des surfaces.

Pour faire apprécier à l'enfant les dimensions relatives des faces du prisme, nous allons les lui faire mesurer par superposition.

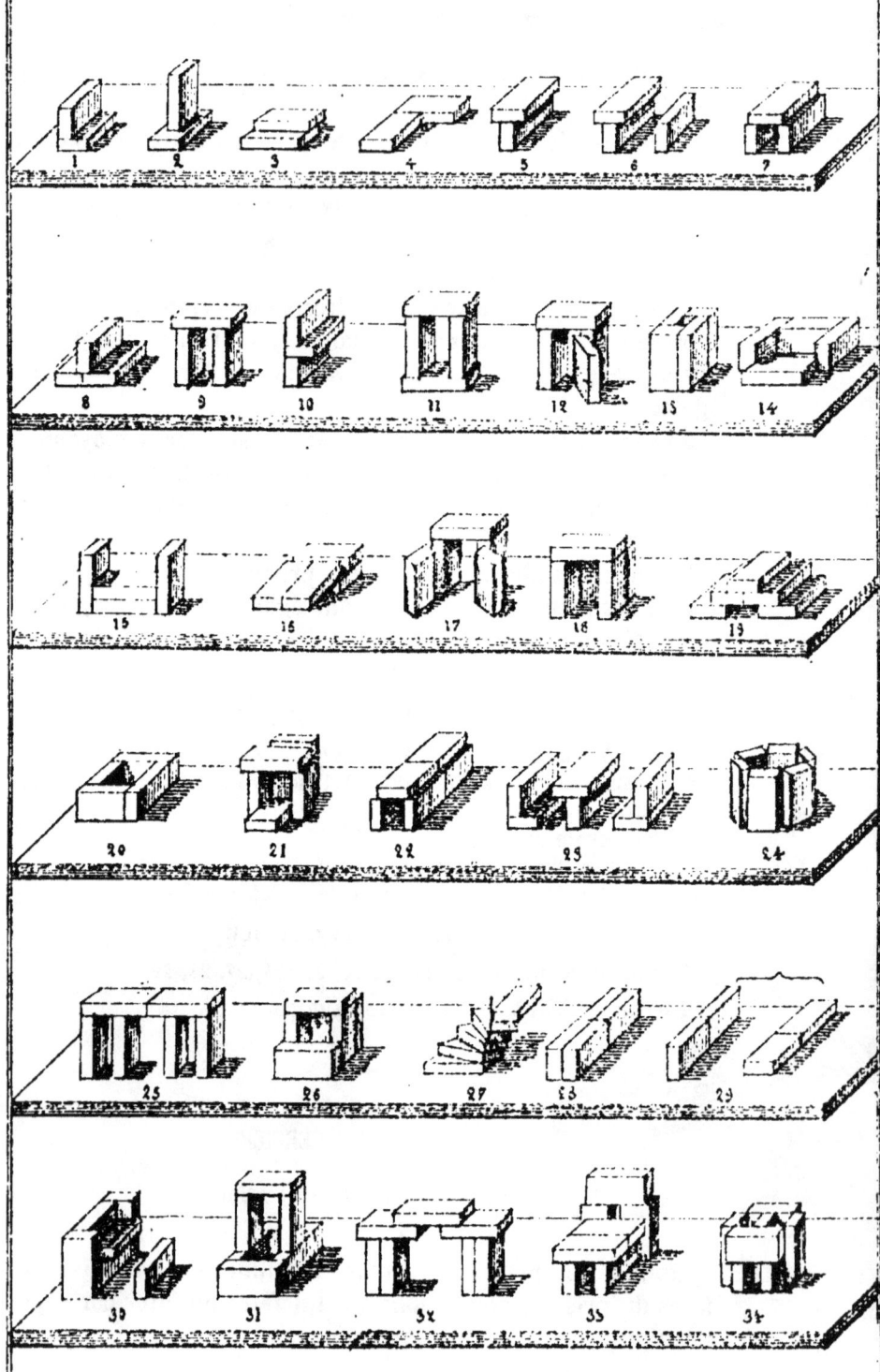

Un prisme étant posé à plat, faites superposer à sa grande face la grande face d'un autre prisme, puis d'un troisième ; généralisez en disant : les grandes faces de tous nos prismes sont égales. Même opération sur les faces moyennes, puis sur les petites. Faites observer que c'est là la condition en vertu de laquelle nos prismes s'adaptent convenablement dans nos constructions.

Montrez par superposition :

1° Qu'il faut deux faces moyennes pour couvrir exactement une grande face. (Pl. 6, fig. 30.)

2° Qu'il faut deux petites faces pour couvrir exactement une moyenne (fig. 31).

3° Qu'il faut quatre petites faces pour couvrir une grande (fig. 32).

Cela peut encore se faire en superposant quatre petites faces suivant leurs grands côtés.

Conclure : 1° que les faces moyennes valent la moitié des grandes en *étendue* ; — 2° que les petites valent la moitié des moyennes en étendue ; — 3° que les petites valent le quart des grandes en étendue.

CONSTRUCTIONS AVEC SIX PRISMES.

1° Tunnel (pl. 4, fig. 22), où passe le train du chemin de fer.
2° Table avec deux siéges (fig. 23).
3° Réservoir d'eau (fig. 24).
4° La porte de la ville (fig. 25), avec les deux petites portes de côté (poternes).
5° La petite boutique foraine du marchand de bonbons (fig. 26).
6° L'escalier tournant (fig. 27). Cette construction peut se faire avec 7 ou 8 prismes, mais l'équilibre en est plus difficile alors.
7° Une poutre (fig. 28). Un tronc d'arbre abattu par le bûcheron, *équarri* par le charpentier. Le *scieur de long* le scie suivant la longueur, et en fait :
8° Deux planches (fig. 29), que l'on peut ensuite poser à plat.

DISPOSITIONS SYMÉTRIQUES.

1re série, planche 6, figures 33, 34, 35, 36, 37, 38.
2e série, fig. 39, 40, 41, 42.
3e série, fig. 43, 44.

Inventions libres.

CINQUIÈME EXERCICE.

Comparaison des surfaces (suite).

L'enfant a déjà été conduit à voir et à apprécier comme une seule et même surface un ensemble de surfaces juxtaposées. Précisons, par une observation plus attentive, l'impression demeurée vague, afin de nous appuyer sur elle pour faire comparer des surfaces diverses de forme et d'étendue, obtenues par la réunion des faces de nos prismes.

Un prisme étant posé à plat, faites juxtaposer un second prisme suivant la grande arête. L'ensemble de ces deux rectangles produit un carré. Chacun des rectangles est la moitié du carré; le carré est double d'un des rectangles.

Faites joindre deux autres prismes « bout à bout, » suivant leurs petites faces. Les deux grandes faces forment un grand rectangle allongé. Chacun des petits rectangles est la moitié du grand; le grand est double de l'un des petits.

« Transformez votre carré en rectangle allongé. — Transformez le rectangle allongé en carré. »

Le carré formé par deux faces jointes l'une à l'autre est donc égal en étendue au rectangle allongé formé par deux faces égales disposées autrement. Deux surfaces de forme différente peuvent donc avoir une étendue égale.

CONSTRUCTIONS AVEC SEPT PRISMES.

1° **Un petit orgue** (pl. 4, fig. 30) pour accompagner le chant des enfants.
2° **Un puits** (fig. 31) sur la place du village.
3° **Porte cochère** (fig. 32) sous laquelle passent les voitures.
4° **Le foyer de la forge** (fig. 33) chez le maréchal ferrant.
5° **Fourneau de cuisine à deux trous** (fig. 34).
6° **Fenêtre à balcon** (planche 5, fig. 35).

DISPOSITIONS SYMÉTRIQUES.

1re série, pl. 6, fig. 45, 46, 47, 48, 49, 50.
2e série, fig. 51, 52, 53, 54, 55, 56.

Inventions libres.

SIXIÈME EXERCICE.

Décomposition du carré.

Formez un grand carré avec tous les prismes, disposés dans le même sens. Ceci nous représente un plancher carré ; les prismes figurent les planches. (Pl. 7, fig. 57.) Expliquez la construction d'un plancher.

« Partageons notre carré en deux parties égales suivant la largeur (fig. 58). Nous avons deux rectangles égaux. Reformons le carré.

« Décomposons le grand carré en deux parties égales suivant l'autre sens (fig. 59) : qu'avons-nous ?

« Partageons l'un des deux rectangles en deux carrés égaux. Partageons de même l'autre rectangle. Le grand carré se trouve divisé en quatre petits carrés égaux (fig. 60). Chaque petit carré est le quart du grand. Reformons le carré.

« Partageons le carré en quatre rectangles égaux, suivant la largeur (fig. 61). Chacun de ces rectangles est le quart du carré.

« Partageons chacun de ces rectangles allongés en deux parties égales : qu'avons-nous ? Huit petits rectangles (fig. 62). Chacun de ces rectangles est le huitième du grand carré. Reformons les quatre petits carrés — le grand carré. »

CONSTRUCTIONS AVEC HUIT PRISMES.

1º et 2º Dispositions d'un parquet carré, pl. 5, fig. 36 et 37.
3º Grand siége (fig. 38).
4º Petit jardin (fig. 39), où l'enfant cultivera des fleurs.
5º Pavillon de jardin, à deux portes (fig. 40).
6º Viaduc (fig. 41) pour le chemin de fer.
7º Tourniquet (fig. 42).
8º Porte de la ville avec deux poternes (fig. 43).

DISPOSITIONS SYMÉTRIQUES.

Pl. 7, fig. 63, 64, 65, 66, 67, 68, 69, 70.
Inventions libres.

SEPTIÈME EXERCICE.

Comparaison des trois dimensions.

Un petit prisme étant posé *sur champ* (sur sa face moyenne), faites observer que pour former la même hauteur il faut deux prismes posés à plat l'un sur l'autre.

Les enfants doivent exécuter la disposition indiquée (pl. 5, fig. 44).

Faites constater de même que pour égaler la hauteur d'un prisme posé *debout* il faut superposer deux prismes *sur champ* (fig. 45).

De même enfin, montrez que pour égaler la hauteur d'un prisme posé debout il faut superposer quatre prismes « *à plat* » (fig. 46).

Faites conclure :

1° Que la largeur d'un de nos prismes est double de son épaisseur;

2° Que la longueur est double de la largeur;

3° Que la longueur est égale à quatre fois l'épaisseur.

On peut faire répéter les comparaisons par des mesures prises sur des constructions semblables, réalisées non plus en hauteur, mais dans la position horizontale, sur la table.

CONSTRUCTIONS AVEC HUIT PRISMES.

1° La chaussée de l'étang (pl. 5, fig. 47) pour retenir les eaux.
2° Le déversoir (fig. 48), par où déborde le trop-plein des eaux de l'étang.
3° La vanne (fig. 49) que le meunier lève quand il veut que l'eau coule par le canal et aille à la roue.
4° Petit pont (fig. 50) avec parapet sur le ruisseau qui sort de l'étang.

Cette série est destinée à fournir l'occasion de petites leçons sur l'étang, le déversoir, le moulin, etc., et à montrer quel parti on peut tirer des matériaux de Frœbel dans les *leçons descriptives*.

DISPOSITIONS SYMÉTRIQUES.

Pl. 7, fig. 71, 72, 73, 74, 75.
Inventions libres.

Page 98.

HUITIÈME EXERCICE.

Comparaison des volumes.

Avertissez l'enfant qu'il sera question cette fois, non pas seulement de la surface, mais du solide lui-même et de sa grosseur, « ou, comme nous disons, de son *volume*. »

L'enfant a déjà vu et compris le cube du 3e et du 4e don comme un solide formé par la réunion de plusieurs solides. Insistons sur cette idée, pour y trouver un point d'appui.

L'enfant superpose deux prismes « à plat. »

« C'est un *tout* formé de deux parties. Ce tout est un solide. Il est deux fois plus gros qu'un des petits prismes; ce qu'on exprime en disant : il a un *volume* double. »

Faites superposer un 3e prisme. Le solide ainsi construit est trois fois plus gros que le petit prisme : il a un volume trois fois plus grand. — Même observation pour le solide que nous réalisons avec quatre prismes superposés. — Le grand cube formé par la réunion des huit prismes a un volume *huit fois* plus grand qu'un seul prisme. — Reconstruisez le grand cube. »

Faites encore superposer deux prismes « à plat. »

« Voilà un solide formé de deux prismes. »

Deux autres prismes, non plus superposés, mais juxtaposés (à plat), seront placés à petite distance de ce solide.

« Voici un second solide, d'une autre forme, et construit aussi de deux prismes. »

Conclure que le volume de ces deux solides est égal, quoique leur forme soit différente. Observer que si l'un est plus épais, l'autre est plus large, ce qui fait compensation. — Généralisez : deux objets de forme différente peuvent avoir un volume égal.

Nous n'irons pas plus loin dans cette voie, nous contentant d'avoir fait sentir à l'enfant que *volume* et *forme* sont choses absolument distinctes pouvant varier indépendamment.

CONSTRUCTIONS AVEC HUIT PRISMES.

1° Un poêle (pl. 5, fig. 51) pour chauffer la chambre, l'hiver.
2° Une armoire à deux battants (fig. 52).
3° Un lit (fig. 53).
4° Gradin à mettre des fleurs (fig. 54).
5° Cave (fig. 55).
6° Piédestal (fig. 56) pour une colonne.
7° Perron à deux escaliers tournants (fig. 57).

DISPOSITIONS SYMÉTRIQUES.

1re série, pl. 7, fig. 76, 77, 78, 79.
2e série, fig. 80, 81, 82.
3e série, fig. 83, 84, 85, 86.

Inventions libres.

NEUVIÈME EXERCICE.

La construction.

C'est par une leçon toute d'application usuelle que nous terminons cette suite d'exercices, où la géométrie a pris la plus large place. Nous avons eu pour but, en la donnant ici, de présenter un exemple de l'emploi qu'on peut faire des matériaux et des constructions de Frœbel, — solides, bâtonnets, lattes, etc., — en les faisant servir à *représenter* des *objets* à l'occasion desquels on doit développer des explications.

Les matériaux *artificiels*, briques, etc., reçoivent le plus ordinairement la forme et les proportions de nos prismes. Le choix de ces proportions est déterminé en faveur des relations exposées précédemment (7e Exercice). — Expliquez la fabrication des briques. L'argile, convenablement délayée et pétrie, reçoit la forme dans un moule.

« Construisez, comme moi, un *moule* à briques, avec quatre prismes (pl. 5, fig. 58). L'espace vide, que vous voyez, est le « creux » où l'on tasse l'argile. Elle prend la forme du creux. On dresse la surface *supérieure* de l'argile en passant ainsi sur le moule une planche qui enlève ce qu'il y aurait de trop. »

Page 138. Pl.

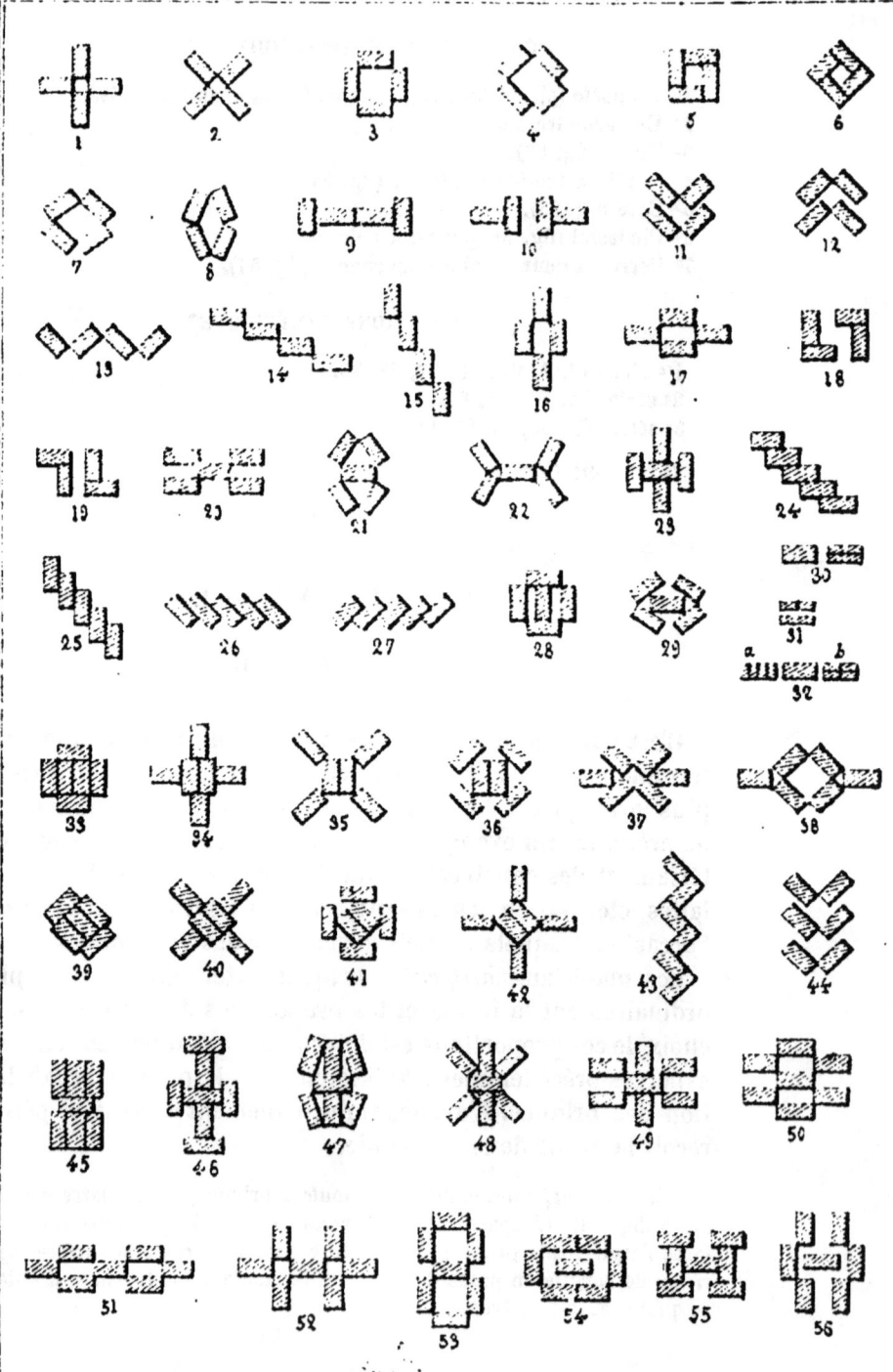

LES PRISMES.

Imitez avec un cinquième prisme le mouvement de l'ouvrier dressant la surface supérieure de la brique avec un racloir. Les enfants répètent ce mouvement. Mettez un prisme dans la cavité, et enlevez-le après avoir montré qu'il la remplit exactement, et qu'il a la forme que l'argile eût prise dans le moule. Insistez pour faire comprendre que la brique a la forme semblable à celle de notre prisme, avec des dimensions plus grandes, « de plus grandes faces, de plus grandes arêtes, un plus grand volume. »

« Les briques sont ensuite séchées à l'air. On les range d'abord sur des planches (faites réaliser cette disposition). Puis, afin qu'elles achèvent de sécher plus facilement, on les entasse les unes sur les autres, en laissant entre elles un espace par où l'air circule.

« Construisons l'entassement des briques au *séchoir* (fig. 59).

« Lorsque les briques sont sèches, elles sont assez fermes. On les emploie quelquefois ainsi ; le plus souvent on les fait cuire : alors elles deviennent plus dures et ne se délayent plus à l'eau. Elles ont d'ordinaire, après la *cuisson*, la couleur jaune ou rouge.

« Construisons le four où l'on fait cuire la brique (fig. 60). »

Exposez très-sommairement la forme du four, l'opération de la cuisson. Usage de la brique dans la construction.

« Voici comment on dispose les briques pour bâtir un mur. On les pose à plat, les unes sur les autres, etc. Faisons comme le maçon qui construit un mur de briques (fig. 61). ».

Expliquez alors que, lorsqu'on bâtit avec des briques ou autres matériaux de forme régulière, on alterne les assises, de telle sorte que les joints ne se correspondent pas suivant une même ligne : les matériaux ainsi enchevêtrés sont plus solidement liés entre eux, et la construction est plus stable.

Pour construire les *cloisons*, « petits murs à l'intérieur des maisons », qui n'ont pas besoin d'être aussi résistants que les grands murs du dehors, et que l'on peut faire plus minces, on place souvent les briques *sur champ* (sur une face moyenne).

« Construisons une petite cloison de briques posées *sur champ*. (Faites observer l'alternance des joints.) Cette petite cloison est moins stable que notre mur, etc. » — Développez un peu.

« Avez-vous aussi observé les *angles* des maisons de briques et de pierres de taille? Les briques ou les pierres sont disposées l'une d'un côté, l'autre de l'autre, comme vous le voyez ici. Construisez comme moi un angle de maison, avec nos prismes posés à plat (fig. 62). »

Rappelez aux enfants la ligne crénelée que cette disposition forme aux angles des édifices.

« Nous pouvons aussi construire un angle avec nos briques posées sur champ : en y allant bien délicatement nous ferons tenir notre petite muraille (fig. 63). »

On peut encore ajouter quelques détails sur la construction et la destination des édifices, sans sortir des limites du très-simple et du très-facile.

« Construisons encore, en tenant compte de ce que nous devons apprendre, un *puits carré*. »

Dans cette construction, destinée à faire appliquer les principes exposés ci-dessus, ayez soin de faire observer l'alternance aux angles (fig. 64).

DISPOSITIONS SYMÉTRIQUES.

Symétrie binaire et quaternaire. Pl. 7, fig. 87, 88, 89, 90, 91, 92, 93, 94.

Symétrie autour d'un centre (rayonnante, polygonale). Récapitulation des formes polygonales : Pl. 7, fig. 95, 96, 97, 98, 99, 100, 101, 102, 103; 104, le grand bassin pour les poissons.

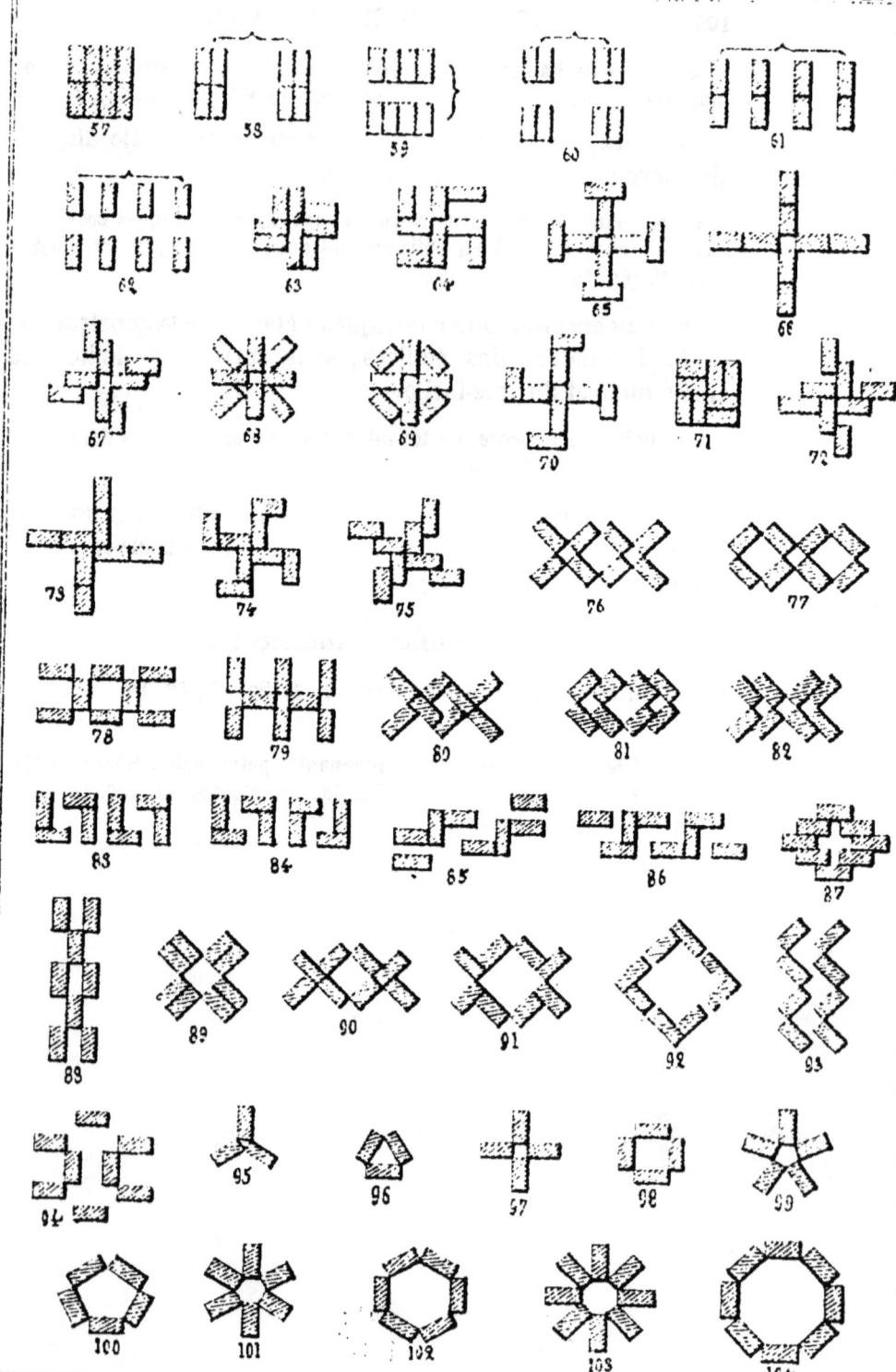

LES BATONNETS.

Les « petits bâtons » de Frœbel sont spécialement destinés à servir de matériaux dans une suite d'exercices variés, se rapportant à la géométrie et au dessin. Ils sont chargés de représenter des *lignes*. L'enfant les groupe en dispositions symétriques, ou s'en sert pour figurer le contour de divers objets de forme élémentaire : les longueurs déterminées des petits bâtons conduisent tout naturellement à une certaine régularité. Les difficultés du tracé lui étant ainsi épargnées, il prend plaisir et intérêt à ce qui constitue pour lui un premier *dessin*. Le coup d'œil, le sens de l'ordre, le goût des formes régulières ont beaucoup à gagner à ces exercices: on s'en apercevra, du reste, quand on remettra entre les mains des petits élèves l'ardoise et le crayon pour les premiers tracés linéaires. Les dispositions symétriques réalisées seront analysées au point de vue de la forme géométrique, autant que le comporteront l'âge des élèves et les notions déjà acquises. Les figures représentant des objets usuels devront toujours, ainsi que nous l'avons dit en maintes circonstances analogues, être accompagnées d'une exposition sommaire portant sur la nature de l'objet représenté, sa forme, son usage, etc., et deviendront ainsi le texte d'une petite causerie, dont la sécheresse et la monotonie devront être bannies avec soin.

Les petits bâtons nous offrent, en outre, la forme la plus commode pour représenter des *unités* dans les premiers exercices de la numération, etc. C'est même à cet usage qu'ils seront employés tout d'abord. Il est bien entendu que nous ne ferons pas un emploi exclusif des petits bâtons dans l'enseignement de la numération : certains avantages qu'ils nous offrent ne nous dispenseront pas d'avoir recours simultanément aux autres procédés usités dans les écoles, dont quelques-unes sont très-ingénieux, très-propres à atteindre le but. Il est bon que l'*unité* et le *nombre* soient présentés à l'enfant sous des formes très-diverses, afin qu'il s'habitue à faire abstraction de ces formes elles-mêmes.

Nous avons divisé les exercices qui peuvent se faire avec les *bâtonnets* en plusieurs séries, afin d'établir la gradation et la concordance avec les autres exercices (Dons, Pliage, Tissage, etc.).

DISPOSITIONS PRÉLIMINAIRES.

Les petits bâtons sont en bois léger, minces, équarris ou arrondis ; ils ont une longueur de 10 cent. (quatre longueurs du côté du quadrillage de la table, des cubes, etc.). Lorsqu'il s'agit de représenter des formes plus compliquées, on peut, avec avantage, employer avec ceux-ci d'autres bâtonnets de longueur *moitié moindre*, ce qui permet des combinaisons plus variées. Mais pour les exercices méthodiques de la petite classe, nous n'employons dans chaque figure que des bâtonnets d'égale longueur. Les bâtonnets doivent être distribués en paquets de dix. Chacun de ces paquets peut être renfermé dans une boîte, un étui, ou, plus simplement, relié avec un cordon élastique. Il faut un paquet pour chaque enfant.

EXERCICES ARITHMÉTIQUES.

PREMIÈRE SÉRIE.

PREMIER EXERCICE.

L'unité.

Cette série doit commencer après les premières leçons du *jeu de la balle*, et se continuer concurremment.

Les petits paquets de dix bâtons sont distribués comme les balles.

Faites délier les paquets. Chaque enfant prend *un* des bâtonnets, et le tient élevé dans la main droite.

Quelques mots sur l'*objet* lui-même, selon la coutume. C'est un petit bâton, une petite baguette. Il est de bois. Il est de forme allongée ; il est étroit, mince, léger ; fragile, il faut le manier délicatement. Il nous servira à divers jeux....

« Tout d'abord nous allons compter nos bâtons. — Tous les objets *que l'on compte* sont appelés des *unités*.

« Quand nous comptons nos petits bâtons, chacun est une unité. — Voici une *unité*. Ce mot veut dire *un*, un seul objet. »

Enseignons à compter la première dizaine : commençons, du moins ; nous y reviendrons autant de fois qu'il le faudra. — L'enfant tient les bâtonnets de la main gauche ; il les prend et les pose parallèlement sur la table, de la main droite, un à un, à mesure qu'il les compte. Pour varier, cet exercice peut être répété en chantant.

Faites serrer les bâtonnets. — Retour des petits paquets.

DEUXIÈME EXERCICE.

Les groupes d'unités.

Faites compter la dizaine comme à l'exercice précédent, mais en disant : « 1 et 1 font 2 ; 2 et 1 font 3, etc., etc. »

« Plusieurs unités (concrètes) réunies forment un *groupe*. Nous allons former, avec nos petits bâtons, des groupes d'unités. — Formons un groupe de deux unités. »

L'enfant pose près l'un de l'autre deux bâtonnets. Cela fait, il va former un second groupe semblable un peu plus loin, à droite ; un troisième à gauche, et ainsi de suite, jusqu'à l'épuisement des dix bâtonnets.

« Reprenez vos bâtonnets. Formons maintenant un groupe de trois unités. Un autre à droite. Un autre encore à gauche. Combien avons-nous formé de groupes ? que vous reste-t-il en main ? »

TROISIÈME EXERCICE.

La dizaine.

Faites compter encore la dizaine, comme à l'exercice précédent.

« Formez un groupe de quatre unités. Un autre encore. Reprenez les bâtonnets, formez un groupe de cinq unités. Un autre encore, de cinq unités aussi. Formez un groupe de dix unités. — Un groupe de dix unités s'appelle une *dizaine*.

« Faites un groupe de trois unités. Mettez-y encore un bâtonnet. Y a-t-il maintenant plus d'*unités* dans ce groupe qu'il n'y en avait avant d'avoir mis ce bâtonnet? »

Faites ajouter un second, un troisième, un quatrième bâtonnet; faites remarquer que le groupe *augmente* à mesure. Comment s'appelle cette action « mettre quelque chose de plus? » — *Ajouter*.

« Ajoutez encore une unité. Une autre unité, etc.

QUATRIÈME EXERCICE.

L'addition.

Les enfants formeront deux groupes de deux unités chacun.

« Réunissez, comme moi, ces deux groupes en un seul. On opère la réunion en rapprochant simultanément les deux groupes, et des deux mains. »

« Vous avez *ajouté* les unités qui étaient à droite avec celles qui étaient à gauche. On peut ajouter à la fois plusieurs unités. — Combien d'unités avez-vous là? »

« Réunir en un seul deux ou plusieurs groupes d'unités, cela s'appelle faire une *addition* (concrète). »

« Ajoutez encore deux unités. Vous avez fait, cette fois encore, une addition. Ajoutez une unité encore. »

LES BATONNETS.

Faites former et réunir de même, puis *compter* après la réunion : deux groupes de deux unités ; un de trois et un de deux, etc.

« Le groupe ainsi formé par les unités réunies s'appelle le *total*, ce qui veut dire le *tout : tout ensemble.* »

CINQUIÈME EXERCICE.

L'addition (suite).

Cet exercice continue et développe le précédent.

« Mettons ici 2 unités ; 2 là. Réunissons-les, faisons l'addition. Combien font 2 et 2 ? En tout nous avons 4 bâtonnets, 4 unités. 2 unités et 2 unités font 4 unités ; 2 et 2 font 4. »

« Formez le total de 4 unités et de 2 unités. Faites l'addition de 3 unités et de 2 unités. Ajoutez 4 et 3. Combien font 2 et 4, etc. »

Enseignez à compter la dizaine de deux en deux (nombres pairs) :

2 et 2 font 4 ; 4 et 2 font 6 ; 6 et 2 font 8 ; 8 et 2 font 10.
Et les nombres impairs :
1 et 2 font 3, etc.

SIXIÈME EXERCICE.

La soustraction.

L'enfant disposera les dix unités en un seul groupe.

« Qu'avons-nous formé là ? — *Une dizaine*.
« Retirez un bâtonnet. Y en a-t-il encore là autant comme auparavant ? Combien de moins ? Retirez un second. Un autre encore. »

Faites remarquer que le groupe *diminue* à mesure ; il y a moins d'unités.

« Comment appelons-nous ce que nous faisons là ? — *Oter.* »

« Reformez le groupe de 10. Otez 2 baguettes (en les poussant à l'écart). On peut ôter plusieurs unités à la fois. »

Oter des unités d'un groupe, cela s'appelle *soustraire*. L'action que l'on fait (opération) est une *soustraction*.

« Nous allons encore soustraire 2 unités. Combien en reste-t-il ? »

Ce qui reste, quand on a fait la soustraction, se nomme tout justement le *reste*.

SEPTIÈME EXERCICE.

Comparaison de l'addition et de la soustraction.

Faites poser la dizaine par addition successive de l'unité avec cette formule :

1 *plus* 1 (équivaut à : en *ajoutant*, en mettant *en plus*).... font 2 ; 2 plus 1 font 3, etc.

Faites de même la soustraction successive, unité par unité, avec cette formule :

10 *moins* 1 (*un ôté, un en moins*), reste 9 ; moins 1, reste 8, etc.

« L'addition augmente le groupe ; la soustraction le diminue. L'addition met en *plus* (des unités), la soustraction les met en *moins*.... La *soustraction* est le contraire de l'*addition*. »

HUITIÈME EXERCICE.

Exercice sur la première dizaine.

Compter la dizaine par deux (2, 4, 6, 8, 10) ; et inversement par soustraction (10 moins 2, etc.). L'enfant est ainsi familiarisé avec les nombres de la première dizaine et leurs rapports.

DEUXIÈME SÉRIE.

PREMIER EXERCICE.

La seconde dizaine.

Les exercices de cette 2ᵉ série, continuation et développement de la première, se feront en alternance avec ceux du 2ᵉ Don, et ceux de la 1ʳᵉ série des applications géométriques (Bâtonnets) ci-après.

Il serait difficile de donner à chaque enfant plus de dix bâtonnets. Pour sortir des limites de la première dizaine, on associe les enfants deux à deux ; ils vont ainsi apprendre, pour la première fois, à mettre en commun leurs matériaux, et à travailler de concert.

Les dispositions nécessaires étant prises, les enfants exécutent les opérations suivantes, pour lesquelles ils disposent ainsi de vingt bâtonnets.

Faites compter une dizaine ; la lier en un faisceau ; poser auprès, successivement, les autres bâtonnets, en disant :

« A cette dizaine, je puis ajouter d'autres unités. J'ajoute une unité. Une dizaine et une unité font onze unités, etc. »

Les enfants connaîtront ainsi les noms des nombres de la deuxième dizaine. La seconde dizaine formée, on la lie à son tour en disant : 20, ou 2 dizaines. — Répéter les nombres de mémoire, de 1 à 20.

« Qu'est-ce que 14 ? — Une dizaine et 4 unités. Combien font une dizaine et 6 unités ? etc., etc. »

DEUXIÈME EXERCICE.

Addition.

Les enfants sont associés deux par deux comme précédemment.

L'un des enfants de chaque couple *pose* un à un, en les comptant à haute voix, le nombre de bâtonnets indiqués par la maîtresse. Cela fait, le second à son tour dépose auprès des premiers un autre nombre de bâtonnets, désignés en second lieu. Ces deux groupes étant réunis, les deux enfants comptent ensemble et énoncent le *total*.

« Que l'un de vous dépose trois bâtonnets; l'autre deux. Comptez le total. Énoncez-le. » De même pour les opérations suivantes :

$2+4$, $3+3$, $10+3$, $10+4$, etc.,
$12+1$, $2+10$, $10+2$, $3+4$, $4+3$, etc.

Cet exercice fait avec ordre intéresse beaucoup les enfants.

TROISIÈME EXERCICE.

Soustraction.

L'inverse de l'exercice précédent. Un des deux enfants *pose*, en comptant, le nombre de bâtonnets indiqués (1er terme). Le second en soustrait, en les écartant l'un après l'autre et comptant, le nombre désigné comme devant être retranché (2e terme). Les enfants comptent et énoncent le *reste*.

« Le premier va poser comme moi 6 bâtonnets. Le second en soustraira 2. — Comptons ensemble le reste, etc. »

$8-2$, $7-3$, $8-6$, $7-5$, $12-4$, $20-2$, etc.

QUATRIÈME EXERCICE.

Égalité et inégalité.

Faites former par chaque enfant un groupe de trois; puis un second, de trois aussi.

« Voici 2 groupes. Il y a autant de bâtons dans l'un que dans l'autre. Lequel est le plus grand? Aucun. — Le plus petit? Aucun. Tous deux sont *égaux*.

« On dit que les groupes sont égaux quand ils *contiennent* autant d'unités. Formons encore un autre groupe de 3. Voilà 3 groupes égaux. Formez 4 groupes de 2. — 2 groupes de 4. — 2 groupes de 5. »

Faites constater à chaque fois l'égalité.

« Formez un groupe de 4. — Mettez ce qui nous reste en un autre groupe. Ces deux groupes sont-ils égaux? Comptons-les (4 et 6). Ils ne sont pas égaux; ils sont *inégaux*. Lequel est le plus grand? Le plus petit? »

Faites de même constater l'inégalité des groupes 5 et 3; 4 et 5, etc.

« Formez deux groupes de 4 bâtonnets. Ajoutez un bâtonnet à celui de gauche. Sont-ils encore égaux? Quel est le plus grand? Le plus petit? »

« Avec 10 bâtonnets, formez deux groupes égaux (5, 5). Otez un bâtonnet du groupe de droite. Sont-ils encore égaux? Lequel est le plus grand? lequel est le plus petit?

CINQUIÈME EXERCICE.

La multiplication.

Faites former trois groupes de deux bâtonnets.

« Combien voyez-vous de groupes? Combien y a-t-il d'unités dans chaque groupe? Ces groupes sont-ils égaux? Voilà donc 3 groupes de 2 unités; 3 *fois* 2 unités. Comment faire pour savoir combien il y a d'unités en tout dans ces trois groupes? — Réunissez-les tous les trois en un seul, *à la fois.* Comptons maintenant. Il y a 6 unités : 3 groupes de 2 unités font ensemble 6 unités ; 3 fois 2 unités font 6 unités, etc. »

« Quand on réunit en un seul groupe et d'un seul coup plusieurs groupes *égaux* (d'unités de même nature), cela s'appelle faire une *multiplication.*

« Faites 3 groupes de 3 unités. Réunissons-les toutes ensemble. Comptons : il y en a 9. 3 fois 3 unités font 9 unités. Nous avons fait encore une *multiplication.* »

Dire que la *multiplication* ressemble à l'*addition ;* seulement il faut ici *que tous les groupes soient égaux,* et qu'on les réunisse d'*un seul coup,* en une seule opération (autrement nous ferions des additions successives).

Faites opérer avec les bâtonnets les multiplications suivantes :

2 groupes de 2, 2 fois 4, 3 fois 2, 2 groupes de 5, 5 groupes de 2.

Cet exercice n'a pas pour but de faire apprendre aux enfants les produits des deux ou trois premiers nombres, mais de leur faire comprendre la nature de l'opération de la multiplication ainsi présentée : étant données plusieurs groupes égaux d'unités (nombres égaux) en former un seul groupe (un seul nombre, total et produit).

SIXIÈME EXERCICE.

La division.

Formez un groupe de quatre petits bâtons.

« Pouvons-nous faire de ces 4 petits bâtons 2 parts *égales,* 2 groupes égaux ? Combien aurez-vous d'unités dans chaque part ?

« Formons un groupe de 9 petits bâtons. Essayez de le partager en 3 groupes égaux. Combien y a-t-il d'unités dans chaque groupe ?

« Partager ainsi un groupe d'unités en plusieurs parts égales, cela s'appelle *diviser :* faire une *division.* Quand vous partagez également un certain nombre de noix, de noisettes, etc., entre plusieurs de vos petits amis, vous faites une *division* (concrète). (Développez.)

« Faisons une division. Divisons 10 unités en groupes de 2 unités. Combien y a-t-il de groupes ? Une autre division : partageons cette dizaine en 2 parts égales. Combien d'unités ? etc. »

L'enfant apprend ainsi la nature et le but de la *division*, présentée sous cette forme : étant donné un groupe d'unités, le partager en plusieurs groupes égaux.

Faites encore observer à l'enfant, en lui faisant faire successivement une multiplication (exercice précédent) et une division, que « la division est le contraire de la multiplication. »

SEPTIÈME EXERCICE.

Procédé concret de la division.

Cet exercice continue et développe le précédent.

« Vous êtes quelquefois embarrassés quand vous voulez partager également quelques objets entre vos amis, pour savoir combien de ces unités vous devrez mettre dans chaque part : je vais vous apprendre un moyen très-simple de faire ces divisions. »

Vous faites compter huit bâtonnets. On veut en faire quatre parts. Faites poser 1 bâtonnet sur la table, 1 un peu plus loin, 1 plus loin encore, 1 au delà.

« C'est là que nous allons faire nos 4 groupes. Mettons encore une unité dans le 1er, une dans le 2e, etc. »

Les huit unités se trouvent ainsi réparties dans les quatre parts.

« Combien d'unités dans chaque groupe ?

Faites de même opérer, par addition successive d'une unité dans chaque part jusqu'à épuisement du nombre donné de bâtonnets (dividende), les répartitions (divisions) suivantes :

10 en 5 groupes.   10 en 2 groupes.
8 en 2 groupes.   6 en 3 groupes.
Et en associant les enfants 2 par 2 :
12 en 3 groupes.   15 en 5 groupes.
16 en 4 groupes, etc., etc.

HUITIÈME EXERCICE.

Le reste de la division.

Le cas où la division laisse un reste va nous fournir une nouvelle occasion d'exercer le jugement des enfants.

« Essayons maintenant de former 3 groupes égaux avec nos 10 bâtonnets. »

L'enfant mettra, successivement, trois unités dans chacun des trois groupes.

« Mais il nous reste encore une unité. Qu'allons-nous en faire ? »

Faites remarquer que si l'on met cette unité dans un seul des groupes, celui-là sera plus grand que les autres ; ils ne seront plus tous égaux. Or il est entendu que toutes les parts seront égales.

« Eh bien ! puisque cette unité ne doit être placée dans aucun des groupes, nous la garderons à part. Notre division est faite ; mais il nous reste 1 unité. »

Faites essayer de même de diviser huit unités en trois groupes. Il en restera deux. — Conclure que lorsqu'après avoir réparti les unités dans les groupes, il en reste encore, mais pas assez pour qu'on puisse en mettre une de plus dans chaque groupe, ces unités doivent être gardées à part, et forment le *reste* de la division. — Si l'intelligence des enfants paraît bien disposée, vous pouvez encore faire comprendre pourquoi *le reste contient toujours moins d'unités qu'il n'y a de groupes à faire* (est plus petit que le diviseur).

Les notions plus compliquées de la numération parlée et écrite, etc., etc., seront enseignées progressivement, par des procédés que nous n'avons pas à décrire ici. Les exercices que nous avons fait exécuter avec les petits bâtonnets sont beaucoup moins destinés à faire apprendre des nombres, qu'à donner une idée juste des opérations dont ils peuvent être l'objet. Or cette idée est tout à fait indépendante du plus ou moins de complication des nombres eux-mêmes ; et nous sommes persuadés que plus les nombres sont simples, mieux l'enfant conçoit la nature et pressent l'usage des opérations. N'oublions pas d'ailleurs que nous avons beaucoup plutôt encore pour but en ce moment d'enseigner à *raisonner* que d'enseigner à *calculer*.

EXERCICES GÉOMÉTRIQUES.

PREMIÈRE SÉRIE.

PREMIER EXERCICE.

La ligne droite et ses directions.

Cette première série, extrêmement simple, est destinée à alterner avec la deuxième série des exercices arithmétiques (voir ci-devant) et l'étude du deuxième don.

L'enfant a déjà commencé à ce moment les jeux et les leçons du *pliage*, les exercices du *tressage*, etc. Il a déjà entendu parler de *ligne*. — Il convient cependant d'espacer les exercices de cette nouvelle série. Ne pas forcer la progression, ne pas se hâter, telle est la règle qu'il y a lieu d'appliquer ici.

L'enfant a vu la ligne droite dans le cordon tendu de la balle. Après avoir rappelé que le bâtonnet est mince, allongé, *droit*, donnez-le comme figurant la ligne droite.

Chaque élève tient un des petits bâtons élevé dans sa main gauche.

« Glissez comme moi le doigt le long du petit bâton. » L'enfant est ainsi conduit à se préoccuper de la longueur seule. — Montrez les deux « bouts » du bâtonnet. Ce sont les *extrémités* de la ligne.

« Prenez le petit bâton de la main droite. Mettez-le dans la direction verticale. Il nous représente.... Quoi ? — Une ligne droite verticale. Mettez votre petit bâton dans la direction horizontale. — Voilà une ligne *horizontale*. Mettez votre petit bâton dans la direction *inclinée*, à droite ; à gauche. Plantez-le debout sur la table (en le soutenant par la pression d'un doigt). Dans quelle position est-il ? — Dans la position verticale. Posez-le sur la table. Dans quelle direction est-il maintenant? Dans la direction horizontale. »

Démontrez, par superposition, que les petits bâtons sont tous égaux de longueur. « Ils représentent donc des lignes droites *égales.* »

DEUXIÈME EXERCICE.

L'angle.

Faites poser sur la table deux petits bâtons se touchant par une extrémité. (Pl. 8, fig. 1.)

« Deux lignes qui se joignent « par un bout » forment ce que nous appelons un *angle*. L'angle, c'est le *coin* entre les deux lignes. Mettez votre doigt entre les deux petits bâtons : votre doigt est dans l'angle. Les deux lignes qui forment l'angle en se touchant sont les *côtés* de l'angle. Nos deux petits bâtons figurent les côtés de notre angle. La *pointe* de l'angle, l'endroit où les lignes se touchent, s'appelle le *sommet*. — Montrez les côtés et le sommet de l'angle.

« Nos deux petits bâtons ainsi posés nous représentent un *toit* (fig. 1).

« Faisons-les joindre par l'autre bout (fig. 2). Montrez l'*angle*, les *côtés*, le *sommet*. Le sommet, cette fois, est tourné vers nous.

« Nous allons représenter un *fléau*, avec lequel on bat le blé (fig. 3). Voilà le manche; voilà la *verge*, le bâton qui frappe sur le blé.

« Mes enfants, ce que vous venez de faire là, c'est un *dessin*. Un *dessin*, c'est la représentation d'un objet, formée par des lignes, etc.

« Cherchez encore si vous pouvez représenter autre chose avec vos deux bâtons. »

Inventions libres.

TROISIÈME EXERCICE.

L'angle (suite).

Former, avec deux lignes, deux et quatre angles *adjacents*.

« Voyons si avec 2 bâtons seulement vous trouverez moyen de former plus d'un angle. Essayez !

« Voici que j'ai formé 2 angles avec mes 2 bâtons : un à droite, un à gauche. Montrez-les. — Bien plus : avec mes 2 bâtons, je vais faire quatre angles (fig. 5). Voyez! Faites comme moi. — Montrez les 4 angles.

« Formez encore deux angles, comme je le fais. Ceci, mes enfants, est un dessin qui nous représente une *pioche* pour creuser la terre (fig. 6). »

Et maintenant croisez vos 2 petites baguettes l'une sur l'autre de manière à former 4 angles. « Voici les ailes d'un petit moulin à vent (fig. 7).

« Voici un râteau (fig. 8) pour nettoyer les allées de notre petit jardin. — Cherchez vous-mêmes ce que vous pourriez représenter en formant 2 angles ou 4 angles. »

Inventions libres.

QUATRIÈME EXERCICE.

L'angle droit.

Faites poser un petit bâton transversalement, puis un autre perpendiculairement au milieu du premier, en prenant pour guide les lignes du quadrillage.

« Placez votre second petit bâton bien « droit », qu'il ne penche ni d'un côté, ni de l'autre (pl. 8, fig. 8). Est-ce fait? Combien avez-vous formé d'angles? — Deux. — Les angles ainsi formés par une ligne qui ne penche ni à droite, ni à gauche, qui est bien *d'aplomb* sur la première, sont appelés angles *droits*. Tous les angles que vous formerez suivant les lignes tracées sur votre table seront des angles droits. — Nous allons former d'abord un seul angle droit. »

Faites exécuter la *série des positions de l'angle droit :* le bâtonnet placé transversalement reste fixe; l'autre prendra successivement les positions indiquées, en formant tantôt un seul angle droit, tantôt deux.

Série des positions de l'angle droit : Pl. 8, fig. 9, 10, 11, 12, 13, 14, 15, 16; et 17, retour.

Vous ferez reconnaître parmi cette série, à mesure qu'ils se présenteront, les « dessins » d'un marteau (fig. 14), du fléau (fig. 15), d'une équerre de charpentier (fig. 9, 11, 13, 15). Expliquez l'usage de cet instrument, servant à tracer des angles droits justement parce qu'il a lui-même la forme d'un angle droit.

Inventions libres, avec deux ou trois bâtonnets. Les deux

bâtonnets offrent bien peu de ressources aux « inventions » des enfants; mais il fallait bien commencer. Du reste ces efforts pour tirer parti de moyens restreints leur seront profitables.

CINQUIÈME EXERCICE.

L'angle aigu et l'angle obtus.

Faites former un angle droit (fig. 18).

« Rapprochez maintenant les deux côtés de l'angle : votre angle est devenu plus *pointu* (fig. 19). Les côtés sont moins écartés que tout à l'heure. — Quand un angle est plus pointu que l'angle droit, on l'appelle angle *aigu*, d'un mot qui signifie justement « pointu ». Reformons l'angle droit. J'écarte encore davantage les deux petits bâtons. Cet angle est moins pointu que l'angle droit; il est plus écarté, plus ouvert (fig. 20). On l'appelle un angle *obtus*. »

Dans la série suivante, l'un des bâtonnets restant fixe, l'autre accomplit un tour entier et donne successivement naissance à des angles divers en diverses positions. Pl. 8, fig. 21, 22, 23, 24, 25, 26, 27, 28; et 29, retour. — Fig. 21 et 29, les lignes, au contact, se confondent; fig. 25, elles se *prolongent*, il n'y a pas d'angle.

Faites nommer les angles à mesure qu'ils sont formés, montrer le sommet et les côtés.

Coins à fendre le bois (pl. 8, fig. 30) en angle aigu. Son usage.
Soc de charrue (fig. 31). Labour.

Inventions libres. On peut mettre plus de deux bâtons à la disposition de l'enfant pour ses combinaisons.

SIXIÈME EXERCICE.

Les parallèles.

Faites poser un des petits bâtons sur une des lignes longitudinales du quadrillage de la table, un second « bien en face » sur la ligne parallèle à celle-là. (Pl. 8, fig. 32.)

« Vos deux petits bâtons ne se touchent ni d'un bout ni de l'autre. Ils sont partout à même distance l'un de l'autre : on dit qu'ils sont *parallèles;* ils figurent deux lignes *parallèles.* »

Faites disposer les petits bâtons parallèlement dans les directions suivantes :

Fig. 33, droit en face. Fig. 32, en travers. Fig. 34, obliquement à droite. Fig. 35, obliquement à gauche.

Rappeler que les lignes parallèles ne se touchant pas, ne peuvent pas former d'angles.

Inventions libres.

DEUXIÈME SÉRIE.

PREMIER EXERCICE.

Le triangle.

Cette deuxième série est destinée à correspondre à la deuxième série du deuxième don, et aux exercices du *pliage,* etc.

Les enfants prennent d'abord deux bâtons. Demandez-leur de former, avec les deux bâtons, le *contour* d'un certain espace sur la table; d'enfermer complétement cet espace, de telle sorte « qu'on ne puisse en sortir sans franchir un des petits bâtons. » Les enfants apercevront bien vite l'impossibilité.

« Essayons maintenant avec 3 bâtonnets, en les faisant se toucher par leurs bouts. »

Les enfants forment un *triangle.*

Faites alors apercevoir que « pour entourer complétement un espace, il faut au moins trois lignes droites. »

« Quelle est la figure que vous avez formée? Un *triangle* (voir le *pliage,* 3ᵉ exercice, 3ᵉ série). Montrez les 3 angles; leurs 3 sommets; les 3 côtés. »

Les enfants répéteront cet exercice pour se familiariser avec la forme triangulaire. — Exécutez ensuite la série des transformations suivantes, en faisant montrer les angles, etc. :

Pl. 8, fig. 36, 37, 38 ; fig. 39, ligne droite prolongée; fig. 40, 41 ; fig. 42, retour.

FORMES D'OBJETS

Avec 3 bâtonnets.

1° Faites reconnaître dans la fig. 36 la forme d'une *chevrette*.
2° Dans la fig. 41, une *porte*.
3° La fourche de faneuse (fig. 43). La fenaison.
4° Un long fléau (fig. 44).

DISPOSITIONS SYMÉTRIQUES.

Pl. 8, fig. 45, 46, 47, 48, 49, 50, 51, 52, 53, 54, 55, 56.
Invitez les enfants à trouver eux-mêmes de nouvelles dispositions.
Inventions libres.

DEUXIÈME EXERCICE.

Le carré et le losange.

Les enfants ont déjà vu le carré (*Pliage*) ; ils le reconnaîtront sans peine. Le carré devra être formé suivant les lignes du quadrillage.

Faites compter les côtés, les angles ; observer que les quatre angles sont droits.

Faisons avec nos quatre bâtons une forme plus allongée dans un sens que le carré, plus étroite dans l'autre.... nous avons figuré un losange.

Série des transformations du carré et du losange :
Pl. 8, fig. 57, 58, 59, 60, 61 et 62, retour. — Fig. 57, 58, 61, 62, carrés ; 59, 60, losanges.

FORMES D'OBJETS

Avec 4 bâtonnets.

1° On aura fait observer que le carré (fig. 62) représente un *cadre* de tableau, le tableau noir de la classe, etc.
2° Girouette sur le toit (fig. 63). — Le vent, sa direction, ses variations.
3° Une chaise (fig. 64).

Page 120. Pl. 8.

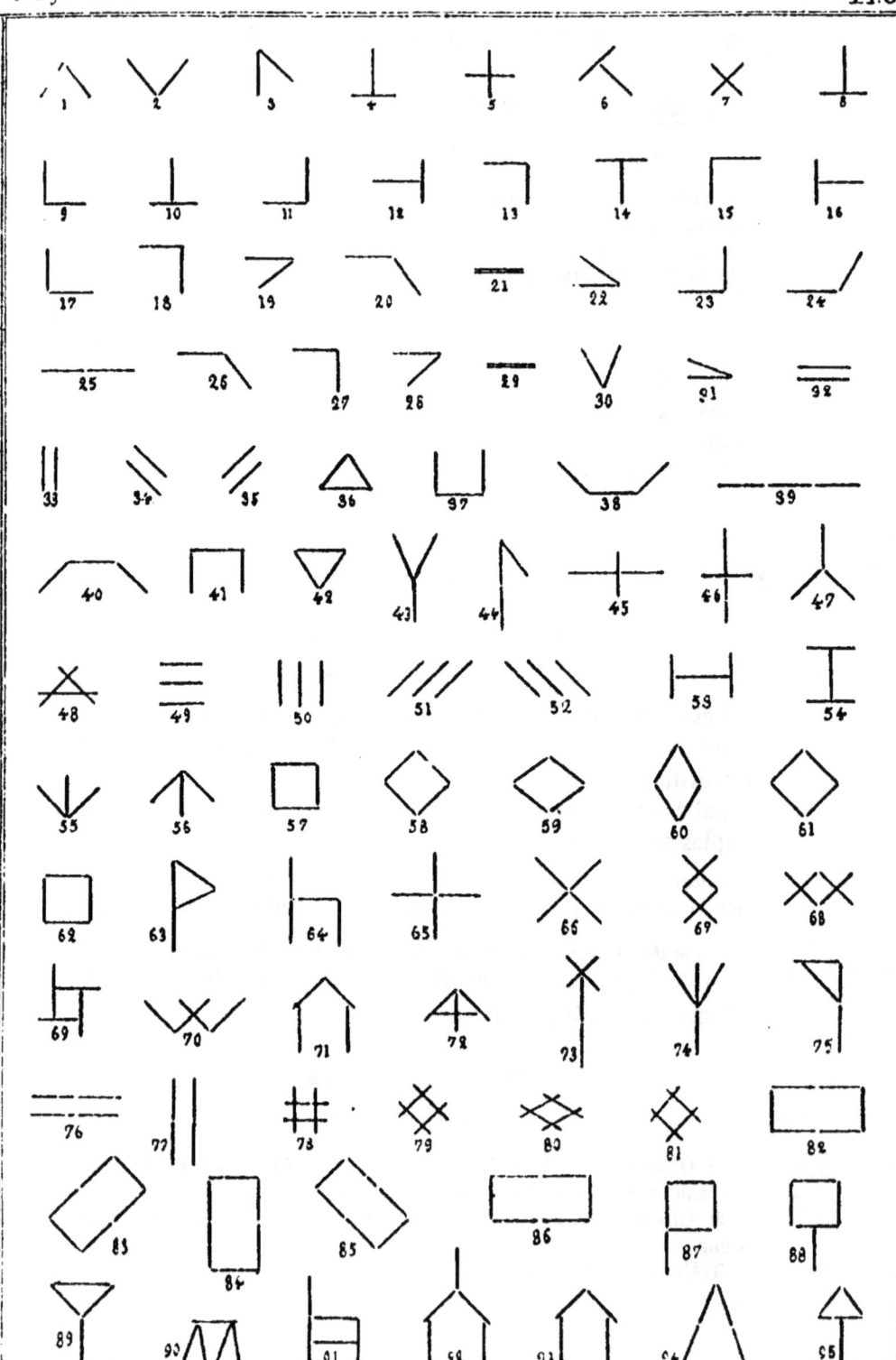

LES BATONNETS.

DISPOSITIONS SYMÉTRIQUES.

Pl. 8, fig. 65, 66, 67, 68, 69, 70.
Inventions libres.

TROISIÈME EXERCICE.

Comparaison du carré et du losange.

Faites former le carré. Rappelez que le *carré* est tout l'espace contenu entre les quatre lignes qui forment le contour, et non pas seulement le contour lui-même (Périmètre). Pour vérifier l'égalité des côtés, faites décomposer le carré et juxtaposer les quatre bâtonnets.

« Les côtés sont bien égaux, comme le sont les côtés de tout carré. Formez un *losange*. Les bâtonnets qui nous servent à le former sont égaux : le losange a donc ses 4 côtés égaux, comme le carré.

« Quelle différence y a-t-il donc entre un losange et un carré? Le carré a ses 4 angles droits ; le losange a, comme vous voyez, 2 angles aigus *opposés*, c'est-à-dire *en face* l'un de l'autre, et 2 angles obtus aussi opposés. Montrez les 2 angles aigus, les 2 angles obtus. »

FORMES D'OBJETS

Avec 4 bâtonnets.

1º Maisonnette (pl. 8, fig. 71).
2º Niveau de maçon (fig. 72).
3º Moulinet (fig. 73) pour écarter les oiseaux des arbres fruitiers.
4º Fourche à 3 dents (fig. 74).
5º Poteau de réverbère (fig. 75).

DISPOSITIONS SYMÉTRIQUES.

Figures 76, 77, 78, 79, 80, 81.

TROISIÈME SÉRIE.

PREMIER EXERCICE.

Le rectangle.

Cette troisième série est destinée à alterner avec les exercices du troisième et du quatrième don.

En pliant leur carré de papier (*Pliage*, deuxième série, troisième exercice) les enfants ont aperçu le rectangle. Faites construire cette figure dans les diverses positions indiquées. Pl. 8, fig. 82, 83, 84, 85 ; 86, retour.

Faites montrer les côtés *opposés*. On constatera : 1° que les deux petits côtés, formés d'un seul bâtonnet chacun, sont *égaux*; 2° que les grands côtés, formés de deux bâtonnets mis bout à bout, sont *égaux*; 3° que les quatre angles sont *droits*.

Comparons le rectangle avec le carré : les 4 angles sont droits, comme ceux du carré ; mais les 4 côtés ne sont pas tous égaux. Les côtés opposés sont égaux. — Citez des objets ayant la forme de *rectangles*.

FORMES D'OBJETS

Avec 5 bâtonnets.

1° Pavillon (fig. 87).
2° Pelle à main (fig. 88).
3° Verre à pied (fig. 89).
4° Tréteau pour soutenir une table (fig. 90).
5° Chaise (fig. 91).
6° Maisonnette avec mât (fig. 92).
7° Maisonnette (fig. 93).
8° Éteignoir (fig. 94).
9° Pupitre de musicien (fig. 95).

DISPOSITIONS SYMÉTRIQUES.

Planche 9, figures 96, 97, 98, 99, 100, 101.

Inventions libres.

DEUXIÈME EXERCICE.

Le parallélogramme.

Faites construire le parallélogramme dans la position indiquée. (Pl. 9, fig. 102.)

Demandez aux enfants en quoi cette figure diffère du rectangle. — Les grands côtés *opposés* sont égaux : la preuve? les deux petits le sont aussi. Les deux grands côtés sont-ils *parallèles?* les deux petits le sont-ils? les angles sont-ils droits? montrer les angles aigus, obtus.

Cette figure diffère du rectangle en ce qu'elle n'a pas ses angles droits. Elle diffère du losange en ce que ses quatre côtés ne sont pas égaux. Pour rappeler que ses côtés sont parallèles, quel nom lui a-t-on donné? — « Parallélogramme. » (Voyez le *Pliage*, troisième série, deuxième exercice.)

« Construisons un autre parallélogramme dont les deux petits côtés soient *obliques* dans l'autre sens (fig. 103).

FIGURES D'OBJETS
Avec 6 bâtonnets.

1° Tableau noir sur son pied (pl. 9, fig. 104).
2° Une barrière (fig. 105).
3° Porte-barrière pour le champ (fig. 106).
4° Une fenêtre carrée (fig. 107).
5° Grille de fenêtre (fig. 108).
6° Chandelier à 2 branches (fig. 109).
7° Girouette (fig. 110).
8° Les rails du chemin de fer (fig. 111).

DISPOSITIONS SYMÉTRIQUES.
Série dérivée du triangle équilatéral.

Planche 9, figures 112, 113, 114, 115, 116, 117, 118, 119.
Inventions libres.

TROISIÈME EXERCICE.

Le trapèze.

Faites construire le trapèze (symétrique) dans la position de la fig. 120. Faites-le comparer au parallélogramme.

« Montrez le côté tourné vers vous. Montrez le côté opposé à celui-là. Ces 2 côtés sont-ils égaux? Non. Sont-ils parallèles? Oui. »

Ceci étant observé, faites remarquer que les deux petits côtés penchent l'un vers l'autre : ils ne sont pas parallèles.

Cette figure qui a seulement deux côtés parallèles, nous l'appellerons *trapèze*.

Faites reconnaître que ce trapèze représente le toit d'une maison (du côté de la façade). Faites construire le trapèze dans la position renversée. Ainsi disposé il rappelle la forme d'un petit bateau (vu de profil), fig. 121.

FIGURES D'OBJETS

Avec 6 bâtonnets.

1° Les rayons (parallèles) d'une bibliothèque (fig. 122).
2° Marches d'escalier (fig. 123).
3° Maisonnette (fig. 124).
4° Éventail (fig. 125).
5° Barrière à barreaux croisés (fig. 126), pour le petit jardin.
6° Dévidoir (fig. 127).
7° Le cerf-volant (fig. 128).

DISPOSITIONS SYMÉTRIQUES.

Série dérivée du carré et du losange.

Planche 9, figures 129, 130, 131, 132, 133, 134, 135, 136. *Inventions libres.*

LES BATONNETS.

QUATRIÈME EXERCICE.

Formes polygonales.

Faites observer à l'enfant qu'on peut construire des figures régulières de plus de quatre côtés. Il construira et analysera comme exemple la figure à six côtés (hexagone). Pl. 9, fig. 137.

« Montrez les six côtés. Sont-ils égaux? Combien forment-ils d'angles? Montrez ces angles. Doivent-ils être tous égaux pour que la figure soit régulière? »

Faites apprécier cette nécessité que tout soit symétrique autour du centre.

Construisez de même la figure régulière de huit côtés, fig. 139 (octogone), et analysez-la de la même manière.

Figure symétrique étoilée dérivée de l'hexagone (fig. 138). Faites-la construire de deux triangles posés l'un sur l'autre. Construction analogue pour la figure étoilée (fig. 140) dérivée de l'octogone, et qui devra être réalisée par deux carrés posés l'un sur l'autre. Faites reconnaître la nature de la figure centrale, remarquer les petits triangles, etc.

FORMES D'OBJETS

Avec 7 et 8 bâtonnets.

1º Arbre en espalier (fig. 141).
2º Une barrière pour clore le bercail (fig. 142).
3º La porte de la cour de la ferme (fig. 143).
4º Maisonnette (fig. 144).

DISPOSITIONS SYMÉTRIQUES.

Symétrie rayonnante, autour d'un centre :
Planche 9, figures 145, 146, 147, 148, 149, 150, 151, 152, 153.

Faites montrer les angles formés autour du point central, et observer qu'ils doivent être tous égaux, pour que l'œil soit satisfait de la régularité de la figure.

A l'endroit où l'enfant en est arrivé maintenant, il a entre les mains, pour la réalisation des figures et l'étude des éléments de géométrie, un instrument bien autrement varié et offrant des ressources infiniment plus grandes que les petits bâtons : le *dessin*, avec le crayon et l'ardoise d'abord, puis sur le papier. Les petits bâtons ont été un acheminement vers le dessin ; ce but atteint, le moyen préparatoire perd son importance, du moins comme procédé d'enseignement direct et suivi. Les petits bâtons restent comme exercice récréatif, moyen d'*invention*, satisfaisant aux besoins de variété dans la forme, qui se fait sentir chez l'enfant. — Nous n'avons donc pas cru devoir porter plus loin dans les exercices *réglementaires* la complication des dispositions de bâtonnets. Nous donnons simplement quelques exemples pouvant aider l'institutrice et diriger l'imagination des enfants dans les petites constructions désormais laissées le plus possible à leur initiative.

FORMES D'OBJETS

Avec plus de 8 bâtonnets.

1° Maisonnette (fig. 154).
2° Pont de charpente (fig. 155).
3° Triangles (fig. 156).
4° Maisonnette avec barrière (fig. 157).
5° Portique et fronton (fig. 158).
6° Bec de gaz (fig. 159).
7° Le pignon de la grange (fig. 160).
8° Le clocher (fig. 161).
9° Le candélabre (fig. 162).
10° Un vase à fleurs (fig. 163).
11° Tourelle (fig. 164).
12° Moulin à vent (fig. 165).
13° Arbre en espalier (fig. 166).

Page 126. Pl. 9.

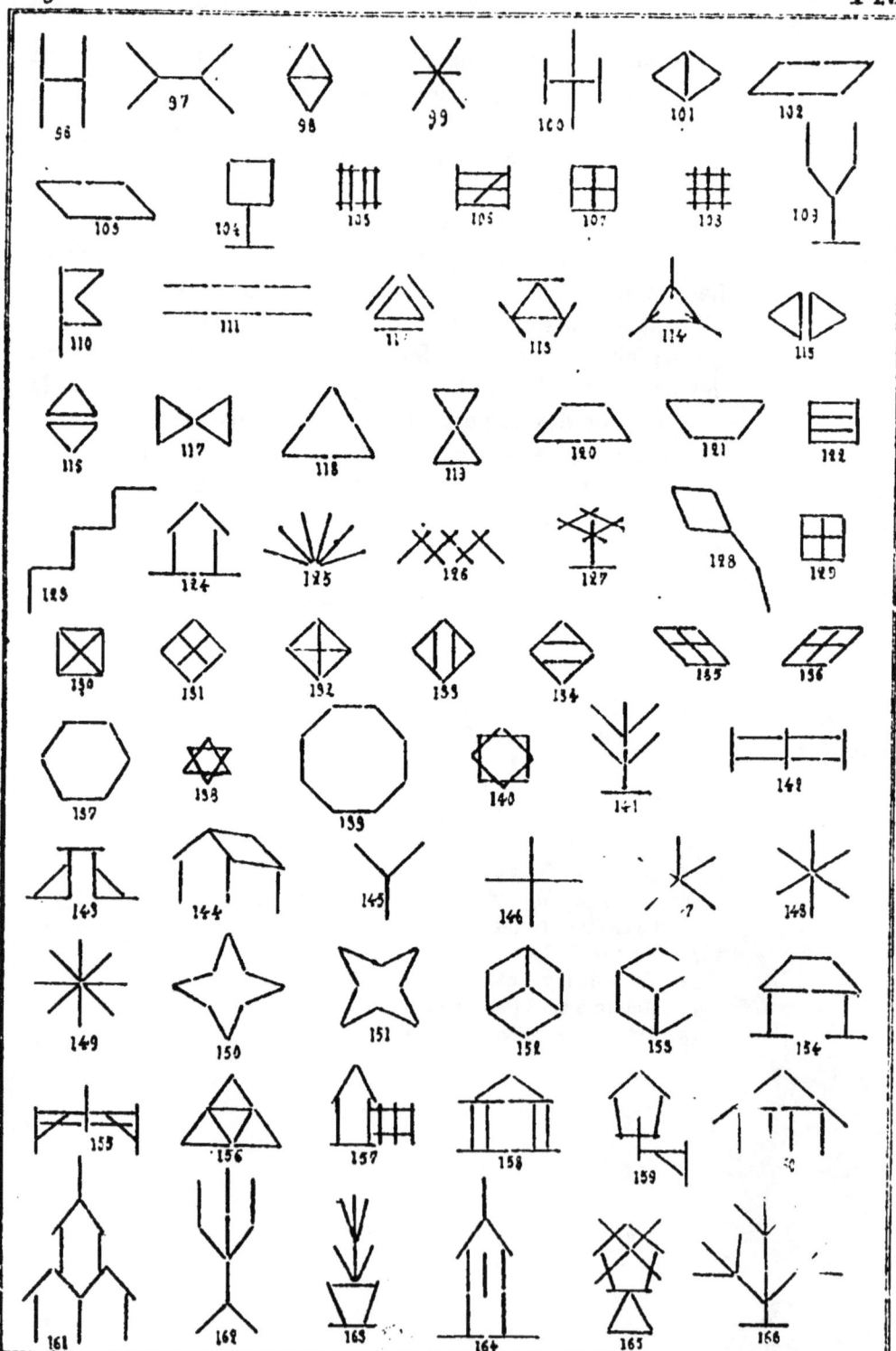

LES LATTES.

Comme les petits bâtons, les lattes sont affectées à représenter des lignes ; comme eux, elles peuvent servir à la fois d'instruments de démonstration, et de matériaux pour la réalisation de combinaisons diverses. Au point de vue de l'enseignement, les lattes offrent quelques avantages. Elles sont plus visibles ; elles permettent de montrer la ligne, l'angle, non plus seulement *sur un plan*, mais *dans l'espace*. Les combinaisons obtenues à leur aide sont moins variées que celles dont les petits bâtons sont les éléments ; mais elles sont autres. Les lattes sont assujetties à des conditions de construction très-différentes ; les croisements, peu praticables avec les petits bâtons, sont ici de nécessité. Enfin les constructions, une fois réalisées, peuvent être *relevées*, et placées dans l'espace, verticalement, en face de l'enfant : ce qui nous permettra de donner à certaines figures leur position naturelle. Par contre, il est peu d'objets susceptibles d'être imités par les lattes entre-croisées. Il va sans dire que les lattes peuvent suppléer les petits bâtons pour les exercices arithmétiques, dans un but de commodité ou de variété, et être employées alors dans des conditions tout à fait identiques.

DISPOSITIONS PRÉLIMINAIRES.

Les lattes doivent être formées d'un bois flexible, ayant pourtant une certaine raideur, élastique, bien *de fil*. Elles ont 25 centimètres de longueur, le quart du mètre ; 1 cent. de largeur, et l'épaisseur convenable pour conserver le degré de flexibilité nécessaire. Il doit y avoir dix lattes au moins pour chaque enfant ; une égale quantité reste à la disposition de la maîtresse, pour réaliser elle-même, à mesure, les combinaisons dont elle dirige l'exécution.

PREMIÈRE SÉRIE.

PREMIER EXERCICE.

Directions de la ligne droite.

Cette première série commence quelque peu après la première série géométrique des petits bâtons.

Les lattes sont distribuées par le procédé ordinaire de circulation, tant pour ce premier exercice que pour les suivants.

La latte : longue, étroite, mince, légère, flexible. Sa matière : le bois, etc.

La latte, comme le petit bâton, représente une *ligne*. La latte a une largeur très-visible; mais « on ne s'occupe pas de cette largeur » quand on se sert de la latte pour figurer une ligne (abstraction). La latte vue par la *tranche* (épaisseur) représente encore mieux la ligne.

Tenue droite, elle figure une ligne *droite ;* en la faisant *ployer, fléchir,* on lui fait prendre la forme d'une ligne *courbe.* — Extrémités. (Voir les Bâtonnets, p. 115.) Prouvez, par superposition, que les lattes sont de longueur égale; elles représentent des lignes droites égales.

Positions de la ligne dans l'espace. (Voir les Bâtonnets, premier exercice.)

« Figurez avec votre latte, en la tenant élevée dans votre main, une ligne droite *verticale.* Mettez la latte dans la direction *horizontale,* toujours en la tenant élevée (dans l'espace). Figurez une ligne inclinée vers la droite, vers la gauche. Mettez votre latte dans la position horizontale, et dirigez-la d'avant en arrière. Figurez avec votre latte une ligne droite horizontale dirigée de droite à gauche (en travers). »

Les lattes doivent être tenues d'une seule main, assez élevées pour que la maîtresse les aperçoive facilement et redresse les directions qui ne seraient pas exactes.

« Prenez deux lattes, une de chaque main (par leur extrémité). Tenez-les

LES LATTES.

toutes deux *verticales*. Elles sont *parallèles*. — Faites toucher les deux extrémités dirigées vers le haut. Qu'avez-vous là? Un angle. Où est le sommet? Quelle position ont les côtés? Inclinée.

« Formons un angle ayant son sommet en bas. (Les enfants soutiennent les lattes qui forment l'angle par les extrémités écartées des côtés.) Quelle est la direction des côtés?

« Dirigez en avant le sommet de l'angle. Dans quelles positions sont les lattes? » (La maîtresse a donné l'exemple en formant un angle dont les côtés sont horizontaux et le sommet dirigé en avant.) Les lattes sont dans la position horizontale.

« Formez un angle dont les côtés soient dans la position horizontale, et le sommet dirigé vers vous (toujours dans l'espace). Figurez deux horizontales parallèles. Deux parallèles inclinées à droite; à gauche. »

« Essayez de figurer avec vos deux lattes quelques objets que vous connaissez. » (Voir les Bâtonnets, pl. 8, fig. 1, 2, 3, 4, 5, 6, 7; 30, 31.)

Les diverses figures doivent être soutenues dans l'espace, et non posées sur la table comme celles des *bâtonnets*.

Inventions libres.

DEUXIÈME EXERCICE.

L'angle droit dans l'espace.

Faites disposer une latte verticale, perpendiculaire au milieu d'une horizontale; faites montrer les deux angles. La latte verticale ne penche ni d'un côté ni de l'autre sur l'horizontale. « Elle forme deux angles égaux. Ce sont deux angles droits. »

Faites exécuter avec une latte verticale et une horizontale, *dans l'espace*, la série des positions, de l'angle droit qui a été exécutée, *dans un plan*, avec les petits bâtons. Les mêmes figures peuvent guider ici l'institutrice (fig. de 9 à 17, pl. 8).

Les lattes, élevées *dans l'espace*, sont maintenues avec les deux mains; la gauche soutiendra par une extrémité l'horizontale; la droite fera voyager la verticale.

« Formons sur la table, avec trois ou quatre lattes, des figures diverses, comme avec nos petits bâtons. » (Bâtonnets, pl. 8, fig. 40, 41, 42, 43, 44; 76, 79, 80, 81.) La maîtresse fera un choix parmi les figures, préférant celles où les lignes se croisent en se superposant.

Inventions libres.

TROISIÈME EXERCICE.

Variations de l'angle dans l'espace.

Faites exécuter avec les lattes et dans l'espace la série des variations de l'angle indiquée aux Bâtonnets (pl. 8, fig. de 18 à 27) : 1° une latte est tenue horizontale ; la seconde, d'abord couchée contre la première, se relève graduellement, arrive à la position verticale, s'abaisse en sens contraire, etc. ; 2° mêmes variations de l'angle avec les lattes, mais toutes deux tenues horizontalement dans l'espace. Rappelez brièvement les observations faites à cette occasion, en les appliquant à l'angle considéré dans l'espace. Faites indiquer les angles aigus, obtus ; les lignes droites obtenues quand les deux lattes se superposent ou se prolongent.

Faites *découvrir* (observer, trouver) qu'avec deux lignes droites on peut former :

1° Un seul angle : les deux lignes se touchant par leur extrémité ;

2° Deux angles ayant leur sommet en un même point : l'une des lignes rencontrant, par son extrémité, un des points de la seconde vers son milieu ;

3° Quatre angles ayant leur sommet en un même point : les deux lignes se *croisant*, se *coupant*.

FORMES D'OBJETS.

1° Imitez avec 4 lattes le *pignon* d'une maisonnette (pl. 10, fig. 1). — Qu'est-ce que le pignon ?
2° Deux rails de chemin de fer (fig. 2).

DISPOSITIONS SYMÉTRIQUES.

1re série : avec 3 lattes (pl. 10, fig. 3, 4, 5, 6).
2e série : avec 4 lattes (fig. 7, 8, 9, 10, 11, 12, 13).

Inventions libres.

QUATRIÈME EXERCICE.

L'entrelacement.

Pour les exercices qui vont suivre, l'enfant doit connaître les procédés de *l'entrelacement* des lattes : ce n'est même qu'à partir de ce moment que les exercices des lattes prennent un caractère spécial. Nous consacrerons donc une leçon à l'enseignement de ces procédés.

Faites disposer trois lattes en forme de triangle dont les côtés se prolongent (pl. 10, fig. 14). Les lattes doivent être disposées de manière que chacune d'elles *passe en dessus et en dessous alternativement*. Enseignez que c'est là la condition ordinaire des entrelacements. L'effet de cette combinaison peut se faire apprécier en construisant la figure 14; les lattes entre-croisées se soutiennent sans toucher la table autrement que par leurs trois extrémités libres. Ce naïf tour d'équilibre intéressera les enfants aux conditions de stabilité résultant du croisement.

Pour qu'une latte soit fixée par la pression de ses voisines, il faut 1° qu'elle soit soutenue, croisée en trois points au moins; 2° que de ces trois croisements, les deux extrêmes soient de même sens.

« Prenez 3 lattes : réunissez-les par un bout en un même point, de manière à former 2 angles aigus. Tenez-les ferme dans la main gauche (fig. 15). Prenez de la main droite une 4ᵉ latte. Glissez-la en travers des autres, de manière qu'elle passe *sous* la latte du milieu, et *sur* les 2 autres. Approchez-la du sommet de l'angle. Elle se tient; les 3 autres la maintiennent. Elle demeure *fixée*, tant que vous tenez ferme les 3 autres au sommet. Otez-la maintenant. Glissez-la de manière qu'elle passe *sur* la latte du milieu et *sous* les deux autres. Elle est fixée encore. *Pour qu'une latte soit fixée....* etc.

« Essayons maintenant de croiser 4 lattes de manière qu'elles se soutiennent toutes les 4, qu'elles *tiennent ensemble*... Formez 2 angles aigus. Entrelacez leurs côtés comme je le fais (fig. 16). Il faut que les côtés se croisent 2 fois. Formez encore avec vos lattes l'entrelacement que voici (fig. 17).

Faites montrer sur ces entrelacements les points de croisement; les deux croisements opposés *dans le même sens.*

Quand il y a plus de trois croisements, il est avantageux qu'ils soient *alternés* (alternativement en dessus et en dessous); on indiquera aux enfants cette condition dès que l'occasion se présentera.

Ce principe compris, les enfants exécuteront facilement les entrelacements suivants. — Vous ferez analyser à mesure les formes réalisées. L'analyse complète de chaque forme serait fastidieuse, et entraînerait des répétitions superflues; faites donc observer les divers éléments de la forme, l'un sur une figure, l'autre sur l'autre : ici les carrés, triangles, etc.; là les angles, aigus, droits, etc.; d'autres fois enfin les points de croisement. Cette observation s'applique à tous les exercices du même genre.

ENTRELACEMENTS.

1° Claie (pl. 10, fig. 18). Carré divisé en 4 carrés, par 2 médianes, etc.

2° En faisant obliquer toutes les lattes à la fois, on obtient le losange divisé en 4 losanges : *herse* en losange (fig. 19).

Inventions libres avec six ou huit lattes.

DEUXIÈME SÉRIE.

PREMIER EXERCICE.

Les angles opposés par le sommet.

Cette série continue et développe la première. Elle doit coïncider avec les séries avancées des bâtonnets, les courbes, le 4ᵉ Don. Les figures géométriques réalisées par les entrelacements nous offriront, dans leur analyse, des occasions multipliées d'appliquer les notions déjà enseignées, de les reviser, et d'ajouter quelque chose à ce léger bagage.

Avec deux lattes croisées, formez quatre angles *opposés par le sommet.* Faites réaliser par les enfants la même figure

Page 132 Pl.10

Deux angles devront être aigus, deux obtus. Faites indiquer les quatre angles, le sommet commun. Apprenez à vos élèves à distinguer parmi ces quatre angles ceux qui sont *opposés par le sommet*. Rendez compte de cette expression.

« Les 2 angles aigus, diront-ils, sont opposés par le sommet; les 2 angles obtus aussi sont opposés l'un à l'autre. »

Faites alors apprécier que les deux angles aigus sont égaux; confirmez ce jugement de l'œil. De même pour les deux angles obtus. Concluez : « Les angles opposés par le sommet sont égaux. »

Redressez alors une des lattes, de manière à la rendre perpendiculaire à l'autre : les enfants en feront autant.

« Il n'y a plus maintenant, direz-vous, ni angles obtus, ni angles aigus; les angles sont encore opposés *deux à deux* par le sommet; mais ils sont tous égaux cette fois, puisqu'ils sont tous les quatre droits. »

Dans les entrelacements figurant des formes polygonales, il est souvent nécessaire de *doubler* les côtés par des parallèles, afin que ces figures se soutiennent.

On fera analyser avec soin, non-seulement la *forme d'ensemble* réalisée, mais, autant qu'il sera nécessaire, les formes secondaires, les figures accessoires, qui prennent naissance dans les croisements, afin d'habituer l'enfant à apercevoir le *détail* dans l'*ensemble*.

ENTRELACEMENTS.

1º Triangle équilatéral (double). Faites montrer la figure triangulaire (pl. 10, fig. 20), formée à l'*intérieur;* les côtés, les angles. — Le triangle *extérieur*, ses côtés. Ils sont parallèles aux premiers. Trois petits losanges ont pris naissance près des sommets du triangle.

2º Deux triangles entrelacés (fig. 21). Montrez les 2 grands triangles; les angles, les sommets, les côtés du premier; les angles, les côtés du second. Quelles figures sont formées vers le contour? Ces petits triangles doivent-ils être égaux pour que la forme soit *symétrique?* (Voir le 3ᵉ Don.) Voyez-vous une *figure* à l'intérieur? Montrez son contour. Comptez ses côtés. Ils sont tous égaux. Nous avons donc formé une figure à 6 côtés égaux (hexagone).

3º Une étoile à 5 rayons (fig. 22). Montrez les sommets des angles extérieurs. Quelle est la figure formée à l'intérieur? Une figure à 5 côtés égaux (pentagone).

4º Faites distinguer dans la figure suivante (fig. 23) un rectangle. Deux grands triangles, 2 petits; au centre, 4 angles opposés 2 à 2 par le sommet.

5° Faites reconnaître le carré (fig. 24); 2 diagonales, 4 angles droits opposés par les sommets 2 à 2 ; 4 triangles formés par les diagonales qui divisent le carré; ces 4 triangles sont égaux.

6° Carré (fig. 25); 4 angles opposés 2 à 2 par le sommet sont le point de départ de la construction. Montrez les parallèles. Prolongements des côtés.

Inventions libres.

DEUXIÈME EXERCICE.

Division de l'angle.

Un angle est une *quantité*, susceptible d'augmentation et de diminution; par suite, de multiplication et de division, de mesure, de rapport. Les rapports les plus simples de l'angle sont très-importants dans le dessin; plus particulièrement la division de l'angle en deux parties égales : opération facile à concevoir, et à démontrer d'une manière concrète.

« Formez un angle avec 2 lattes, tenues élevées par leur sommet renversé (fig. 26). Mettez une 3ᵉ latte allant au même sommet, à l'intérieur de l'angle. Qu'avez-vous maintenant? 2 angles. Vous avez partagé en deux votre premier angle. Partagez-le bien également. Voici un petit angle à droite, un petit angle à gauche : ils sont égaux (à l'œil). Ce sont les deux moitiés de notre angle. Les deux petits angles réunis formeraient le grand angle. Enlevez la latte du milieu : la *division*, le partage n'existe plus; nous retrouvons notre premier angle, tel qu'il était d'abord.

« Vous voyez qu'un angle peut être partagé, comme tout autre chose, en plusieurs parties (égales ou non).

« Formez un angle droit avec une verticale et une horizontale (fig. 27). Partagez-le, avec une 3ᵉ latte, en deux parties égales. Vous avez formé 2 angles. Chacun de ces 2 angles est la moitié d'un angle droit. Pourrions-nous encore partager en deux chacun de ces 2 angles? Faisons-le avec 2 autres lattes. En combien de parties votre angle droit est-il maintenant partagé? Montrez les 4 angles (en mettant l'index dans l'ouverture). Chacun de ces angles est le quart d'un angle droit.

ENTRELACEMENTS.

1° Formez un angle un peu aigu (fig. 28). Partagez-le en 2 parties égales. Entrelacez deux autres lattes pour maintenir celles-ci. Retournez la figure, le sommet en haut. Nous avons formé *un niveau de maçon*. Le triangle (bâti) de bois; la corde à plomb, qui doit être verticale. Montrez le grand triangle. La ligne qui coupe l'angle. Le grand triangle est lui-même partagé en 2 triangles égaux.

2º Deux angles tournés l'un vers l'autre (fig. 29) forment, par la rencontre de leurs côtés, un *losange*. Deux lattes entre-croisées maintiennent la disposition. A droite et à gauche, 2 triangles; au centre, une figure symétrique à 6 côtés, dont 2 opposés, plus grands.

3º Deux angles (fig. 30) opposés par le sommet sont divisés, par une ligne, chacun en 2 parties égales. Une latte transversale de chaque côté maintient l'entrelacement.

4º Cinq lattes disposées en éventail, formant 5 angles égaux, sont retenues par l'entre-croisement alterné de 2 autres.

Inventions libres.

TROISIÈME EXERCICE.

Valeur des angles formés autour d'un point.

S'il a été jugé convenable, étant données les dispositions et les aptitudes des enfants, d'enseigner les notions comprises dans les 3ᵉ et 4ᵉ Exercices de la série du *Pliage :* valeur des angles formés autour d'un point; valeur de deux angles *adjacents*, il y aura lieu de faire reviser ces notions à l'aide des lattes, qui montrent l'angle dans l'espace. Les démonstrations faites dans ces exercices seront donc rapidement répétées, sous cette forme un peu différente, avec les dispositions représentées par les figures 32, 33, 34. (Voir les Exercices du Pliage, 5ᵉ série, Exercices 3ᵉ et 4ᵉ.) — Sinon, on s'en tiendra à la première idée de la division de l'angle, telle qu'elle est exposée dans l'exercice précédent.

Il nous reste encore à donner à nos petits élèves un précepte d'application générale, un mode de procéder qui leur évitera les tâtonnements dans les combinaisons plus compliquées qu'ils ne manqueront pas d'imaginer.

En général, dans les combinaisons il y a une forme fondamentale, autour de laquelle se groupent des formes secondaires. Il a fallu apprendre à l'enfant à discerner cette forme principale à travers les figures accessoires qui la compliquent, à aller droit à elle, à la saisir tout d'abord : ceci a une grande importance en matière d'éducation. De plus, la forme principale est l'*idée directrice* de la combinaison; c'est en vue d'elle que tout s'est produit. Habituons donc aussi l'enfant à concevoir cette forme directrice, à la viser dans sa construction; sinon tout est abandonné au hasard qui jaillit de rencontres inattendues; les figures réalisées sont, non pas des inventions, mais des *trouvailles*; l'effet, au point de vue du développement de l'intelligence, devient quasi nul.

« Quand on veut produire quelque chose de bien, il faut d'abord, vous le savez, mes enfants, *penser* ce que l'on veut *faire*. Quand vous voulez faire de jolis entrelacements, pensez d'abord quelle figure *principale* vous voulez former : un carré, un losange, des triangles entrelacés, des parallèles.... Posez alors simplement vos lattes sur la table, suivant la figure que vous voulez construire. Quand elle sera ainsi formée (comme avec les petits bâtons), vous chercherez comment les lattes doivent être entrelacées. Si certaines parties de la figure ne peuvent pas se soutenir, vous chercherez comment introduire une nouvelle latte qui maintienne les autres, de telle sorte pourtant qu'elle n'empêche pas la forme d'être *symétrique*. Enfin, la figure principale étant faite et consolidée, si vous voulez la rendre plus compliquée, vous finirez en ajoutant ce que vous aurez imaginé pour l'embellir. »

Faites appliquer ces principes dans la construction des figures suivantes.

ENTRELACEMENTS.

1° Figure principale : le carré (pl. 11, fig. 35). Le 1er carré formé, on reconnaît la nécessité de le soutenir par des pièces accessoires : ici, ce sera en *doublant* les côtés. Analysez la forme, indiquez les figures accessoires, rectangles, carrés, etc., qui naissent du *doublement*.

2° Losange (fig. 36) : se fait en déformant à la fois tous les angles de la figure précédente.

3° Rectangle soutenu suivant ses 2 médianes et ses 2 diagonales à la fois (fig. 37). Division en 8 triangles égaux.

4° Dans la figure 38, la forme centrale carrée, plus petite, met en évidence le rayonnement des côtés prolongés.

5° Carrés *égaux* entrelacés, formant au centre un octogone (fig. 39). Analyse sommaire de cette forme.

6° Carrés *inégaux inscrits* l'un dans l'autre (fig. 40). Analyse : les 4 triangles compris entre les 2 carrés.

Page 136 Pl.II.

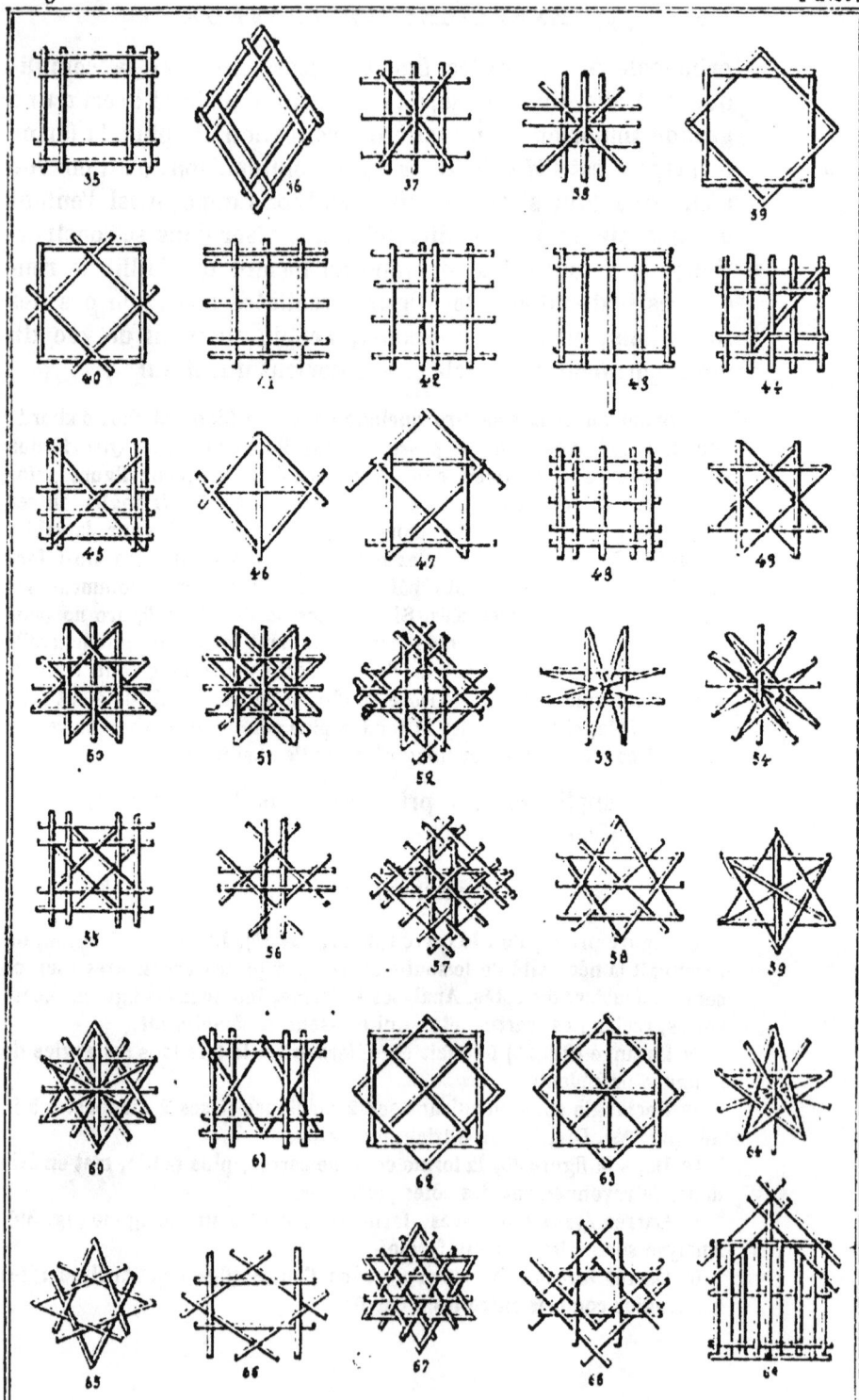

Nous en avons fini avec l'enseignement géométrique qu'il convient de donner en cette première période de l'instruction. Concurremment avec les études démonstratives, les enfants ont réalisé des figures de fantaisie, plus ou moins heureusement combinées. Ils continueront en s'aidant des principes que nous leur avons donnés. Il sera toujours opportun de faire analyser les formes *inventées*, celles-là surtout qui offriront quelque chose de neuf et d'original. Nous terminons en donnant à titre de spécimen et pour guider l'institutrice, quelques exemples de ces combinaisons, pour la plupart imaginées par les enfants eux-mêmes.

FORMES D'OBJETS.

1° et 2° Fenêtres (pl. 10, fig. 41 et 42).
3° Gril (fig. 43).
4° Barrière pour fermer la cour (fig. 44).
5° Porte-barrière pour la prairie (fig. 45).
6° Égouttoir pour les écheveaux de laine lavés (fig. 46).
7° Charpente du pignon d'un chalet, d'une maisonnette rustique (fig. 47).
8° Grille de fer formant la porte d'un parc (fig. 69). Cette dernière combinaison emploie 17 lattes.

COMBINAISONS SYMÉTRIQUES DIVERSES.

Planche 10, figures 48, 49, 50, 51, 52, 53, 54, 55, 56, 57, 58, 59, 60, 61, 62, 63, 64, 65, 66, 67, 68.

LES ANNEAUX.

Dans les constructions et dispositions réalisées jusqu'ici au moyen des bâtonnets, des lattes, des prismes, etc., la ligne droite est le seul élément employé. L'enfant rencontrera dans le dessin (2ᵉ partie) la ligne courbe, et apprendra à en tirer parti. Mais il est utile qu'on prélude à cette étude par un exercice préparatoire, qui soit à l'emploi de la courbe dans le tracé ce que les petits bâtons sont au dessin exclusivement rectiligne. Il importe d'ailleurs que le coup d'œil de l'enfant soit formé aux grâces de la courbe, de même qu'à la correction de la ligne droite.

Cet exercice des anneaux, heureux complément des précédents, consiste à disposer sur la surface plane de la table des cercles et portions de cercles, représentés par des anneaux et portions d'anneaux.

L'enfant s'ingénie, en juxtaposant les positions d'anneaux ainsi qu'on raccorde dans le dessin linéaire les arcs de cercle, à obtenir des inflexions et des courbes continues. Un grand nombre de rosaces et dispositions symétriques viennent ainsi varier les ressources de notre répertoire. Avec les lignes droites les combinaisons représentatives figuraient presque toujours des objets artificiels, produits de l'industrie humaine. L'homme, dans la plus grande partie de ses constructions, vise au simple avec la ligne droite. La nature dans les formes de la vie se joue à travers l'infinie variété des courbes. Les dispositions réalisées à l'aide de nos arcs de cercle nous permettront de représenter la forme élémentaire d'un grand nombre d'objets naturels : feuilles, fleurs, etc. Enfin, au point de vue de l'enseignement, il nous sera possible de donner sur le cercle quelques notions tout usuelles, correspondant à celles que nous avons données sur la ligne droite et ses combinaisons par le moyen des bâtonnets.

Les exercices des courbes doivent commencer vers la fin de la troisième série des bâtonnets.

DISPOSITIONS PRÉLIMINAIRES.

Une boîte contenant 100 anneaux entiers, 100 demi-anneaux, 100 quarts d'anneaux, peut suffire pour un groupe de 20 enfants. Nous avons renoncé aux tiers d'anneaux, division sortant du mode de progression adopté jusqu'ici, et offrant dans la pratique plus d'inconvénients que d'avantages. Le diamètre des anneaux doit être de 2 cent. 1/2 environ ; le fer doit être préféré au cuivre pour raison d'hygiène et de propreté.

PREMIER EXERCICE.

Le cercle.

Distribution des anneaux. — Les enfants accoutumés de longue date aux distributions méthodiques, exécuteront sans peine celle-ci avec ordre et promptitude. La maîtresse remettra au premier du banc le nombre d'*anneaux entiers* proportionné au nombre d'enfants de chaque banc. Ceux-ci les passeront de mains en mains et les répartiront également. Cela fait, les demi-cercles, s'il y a lieu, enfin les quarts de cercle seront distribués de même.

Le retour, sur l'invitation de la maîtresse, s'exécutera dans un ordre inverse. Pour le premier exercice on distribue quatre anneaux entiers à chaque enfant.

L'enfant a déjà vu le cercle dans la base du cylindre (2ᵉ don). L'anneau va lui être donné comme *représentant* le cercle. Un mot d'abord de l'objet lui-même : c'est un *anneau;* la matière dont il est formé est un *métal,* le fer, etc., etc.

L'anneau a la forme d'un cercle. Les enfants prennent un des anneaux et le posent devant eux sur la table. Faites observer que le cercle lui-même est l'*espace,* la partie de la surface plane (figurée par la superficie plane de la table) contenue, renfermée à l'intérieur du contour rond. L'anneau lui-même figure la *circonférence.*

Page 140. Pl.12.

# LES ANNEAUX.

« Indiquez du doigt le centre. — Désignez les objets ayant la forme de cercles.

« Nos 4 cercles sont égaux : prouvons-le en les posant l'un sur l'autre. (Superposition.)

« Posez 2 cercles sur la table. Faites-les se toucher. Deux cercles ne peuvent se toucher ainsi que par un seul point de leur circonférence, à moins qu'on ne les fasse passer l'un sur l'autre : mais alors c'est autre chose. » (Voyez plus loin : Intersection.)

DISPOSITIONS SYMÉTRIQUES

Avec 3 et 4 anneaux.

Planche 12, figures 1, 2, 3, 4, 5, 6, 7, 8, 9, 10. — Fig. 8, 9, 10, les anneaux passent l'un sur l'autre.

Inventions libres.

DEUXIÈME EXERCICE.

Le demi-cercle.

Distribuez quatre demi-anneaux : chacun de ces demi-anneaux représente la moitié de la circonférence du cercle.

Faites joindre deux demi-anneaux pour former un cercle.

« Qu'avons-nous formé là? Un cercle. Séparez les 2 pièces. Chacune d'elle est une partie, une *fraction* du cercle entier. C'est la moitié d'un cercle, 1 *demi-cercle*. Recomposez l'entier avec les 2 demi-cercles. Avec nos 4 demi-cercles combien pouvons-nous former de cercles entiers? »

FIGURES D'OBJETS

Avec 2 ou 3 demi-cercles.

1º Le cercle (fig. 11), le disque du soleil. La pleine lune.
2º Le croissant (fig. 12). Le même dans la position inverse (fig. 13).
3º Petit miroir sur pied (fig. 14). — Usage.
4º Une pomme, une orange (fig. 15).

DISPOSITIONS SYMÉTRIQUES.

Planche 12, figures 16, 17, 18, 19, 20, 21, 22, 23, 24.

FIGURES D'OBJETS
Avec 4 demi-cercles.

1º Une fleur (pl. 12, fig. 25).
2º Un vase (fig. 26).
3º Un bocal (fig. 27).
4º Une fiole (fig. 28).

DISPOSITIONS SYMÉTRIQUES.

Planche 12, figures 29, 30, 31, 32, 33, 34.

TROISIÈME EXERCICE.

L'arc de cercle.

Distribuez quatre quarts de cercle et deux demi-cercles.

Les enfants recomposeront un cercle entier avec les quatre « petites parties. » Ils reconnaîtront que chacune de ces parties est un quart.

« Combien faut-il de quarts de cercle pour faire un demi-cercle? Formez un demi-cercle avec 2 quarts. Ajoutez-y un autre quart. Le cercle est-il complet? Que lui manque-t-il? etc. Vous avez là les 3 quarts d'un cercle. Achevez le cercle. »

« Une partie plus ou moins grande du contour (circonférence) d'un cercle s'appelle un *arc* de cercle. Observez votre demi-cercle. Vous voyez qu'il ressemble à un *arc* qu'on fait ployer quand on veut lancer une flèche, etc. Un quart de cercle est aussi un arc, etc. »

FIGURES D'OBJETS.

1re série : avec les quarts de cercle seuls.

1º Feuille (pl. 12, fig. 35).
2º Bouton (fig. 36).
3º Bourgeon (fig. 37).

2e série : avec les quarts et les demis.

1º Deux feuilles (fig. 38).
2º Fleur (fig. 39).
3º Bouton (fig. 40).
4º Feuille (fig. 41).

Page 142

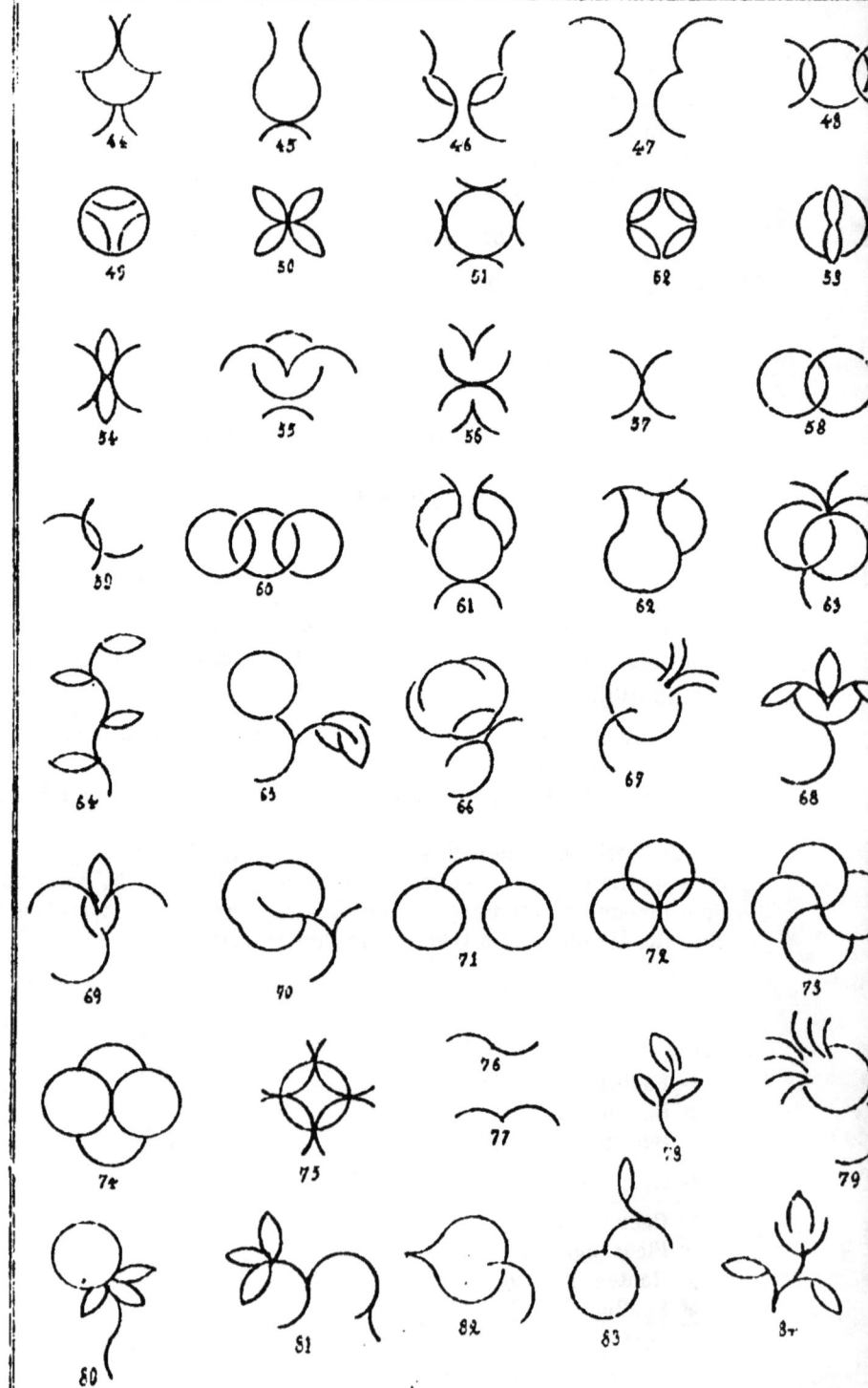

LES ANNEAUX.

5° Vrille de vigne (fig. 42).
6° Feuille de fraisier (fig. 43).
7° Compotier avec son couvercle (pl. 13, fig. 44).
8° Vase à fleurs (fig. 45).
9° Vase (fig. 46).
10° Autre vase (fig. 47).

DISPOSITIONS SYMÉTRIQUES.

Planche 13, figures 48, 49, 50, 51, 52, 53, 54, 55, 56.

QUATRIÈME EXERCICE.

Contact et intersection.

Distribuez quatre demi-cercles et quatre quarts.

Rappelez que 2 cercles ne peuvent se toucher « par leur rondeur » qu'en un seul point; de même deux arcs de cercle.

« Disposez deux demi-cercles se touchant (pl. 13, fig. 57). Montrez le point où ils se touchent. »

« Mais nous pouvons disposer deux cercles de manière qu'ils se croisent, s'entrelacent, entrent l'un dans l'autre (fig. 58, avec 4 demis). »

« On dit alors que les 2 cercles se coupent. De cette manière les 2 circonférences se croisent, se traversent en deux points. Montrez les 2 points où vos 2 cercles se traversent, se coupent, etc. »

« Formons encore avec 4 quarts de cercle, 2 demi-cercles qui se coupent (fig. 59). Formons avec tous nos arcs de cercle, 3 cercles entrelacés (fig. 60). Montrez les points où ces 3 cercles se coupent. »

FIGURES D'OBJETS.

1° Vase avec deux anses (fig. 61).
2° Pot à eau (fig. 62).
3° Tomates (fig. 63).
4° Branche avec feuilles (fig. 64).
5° Fruit et feuille (fig. 65).
6° Bouton de pivoine (fig. 66).
7° Grenade (fig. 67).
8° Fleur d'iris (fig. 68).
9° Fleur (fig. 69).
10° Feuille à 3 lobes (70).
11° Bésicles (fig. 71).

DISPOSITIONS SYMÉTRIQUES.

Figures 72, 73, 74, 75.

CINQUIÈME EXERCICE.

Raccordement.

Distribuez deux demi-cercles et huit quarts.

Avec 2 arcs de cercle on peut former, en les *raccordant*, une courbe continue.

« Disposons 2 quarts de cercle pour former un demi-cercle. L'ensemble de ces 2 arcs ne fait plus qu'une seule courbe. Faire joindre ainsi bout à bout les courbes de manière qu'elles se suivent et semblent ne plus faire qu'une, cela s'appelle *raccorder*. Disposez comme moi vos 2 arcs de cercle (2 quarts) : ils forment une courbe en *s*; on dirait une même courbe qui se replie comme un serpent. Nos 2 arcs sont encore *raccordés* (fig. 76). »

« Ceux-ci, au contraire (fig. 77), que vous allez disposer comme je le fais maintenant, se joignent, se touchent par leurs bouts, mais ils ne se suivent pas; ils ne forment pas une même courbe : ils ne sont pas raccordés. »

« Quand vous formez un cercle entier avec des demi-cercles ou des quarts, ils sont encore raccordés, puisqu'ils ne font plus qu'une même courbe. Raccordez 2 demi-cercles pour former un cercle entier. Raccordez-les en forme d'*s*. »

FIGURES D'OBJETS.

1º Feuille composée (pl. 13, fig. 78).
2º Fleur de chardon (fig. 79).
3º Fruit (fig. 80).
4º Feuille avec vrille (fig. 81).
5º Feuille de liseron (fig. 82).
6º Pomme (fig. 83).
7º Bouton avec deux feuilles (fig. 84).
8º Fleur du melon (pl. 14, fig. 85).
9º Gland (fig. 86). — Le chêne.
10º Poire (fig. 87).
11º Feuille de lierre (fig. 88).
12º Feuille à 3 lobes (fig. 89).

DISPOSITIONS SYMÉTRIQUES.

Figures 90, 91, 92, 93, 94.

Nous ne nous engagerons pas plus avant dans l'enseignement géométrique relatif à la courbe. Les enfants, dirigés par l'institutrice, trouveront et exécuteront, grâce aux préceptes généraux que nous avons donnés, des dispositions nombreuses et variées. Nous ajouterons ici quelques exemples de ces combinaisons, les unes imitant des formes d'objets naturels ou artificiels, les autres réalisant des *motifs* symétriques d'ornementation. Chaque figure indiquée est accompagnée de chiffres marquant le nombre et la nature des pièces employées à sa construction. Les nombres entiers représentent les cercles entiers, les fractions, les parties de cercle. Le numérateur de l'expression fractionnaire indique le nombre de ces parties; le dénominateur, leur rapport avec le cercle entier; les demies sont donc désignées par le dénominateur 2, les quarts par le dénominateur 4.

Nous engageons vivement les institutrices à recueillir dans un cahier spécial les combinaisons imaginées par les enfants, et qui auraient quelque chose d'original et de gracieux. Ce cahier sera pour elles un répertoire complémentaire, et leur facilitera singulièrement leur tâche dans l'avenir. Les dispositions ainsi recueillies devront porter des indications chiffrées semblables à celles que nous employons ici.

FIGURES D'OBJETS DIVERS.

1° Fruit (planche 14, fig. 95), $\frac{1}{2}$, $\frac{1}{4}$.
2° Fleur de courge (fig. 96), $\frac{1}{2}$, $\frac{1}{4}$.
3° Fleur de campanule (fig. 97), $\frac{1}{2}$, $\frac{1}{4}$.
4° Fleur de belle-de-jour (fig. 98), $\frac{1}{2}$, $\frac{11}{4}$.
5° Fleur de liseron (fig. 99), $\frac{1}{2}$.
6° Fleur de pivoine (fig. 100), 3, $\frac{1}{2}$, $\frac{1}{4}$.
7° Fruit avec deux feuilles (fig. 101), 1, $\frac{1}{2}$, $\frac{11}{4}$.
8° Oranges (fig. 102), 3, $\frac{1}{2}$, $\frac{1}{4}$.
9° Fraise, avec deux feuilles (fig. 103), 1, $\frac{1}{2}$, $\frac{11}{4}$.
10° Fleur de soleil (helianthus) (fig. 104), 1, $\frac{1}{2}$, $\frac{11}{4}$.
11° Feuille de houx (fig. 105), $\frac{10}{4}$.
12° Rose (fig. 106), 1, $\frac{1}{2}$, $\frac{1}{4}$.
13° Feuille de rosier (fig. 107), $\frac{11}{4}$.
14° Fleur de pivoine épanouie (fig. 108), 1, $\frac{1}{2}$, $\frac{1}{4}$.
15° Deux boutons (avec bractées) (fig. 109), 2, $\frac{11}{4}$.
16° Quenouille de roseau (fig. 110) $\frac{1}{2}$, $\frac{1}{4}$.

146 EXERCICES ET TRAVAUX.

17º Fleur (avec bractées) (fig. 111), $\frac{14}{7}$.
18º Groupe de feuilles (fig. 112), $\frac{3}{7}$, $\frac{14}{7}$.

DISPOSITIONS SYMÉTRIQUES.

Ornements de frises, bordures de broderie, etc.
1º Feuilles (fig. 113), $\frac{1}{7}$, $\frac{3}{7}$.
2º Lacs courants (fig. 114), $\frac{1}{7}$, $\frac{1}{7}$.
3º Postes, câble (fig. 115), $\frac{11}{7}$.
4º Chaîne de fleurons (fig. 116), $\frac{1}{7}$, $\frac{11}{7}$.
5º Chaînette (fig. 117), $\frac{11}{7}$.
6º Chaîne de trèfles (fig. 118), $\frac{3}{7}$, $\frac{11}{7}$.
7º Bordure (fig. 119), $\frac{3}{7}$, $\frac{10}{7}$.
8º Chaînette (fig. 120), $\frac{1}{7}$, $\frac{3}{7}$.
9º Chaîne de fleurons (fig. 121), $\frac{6}{7}$, $\frac{3}{7}$.

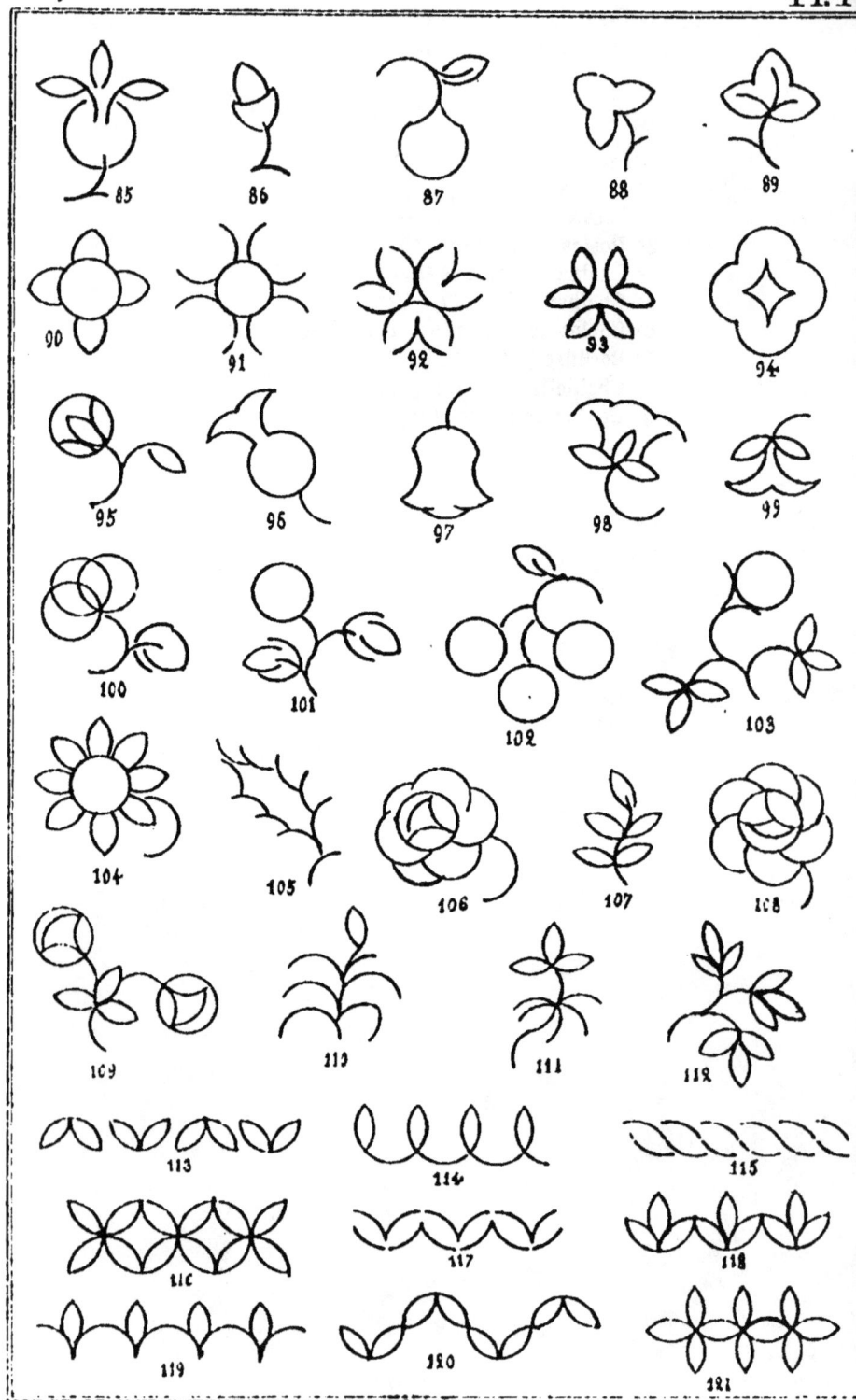

LE TRESSAGE.

La bandelette de papier colorié est le premier instrument de travail que nous mettons dans les mains de l'enfant. Cette occupation manuelle, — notre petite élève l'appellera un jeu, — ouvre la série des travaux enfantins, que vont continuer le *tissage*, le *pliage*, le *découpage*, etc. En tressant sa bandelette suivant des combinaisons variées, l'enfant s'habitue à manier une matière fragile et délicate ; il est contraint de modérer la brusque spontanéité de certains de ses mouvements ; il apprend à distribuer avec précaution et précision sa force musculaire ; en un mot, il acquiert de l'adresse. D'autre part, l'enfant est sollicité à apporter ici une certaine patience persévérante et attentive. Pour la première fois il est appelé à *produire* quelque chose ; son instrument de travail, la bandelette lui plaît par ses vives couleurs ; le résultat obtenu a une apparence flatteuse ; il prend intérêt à ce qu'il fait. Le travail lui est présenté sous une forme attrayante ; impression qui laissera des traces. Bientôt même, après avoir imité, il s'ingéniera à *inventer*, et pour la première fois il ressentira le naïf et sérieux plaisir d'avoir *trouvé*. Tout cela, dont telle grande personne sourira, est fait pour lui, enfant ; c'est à sa taille : rien n'est petit pour les petits. Et les résultats acquis ont leur importance.

Les travaux du pliage imitent les combinaisons de la passementerie. On peut aussi, mais plus tard, réaliser avec les entrelacements de la bandelette, quelques formes géométriques, des grecques, par exemple. Comme enseignement, le tressage est à peu près nul ; on fera seulement observer, en son lieu, que la bandelette tendue représente une ligne droite comme le cordon de la balle ; et répéter à son aide la série des positions de la ligne droite dans l'espace (voir le *Jeu de la balle*).

Plus tard encore, on fera observer les formes simples qui se présenteront dans les combinaisons, carrés, losanges, etc.

Les exercices du tressage se commencent aussitôt que l'ordre et la discipline ont pu être obtenus parmi les petits élèves, pour la première fois assis sur les bancs d'une école, c'est-à-dire à peu près en même temps que le *jeu de la balle*. L'institutrice guidera patiemment les essais des enfants ; on commencera par les combinaisons les plus simples, puis carrière sera donnée à la fantaisie.

DISPOSITIONS PRÉLIMINAIRES.

La bandelette destinée au tressage est la même dont on se sert pour le tissage. Le papier doit être mince, les couleurs vives. Dans les premiers essais, la bandelette du tissage, trop longue, devra être coupée par la moitié.

EXERCICES DU TRESSAGE.

Il est absolument impossible d'entrer ici dans les détails d'exécution ; ils se devinent du reste. Les exercices commencent avec deux bandelettes. Il y a des combinaisons qui doivent être exécutées avec une seule bandelette, mais elles sont plus difficiles.

On débute d'ordinaire par le tressage très-connu sous le nom d'*escalier de souris* : un nom créé par les enfants, celui-là ! — Les figures que nous joignons ici représentent quelques-unes des combinaisons qui plaisent le plus, et laissent assez voir le procédé employé pour les obtenir. Elles sont, du reste, rangées par ordre de difficulté progressive, autant que faire se peut.

Tressages avec 2 bandelettes : pl. 15, fig. 1, 2, 3, 4, 5.
Avec 3 bandelettes : fig. 6, 7, 8, 9.
Avec une seule bandelette : fig. 10, 11, 12, 13.

On peut aussi réaliser des entrelacements figurant des formes géométriques, les unes ayant aux angles un simple pli, les autres une petite rosette.

Figures pouvant être imitées avec la bandelette :
Lattes : planche 10, fig. 21, 22, 24 ; pl. 11, fig. 39, 40, 49, 53, 67.
Dessin : pl. 22, fig. 47, 60, 63.

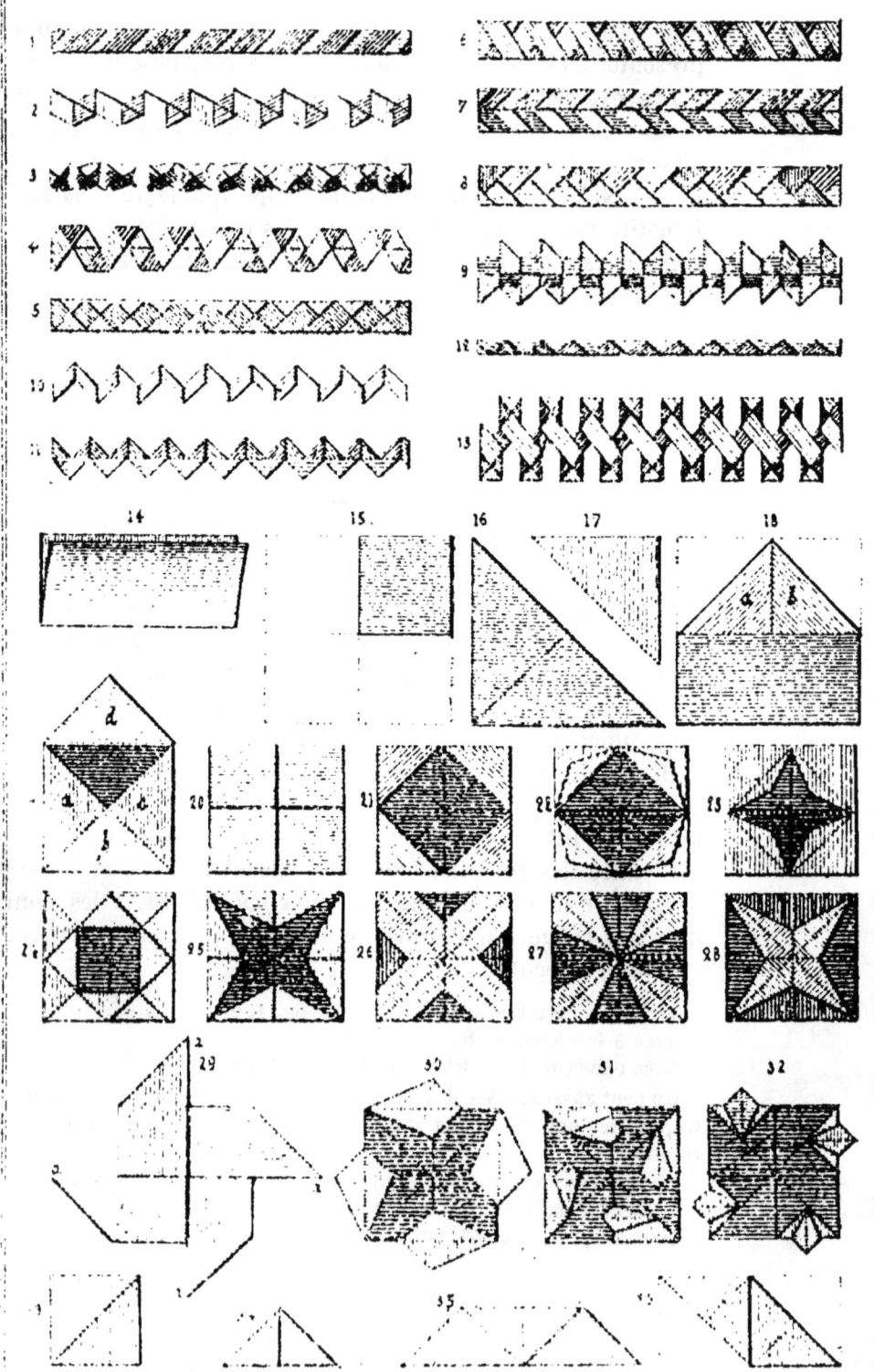

Pl 1

LE TISSAGE.

Le *tissage* commence un peu après le tressage, c'est-à-dire dès que l'enfant est assez adroit pour ne pas déchirer la bandelette. Ce petit travail, qui offre plus de variété et de ressources que le tressage, consiste à entrelacer aux bandes parallèles d'une feuille de papier découpée figurant la chaîne d'un tissu, des bandelettes diversement coloriées, figurant la *trame*. « En variant les *passes* (les *duites*, dirait un tisseur), on obtient des combinaisons analogues à celles qui ornent nos tissus ; les petits compartiments, groupés avec goût, simulent une mosaïque : c'est un dessin de tapisserie[1]. » Le dessin formé par ces compartiments est d'abord très-simple ; mais bientôt il se complique, et la mosaïque offre, avec une combinaison harmonieuse de couleurs vives, un groupement symétrique d'*éléments* distincts. Ce travail plaît beaucoup aux enfants, à cause de l'aspect flatteur que présentent les combinaisons même les plus simples, pourvu toutefois que la bandelette et la *chaîne* ne soient pas trop défraîchies. Les *tissages*, une fois achevés, sont recueillis ; la maîtresse les défait en dépassant les bandelettes ; la chaîne et les trames peuvent ainsi servir un grand nombre de fois. On conserve les travaux les mieux réussis, qui restent comme types, et les inventions nouvelles, originales. C'est la récompense du jeune travailleur.

DISPOSITIONS PRÉLIMINAIRES.

La feuille de papier divisée en bandes parallèles et qui porte le nom de *chaîne* a le plus ordinairement la forme d'un carré : le côté extérieur a 14 centimètres environ.

La division la plus commode, pour les travaux de la petite classe, offre 22 bandes parallèles : chacune a 5 millimètres de largeur. Les bandelettes auxquelles nous donnerons le nom de fils de trame doivent avoir

[1]. Rapport à l'Association pour la réforme de l'enseignement sur les méthodes et procédés en usage dans les Écoles belges, par Mme F. Delon.

exactement la même largeur. On a employé pour faire passer la trame à travers les bandes de la chaîne, des aiguilles ou *navettes* de bois de diverses formes ; mais l'expérience les a fait abandonner presque partout. Les doigts sont encore le meilleur outil et le plus fidèle.

EXERCICES DU TISSAGE.

Les chaînes sont distribuées par le même moyen que les autres matériaux de travail. Chaque chaîne est accompagnée d'un faisceau de bandelettes ; les enfants doivent choisir autant que possible la couleur des chaînes et des trames. L'ouvrage est rarement achevé dans une seule séance : le petit travailleur passe le paquet de trames non employées entre les fils de la chaîne ; l'un et l'autre lui reviendront ensemble au prochain exercice.

A la première leçon, la maîtresse donne quelques explications préalables sur le nouvel instrument de travail. Pour faire comprendre de quoi il s'agit, elle présente un *tissage* commencé, et faisant admirer ses vives couleurs, excite le désir de produire de semblables ouvrages. Puis elle explique ce que c'est qu'un *tissu* (en s'aidant d'un morceau de canevas ou de quelque autre tissu analogue). Elle montre l'entre-croisement des fils ; c'est un travail quelque peu semblable qu'ils vont exécuter. Voici la *chaîne*, qui représente des fils tendus ; voici des *trames* qu'il faudra entrelacer aux fils de la chaîne : et joignant l'exemple au précepte, la maîtresse ajoutera un ou deux rangs à son tissage.

A partir de ce moment les exercices se continueront par la réalisation des combinaisons graduées ci-jointes. Il est inutile de les décrire en détail ; nous nous bornerons à quelques observations relatives à la direction du travail.

La trame passe alternativement en dessus et en dessous des fils de chaîne : elle peut franchir un seul fil ou plusieurs. L'endroit où elle se montre en passant *dessus* forme le *point* du tissu. La trame ne doit jamais franchir *en dessus* que 3 points ou 4 au plus : autrement elle se soulèverait, le tissu ne serait pas *serré*. Elle peut franchir sans inconvénient un espace plus grand à l'envers de la chaîne ; cependant une trame qui a trop de *portée* ne se soutient pas bien.

Quand on a fait un rang entier de trame, si on répète les mêmes successions ou *passes* que dans le rang précédent, les fils *chevauchent*, se mêlent. D'ailleurs, s'il n'y avait pas alternance dans l'entrelacement, les fils de la chaîne ne seraient pas soutenus. — Si on avance ou recule d'un ou deux points, et que l'on continue ce mode de procéder, on obtient des rayures obliques variées (pl. 16, fig. 5, 6, 7, 8, etc.). Si à la troisième passe on revient à une position semblable à celle de la première, on a des *croisés* divers (fig. 2, 3, 4). Remarquons encore que lorsqu'une *passe* succède à une autre et lui est semblable, mais est en avant ou en arrière, les premiers *passages* de la rangée et les derniers se trouvent dissemblables : c'est un effet dont il faudra prévenir à l'occasion les enfants, pour leur éviter des embarras et des mécomptes.

La combinaison la plus simple est le *damier :* un en dessous, un en dessus, chaque passe alternant avec la précédente (fig. 1). Puis viennent des combinaisons déjà plus compliquées, dont nous donnerons seulement quelques exemples, étant dans l'impossibilité de les indiquer toutes. Les figures de la planche 16 représentent seulement le quart supérieur gauche de chaque tissage.

Fig. 2. La trame laisse 2 fils de chaîne en dessus, 2 en dessous successivement. La deuxième passe alterne avec la première. On peut réaliser de même la combinaison : 3 dessus, 3 dessous, alternés.

Fig. 3. 2 dessus, 1 dessous. Deuxième passe : 2 dessous, 1 dessus, alternant.

Fig. 4. 2 dessus, 1 dessous; 1 dessus, 1 dessous. Deuxième passe inverse, et alternant. Des combinaisons analogues avec 2 et 3; 1, 2 et 3; 1, 3 et 2, peuvent être réalisées.

Fig. 5, 6, 7, 8 : rayés obliques. Les passes sont analogues à celles qui viennent d'être décrites, et peuvent du reste être remplacées par d'autres combinaisons. Chaque passe doit *avancer* ou *reculer* d'un fil sur la précédente : ainsi s'obtiennent les rayés obliques à droite ou à gauche. On peut continuer tout le tissage de la même manière; mais les *rayés obliques* offrent de nouvelles combinaisons par les procédés suivants :

1º Faire le deuxième quart (supérieur droit) oblique *inverse* du premier; le troisième (inférieur gauche) semblable au premier; le quatrième (inférieur droit) semblable au second. On obtient des *chevrons* variés.

2º Faire le deuxième quart (supérieur droit) *inverse* du premier (supérieur gauche); le troisième semblable au deuxième; le quatrième semblable au premier. On forme une série de losanges contenus les uns dans les autres, ou une série de *chevrons* ayant leurs sommets dirigés vers le centre, suivant le sens de l'obliquité dans le premier quart.

Fig. 9, 10, 11, 12, 13. Zigzags divers. On peut, en alternant convenablement les passes, former des zigzags avec les mêmes points qui ont déjà fourni des rayés droits et obliques.

Les enfants inventeront eux-mêmes des rayés et des zigzags ; mais la maîtresse leur donnera quelques exemples de *semis*, obtenus par la répétition d'un *élément* simple : combinaisons dont les trois figures 14, 15, 16 offrent des spécimens. Ils imagineront ensuite des dispositions où les éléments forment des *groupes* plus compliqués et moins nombreux, analogues à ceux des étoffes dites *à dessins* (fig. 17, 18, 19, 20, 21, 22). Enfin ils pourront tenter quelques figures *d'ensemble* occupant toute la chaîne, telles que celles dont les figures 23 et 24 indiquent la disposition. (Il est inutile de faire observer que les trois autres quarts de ces figures doivent reproduire le premier dans une disposition semblable, mais *opposée* par *symétrie*.)

Dans la planche ci-contre, les teintes foncées sont indiquées par les noirs, les teintes claires par les hachures. Le numéro 21 figure une fleur ; les quatrième, cinquième et sixième passes doivent être vert foncé.

Les dessins que nous donnons ici sont plutôt des exemples que des modèles ; la maîtresse, mais surtout les enfants, en trouveront d'autres, qui pourront à leur tour servir de modèles pour ceux à qui manquera l'expérience nécessaire, ou simplement la disposition à imaginer.

Un moyen très-simple de doubler les ressources de son répertoire, consiste à réaliser pour chaque combinaison connue son *inverse*, laquelle s'obtient tout simplement en regardant le tissage à l'envers. — La figure 15 est *l'inverse* de la figure 14.

La trame est passée à l'aide des doigts, à quelque distance de la dernière passe faite; puis on la pousse de l'ongle contre celle-ci. Le tissu doit être bien serré ; c'est la condition de sa solidité et de son élégance. C'est par *l'envers* qu'il faut serrer la trame, de peur que l'ongle ne froisse l'endroit, la partie visible. — Les deux ou trois dernières passes sont plus difficiles à introduire que les autres : et pour les plus petits du moins, la maîtresse devra prendre le plus souvent le soin de mettre elle-même la dernière main à leur ouvrage s'il est jugé devoir être conservé.

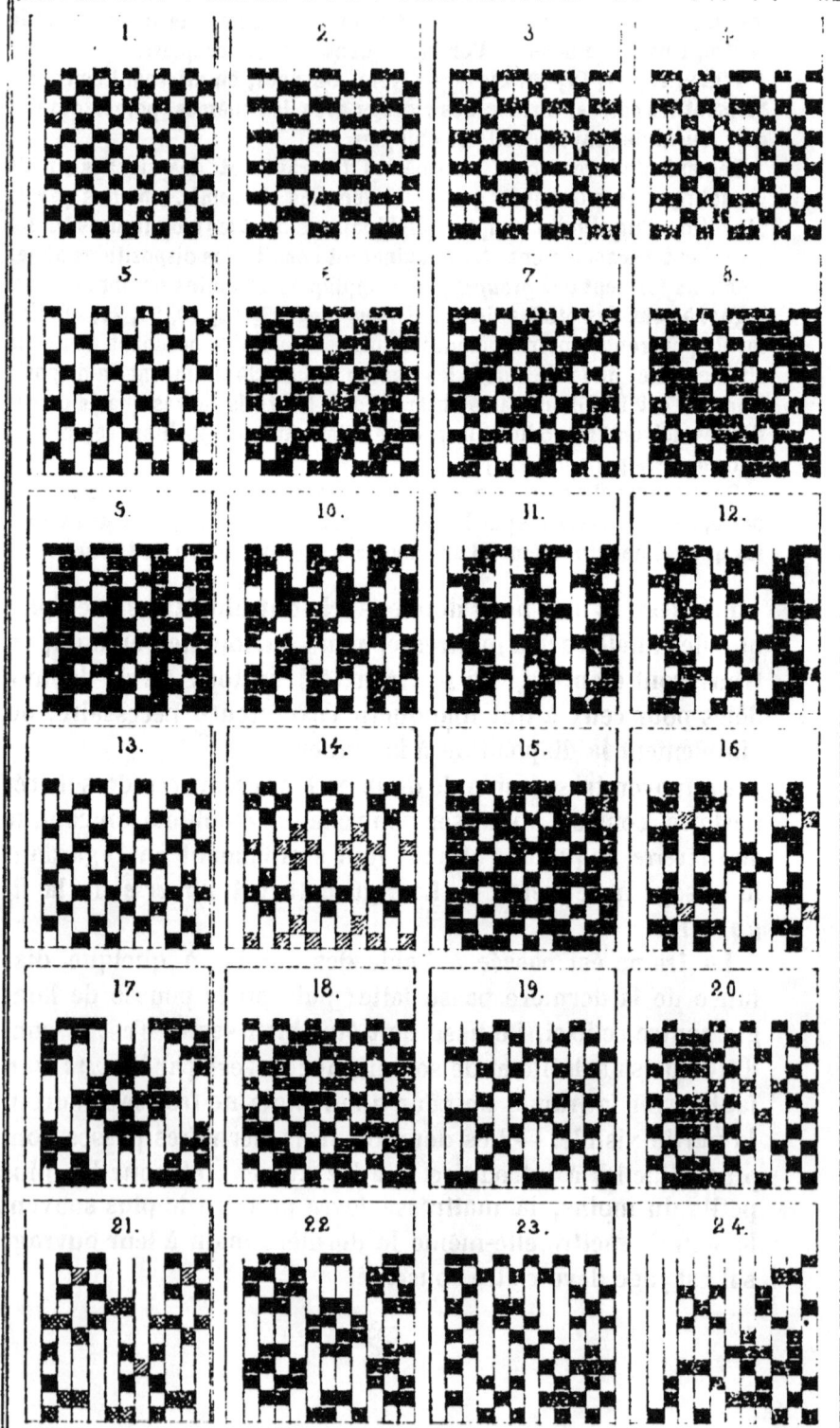

LE PLIAGE.

Le jeu naïf du *pliage* est devenu, entre les mains de Frœbel une occasion d'enseignement. Comme tous les autres procédés qui se rattachent à sa méthode, ces exercices doivent être considérés à un double point de vue. C'est d'abord une éducation de l'œil et de la main, une préparation aux travaux délicats que l'enfant accomplira plus tard ; une certaine précision est ici nécessaire, les plis doivent être marqués nettement, et concourir exactement à leurs points de rencontre. C'est un jeu, mais un jeu qui demande de l'attention, et enseigne la patience.

D'autre part, la feuille de papier elle-même est un instrument extrêmement commode, un *appareil de démonstration*, pour ainsi dire, se prêtant admirablement aux nécessités du premier enseignement. Nous verrons les ressources variées qu'elle nous offre dans les exercices du découpage : pour nous en tenir au pliage, observons que cette *surface* docile, facilement divisible par des plis laissant trace, d'eux-mêmes se formant en ligne droite, est éminemment propre à l'étude *intuitive* des figures géométriques. Même lorsque plus tard l'enfant, ayant épuisé les combinaisons des *pliages*, délaissera ce jeu pour des exercices nouveaux plus propres à l'intéresser désormais, la feuille de papier pliée n'aura rien perdu de son importance comme moyen de démonstration.

Les exercices du pliage doivent commencer à peu près en même temps que ceux du deuxième don. Tout d'abord, l'institutrice enseignera à ses élèves les petits artifices de ces constructions enfantines : puis elle mêlera à ce jeu quelques observations instructives. Elle emploiera, dans les indications qu'elle devra donner pour guider le travail des enfants, les expressions précises, les termes géométriques à mesure qu'ils seront connus, trouvant, pour remplacer ceux dont la valeur n'aura pas encore été expliquée, des équivalents familiers. Chaque exercice doit commencer par quelques instants d'enseignement proprement dit, avant l'exécution des pliages.

Ces pliages sont de deux sortes : les premiers réalisent des formes géométriques ; nous décrirons à mesure les plus importants. Les seconds figurent plus ou moins des objets usuels.

Il nous serait impossible d'entrer dans le détail à l'égard de ces derniers, très-connus du reste : nous nous contenterons d'en donner ci-après une liste.

C'est surtout la partie *démonstrative*, la *leçon* par laquelle débute l'exercice, que nous développons dans les séries graduées qui suivent. L'important ici est d'établir une parfaite concordance avec les autres exercices (Dons, Bâtonnets, Lattes, etc., etc.).

DISPOSITIONS PRÉLIMINAIRES.

La maîtresse se procure un nombre suffisant de petits carrés de papier. Les dimensions de ces carrés n'ont rien de fixe ; ceux de 8 à 10 centimètres de côté sont les plus commodes. On peut, par esprit d'économie, employer à cet usage des feuilles écrites ; et pour stimuler le zèle des petits travailleurs, donner pour récompense à ceux qui ont fait preuve de plus de soin et de patience, de réaliser un second exemplaire de leur travail dans un carré de papier blanc ou de papier de couleur. Semblable récompense aux inventeurs de nouvelles combinaisons.

Les carrés de papier doivent être taillés avec précision. Il est du reste facile de réaliser cette condition : un double pli diagonal, en rabattant les côtés les uns sur les autres, permet de vérifier l'égalité de ces côtés ; un coup de ciseau fait justice de ce qui dépasse.

Les carrés de papier se distribuent par le mécanisme ordinaire de circulation.

PLIAGES

Imitant des objets usuels et destinés aux exercices récréatifs :

1º La salière.
2º La mitre persane.
3º Le pantalon d'enfant.
4º Le coq.
5º La double pirogue.
6º La barque à voiles.

LE PLIAGE.

7° La boîte à double couvercle.
8° Le cadre.
9° Le berceau.
10° La chemisette.
11° La table.
12° Le portefeuille.
13° La gondole.
14° Le petit soufflet.
15° La lettre à deux cachets.
16° La casquette à visière.
17° Le porte-monnaie.
18° Le papillon.
19° La boîte close.
20° L'étoile à quatre rayons.
21° La chaise.
22° La serviette dans son rouleau.

PREMIÈRE SÉRIE D'EXERCICES.

PREMIER EXERCICE.

Le carré de papier.

Cette première série est destinée à correspondre aux exercices du 2° don (1re série). Elle se poursuit concurremment avec le Tressage, le Tissage, etc., etc.

Un carré de papier est remis entre les mains de chaque enfant. — Petite leçon intuitive sur *l'objet* lui-même.

Le papier : mince, flexible, léger, etc.; — faites *trouver* et *constater* ces diverses qualités. — Facile à couper, à déchirer; ses usages. « Nous, nous en ferons tout d'abord de jolies petites *choses*, comme ceci.... (Montrez quelques pliages.) Ne désirez-vous pas apprendre à façonner ces gentils objets? Cela se fait en *pliant* le papier. (La maîtresse plie en deux rectangles égaux le carré de papier qu'elle tient à la main.) Mais il faut le faire adroitement, délicatement, etc. — Ce *travail*, ce *jeu*, nous l'appellerons donc le *pliage*. »

« Ce que vous avez entre les mains, c'est un *carré* de papier ; un morceau de papier taillé en *carré*. Bientôt je vous apprendrai comment un *carré* de papier doit être fait, pour être bien fait.... »

La valeur géométrique du mot *carré* n'est pas enseignée ici ; le nom seul est donné. L'enfant s'habituera à désigner sous ce nom la forme qu'il a sous les yeux et dont une image plus ou moins définie se gravera dans son souvenir.

Pliages. — Enseignez la manière de faire les premiers plis, pour en arriver aux formes les plus simples du pliage. Plier le papier en *deux* (pl. 15, fig. 14) : ceci figure les feuillets d'un livre. — En quatre (fig. 15). — Ceci représente un mouchoir plié. — En deux par les coins (fig. 16). — En quatre, également par les coins (fig. 17). C'est la forme d'un fichu.

DEUXIÈME EXERCICE.

La surface.

Cet exercice vient après le 2e exercice du 2e don. L'enfant sait ce que c'est qu'une surface; il connaît la surface *plane*, la surface *courbe*, pour avoir appris à les discerner sur les solides. Faites-lui donc apercevoir la surface de son carré de papier.

« Retournez votre carré de papier : vous apercevez, de l'autre côté, une autre *surface*. Quand le carré de papier est posé sur la table et bien appliqué sur elle, sa surface est plane. Mais voyez ! j'enlève ma feuille de papier ; je la roule.... Est-ce encore une surface plane ? Non : c'est une surface *courbe*, comme celle du *cylindre*. La surface de mon papier, qui est flexible, devient plane ou courbe à volonté. »

Pliages. — Continuation des petits travaux commencés à la leçon précédente. Le carré ayant été plié comme à la leçon précédente et développé ensuite, faites rabattre un des angles jusqu'au centre. — Rabattez de même un second angle à côté du premier (pl. 15, fig. 18). — C'est la forme du *pignon* d'une maison. Avec trois angles rabattus où figure une *enveloppe* ouverte (fig. 19), et le quatrième étant ramené également au centre, une *lettre* close.

TROISIÈME EXERCICE.

Les côtés du carré.

Faites observer le *contour* du carré de papier, les *bords :* « l'endroit où se termine la surface. » Le *bord* (contour, limite) d'une surface forme ce qu'on appelle une *ligne* (ou un ensemble de lignes)

« Notre carré a quatre bords : le carré a son contour formé de quatre lignes. Ces lignes ne sont pas tortueuses, courbes : elles sont droites. Ces quatre lignes droites sont appelées les côtés du carré. Le carré a quatre côtés. — Montrez les 4 côtés de votre carré de papier. — Sa surface. »

Pour montrer les côtés, les contours d'une surface quelconque, l'enfant doit passer doucement le bout du doigt le long de ces lignes. Ceci lui aidera à comprendre qu'il s'agit seulement de la limite de l'étendue superficielle, quand on parle de *ligne*, et lui fera mieux sentir l'opposition avec la *surface*, qu'il indique en passant ses doigts *à plat* sur cette étendue.

Pliages. — Passant par la série des plis précédemment indiqués, on arrive à la dernière forme (la lettre) ; en la retournant, on retrouve un carré tout semblable au premier, à cela près qu'il a une surface moitié moindre, étant doublé dans son épaisseur. Partant de ce carré, on répète une série absolument identique de pliages, en dimensions moitié moindres : le *petit pignon*, la *petite enveloppe*, la *petite lettre* (pl. 15, fig. 20).

QUATRIÈME EXERCICE.

Les angles du carré.

Le carré a quatre « coins. » Ces coins, nous les appellerons les *angles* du carré. (La nature de l'angle sera définie plus loin.)

« Montrez les quatre angles du carré. »

Pour montrer un angle, l'enfant doit toujours poser l'extrémité de l'index à l'intérieur de l'angle, vers le sommet. (Voyez l'angle, avec les Lattes et les Bâtonnets.)

Pliages. — Partant du dernier pliage obtenu (la petite lettre) et le retournant, vous voyez un carré recouvert de quatre petits carrés ayant au centre leur angle libre. Rabattez la moitié de ces petits carrés *sur* leur autre moitié : vous avez un carré diagonalement inscrit dans un plus grand (fig. 21).

Repliez une fois de plus, *obliquement* et *en dessous*, chacune des parties rabattues de la forme précédente. — En redoublant cette opération de l'autre côté, on obtient la figure 22. — Les deux mêmes plis faits en dessus, puis rabattus vers le centre, donnent l'étoile de la figure 23.

CINQUIÈME EXERCICE.

Les lignes sur la surface.

Faites former un pli du milieu d'un côté au milieu du côté opposé (comme cela se fait au début de nos *pliages*). Les deux parties du carré se rabattent exactement l'une sur l'autre. Le papier étant maintenu plié, ce pli forme un *bord*, donc une *ligne*.

« Redressez votre carré. Le pli reste marqué. Cette trace qui traverse le carré figure encore une *ligne* : c'est une ligne qui traverse la surface, au lieu d'en marquer le contour. » (Elle limite les deux rectangles.)

Faites observer, en développant un pliage réalisé, que les divers plis formés pour les *pliages* marquent aussi des lignes qui subsistent lorsqu'on déplie le papier.

Pliages. — Même point de départ qu'à la leçon précédente (la petite lettre). Rabattre la moitié des petits carrés, en glissant l'angle libre en dessous. — Retournez le carré, vous observez quatre parties se rabattant vers le centre (triangles). Repliez en dessus les pointes, vous obtenez la figure 24. — En les repliant *obliquement* une fois de chaque côté (comme à la leçon précédente nous avons fait des petits carrés) et aplatissant sur le carré la pointe qui se redresse, on forme l'étoile de la figure 25.

SIXIÈME EXERCICE.

La diagonale.

Faites un pli en travers de votre carré, d'un angle à l'angle opposé (pl. 15, fig. 16).

« Nous avons formé une ligne. Dépliez votre carré : vous voyez cette ligne qui traverse la surface d'un angle à l'autre. »

« Une ligne qui traverse ainsi un carré d'*un angle à l'autre* s'appelle une *diagonale*.

LE PLIAGE.

« Pouvez-vous former une autre diagonale dans votre carré? Pliez-le par les deux autres angles. Voici une autre *diagonale*. Pouvons-nous en former une autre encore? Non. Un carré ne peut avoir que deux diagonales. »

Pliages. — Mêmes plis que pour les fig. 24 et 25, mais retournés en dedans : on obtient un cadre. — On peut aussi, en combinant les deux formes, fig. 24 et 25, obtenir une symétrie binaire.

SEPTIÈME EXERCICE.

La médiane.

Pliez votre carré en deux, de manière que le pli partage en deux parties égales deux côtés opposés. Les enfants en feront autant (pl. 15, fig. 14).

« Dépliez votre carré : la ligne marquée traverse le carré par le milieu ; elle va du milieu d'un côté au milieu de celui qui est en face, du côté *opposé*. »

« Une ligne qui traverse un carré en allant du milieu d'un côté au milieu du côté *opposé* s'appelle une *médiane*. »

« Pouvez-vous former une autre *médiane* dans votre carré? Pliez-le par le milieu des deux autres côtés. Dépliez : vous voyez une seconde ligne *médiane*.

« On pourrait bien former d'autres plis, mais ils ne passeraient pas *par le milieu* des côtés : ils ne seraient pas des médianes.

« Dans un carré on ne peut former que deux médianes. »

Désormais, en indiquant les plis à former dans les combinaisons du pliage, l'institutrice emploiera ces expressions : « Formez un pli suivant la diagonale, — suivant la médiane. »

Pliages. — Faites la « petite lettre ». Développez totalement. Retournez le papier à l'envers. Prenez les milieux des quatre côtés et les amenez au centre ; aplatissez. Les plis forceront le papier à produire quatre petits carrés *libres* formant *soufflet* en dessous, et offrant en dessus la même apparence que la figure 20.

Repliant encore la moitié de ces petits carrés *en dehors* et *en dessus*, vous obtenez une forme se dessinant comme la figure 21, mais ayant plus de plis. Redressez et repliez encore les pointes des *soufflets* qui demeuraient dirigées vers le centre ; vous faites apparaître un *cadre* d'un aspect semblable à la figure 24.

DEUXIÈME SÉRIE.

PREMIER EXERCICE.

Égalité des côtés du carré.

Cette seconde série correspondra à la 2e série du 2e don, et à la 1re série géométrique des bâtonnets.

Quand, par le premier exercice des bâtonnets, l'enfant aura appris à constater, par superposition, l'égalité de deux lignes, vous faites opérer les superpositions des côtés du carré.

« Pliez votre carré suivant la médiane. Voilà deux côtés *opposés* qui sont venus s'appliquer l'un sur l'autre. L'un dépasse-t-il l'autre, suivant la longueur ? Non. Ces deux côtés sont juste de même longueur : ils sont *égaux*.

« Dépliez votre carré. Pliez-le selon l'autre médiane. Ce sont les deux autres côtés qui viennent s'appliquer l'un sur l'autre. Ils sont aussi égaux.

« Ne pourrions-nous appliquer à la fois l'un sur l'autre tous les quatre côtés de notre carré? Plions-le suivant la diagonale ; puis une autre fois encore de même (suivant l'autre diagonale) : les quatre angles et les quatre côtés coïncident. Voilà les quatre côtés appliqués l'un sur l'autre : aucun ne dépasse l'autre, aucun n'est plus grand ni plus petit. Les quatre côtés d'un carré sont *égaux*. »

On voit que pour de telles démonstrations, le carré de papier doit être taillé avec une certaine exactitude.

Pliages. — Au lieu de relever simplement les *pointes des soufflets* dans la figure décrite en dernier lieu, faites-leur les plis obliques indiqués pour les petits carrés au quatrième exercice, soit en dessus, soit en dessous : vous aurez encore deux formes nouvelles. En appliquant ces plis obliques à la fois aux soufflets et aux pointes des carrés, deux autres formes polygonales prendront naissance.

DEUXIÈME EXERCICE.

Les angles.

L'enfant ayant appris, par le 2e exercice des bâtonnets, ce que c'est qu'un angle, faites-lui appliquer cette notion aux angles du carré.

« Les angles du carré sont formés chacun par deux côtés qui se rejoignent en pointe. Montrez les deux côtés de l'un des angles. Montrez le sommet de cet angle. Les sommets des trois autres angles. — Les *côtés* du carré sont en même temps les *côtés* des angles. »

Pliages. — Partant de la même figure qu'aux deux exercices précédents, repliez de côté les quatre petits carrés, suivant la diagonale du grand. On obtient une symétrie tournante formant des *ailettes* obliques. — Au lieu de replier ainsi le petit carré en deux triangles, repliez en *dessous* la pointe des deux triangles, de chaque côté de la diagonale. Vous obtenez une croix en relief (fig. 26). Les mêmes plis formés en dessus donnent une autre variété de la même figure.

TROISIÈME EXERCICE.

Les angles droits.

Après avoir montré l'angle droit avec les petits bâtons (4e exercice) et les lattes (3e exercice), faites reconnaître pour angles droits les angles du carré.

« Les 4 angles de notre carré sont 4 angles droits. »

« Pliez votre carré suivant la médiane : dépliez. Pliez de même une seconde fois dans l'autre sens (suivant l'autre médiane).

« Dépliez. Les 2 médianes sont 2 lignes qui se coupent : elles se coupent au milieu du carré. Combien forment-elles d'angles? Montrez les 4 angles formés au milieu du carré par les 2 médianes. Ces angles sont-ils des angles droits? »

Pliages. — Prenez pour point de départ la même forme qu'aux exercices précédents; repliez en *dessous* chacun des 8 petits triangles formés par les

4 carrés, mais suivant une ligne oblique, ainsi que le fait voir la figure 27.
— Les plis formés en *dessous* également, mais obliques en sens contraire, produisent l'étoile, fig. 23, en relief sur le carré.

Si avant de faire le pli oblique dans la première des formes précédentes on a relevé les pointes des carrés *en dessous* ou *en dessus*, on obtient une nouvelle variété de cette même forme. — Même manière de procéder donne une variation de la forme fig. 28.

QUATRIÈME EXERCICE.

Les côtés parallèles.

Cet exercice suivra le 4e exercice des bâtonnets. Faites observer que les côtés du carré *opposés* l'un à l'autre sont *parallèles*.

« Formez un pli suivant la médiane. — La médiane est-elle parallèle à quelque chose ? — Elle est parallèle aux côtés du carré (qu'elle ne rencontre pas). » — Faites remarquer les plis parallèles qui se trouvent dans quelques-uns des pliages réalisés.

Pliages. — Mêmes pliages qu'à l'exercice précédent, sauf que les plis seront rabattus en *dessus :* on obtient de nouvelles variétés des mêmes formes. Il reste dans chacun de ces pliages des pointes, que l'on peut rabattre en dessus, ce qui produit 2 nouvelles combinaisons.

TROISIÈME SÉRIE.

PREMIER EXERCICE.

Le triangle.

Cette série correspond à la 2e et à la 3e série des bâtonnets, et à la suite des exercices du 2e don.

« Pliez le carré suivant la diagonale, pl. 15, fig. 16. La figure que vous avez formée ainsi, combien a-t-elle d'angles ? 3. Combien de côtés ? 3 aussi. Montrez les 3 côtés, les 3 angles ; les sommets de ces 3 angles.

LE PLIAGE.

« Cette figure qui a 3 angles s'appelle un *triangle*. Un triangle n'a jamais que 3 angles et 3 côtés etc., etc.

Faites déplier le carré et observer que la diagonale forme deux triangles dans la surface du carré. — Ces deux triangles réunis forment le carré : la diagonale partage le carré en deux triangles.

« Pliez votre carré suivant l'autre diagonale. Combien voyez-vous de triangles ? Montrez les 4 triangles. Réunis, ils forment le carré. »

« Les 2 diagonales partagent le carré en 4 triangles. »

Pliages. — En combinant deux à deux, suivant la symétrie binaire, les pliages précédents, on obtient des formes mixtes, dont les enfants se rendront facilement compte.

DEUXIÈME EXERCICE.

Le rectangle.

Pliez le carré suivant la médiane. Faites exécuter la même opération par les enfants.

« Vous avez figuré une forme allongée qui n'est pas un carré : car ses 4 côtés ne sont pas égaux. Cette forme est plus longue que large. Elle a 2 grands côtés opposés l'un à l'autre ; et 2 petits opposés aussi. Cette forme s'appelle un *rectangle*. »

Faites montrer les deux grands côtés. Sont-ils égaux ? Les deux petits sont-ils égaux ? Prouvez, par superposition, que les *côtés opposés sont égaux*.

Combien le rectangle a-t-il d'angles ? Ses quatre angles sont-ils droits ? — Le rectangle ressemble au carré en ce qu'il a quatre angles droits et quatre côtés ; il en diffère en ce que les quatre côtés ne sont pas tous égaux.

Pliages. — On procédera comme pour obtenir la forme fondamentale, point de départ des variations précédentes : seulement, au lieu de former des *soufflets* pour obtenir les 4 petits carrés, on rejettera les pointes en dehors et on réalisera le moulinet à ailettes, fig. 29. — Repliez les petits triangles saillants *a* vers le centre. Relevant la moitié *b* de ce triangle vers l'extérieur on aura une nouvelle variante.

TROISIÈME EXERCICE.

Division du carré en deux rectangles.

Faites encore plier le carré suivant une médiane. Nous avons un rectangle. Déplions le carré : la médiane limite deux rectangles. Les deux rectangles ensemble forment le carré. — La médiane divise le carré en deux rectangles.

Les côtés opposés du carré sont parallèles. Formez un pli suivant la médiane. Les côtés opposés du rectangle sont aussi parallèles. Citez des objets ayant la forme de rectangles.

Pliages. — Partant du moulinet à ailettes, on repliera le petit triangle saillant de manière à rabattre sa pointe sur l'angle du carré : on obtiendra une forme nouvelle. — Si on rabat ce triangle en aplatissant son angle saillant sur le côté du carré, de manière à former un petit soufflet, on construira la figure 30. On peut ne former le petit soufflet qu'après avoir rabattu le triangle saillant vers le centre, et en prenant seulement la moitié du triangle (fig. 31). Enfin ce petit soufflet peut être dirigé la pointe en dehors (fig. 32).

QUATRIÈME EXERCICE.

Le parallélogramme.

Pliez le carré en deux rectangles (suivant la médiane).— Le rectangle en deux carrés. — Le carré, ainsi formé, est le quart du grand carré.

« Pliez ce petit carré en 4 triangles égaux, suivant les deux diagonales. Dépliez le carré. Développez de même le rectangle ($\frac{1}{4}$). Pl. 15, fig. 18. Rabattez un triangle ($\frac{1}{8}$) à droite : autant à l'angle *opposé*, mais en sens contraire, comme je le fais. » Pl. 15, fig. 33.

Ce qu'il y a d'obscur et de difficile à suivre dans cet exposé s'éclaircit devant la démonstration directe que fait la maîtresse en réalisant, à mesure, ces opérations très-faciles d'ailleurs.

« La figure ainsi formée est-elle un rectangle ? A-t-elle ses côtés opposés parallèles ? — A-t-elle ses côtés opposés égaux ? — En quoi est-elle différente du rectangle ? En ce que ses 4 angles ne sont pas droits. 2 opposés, sont aigus ; les deux autres, opposés aussi, sont obtus. Cette figure qui ressemble au rectangle, mais qui a ses côtés *obliques*, nous l'appellerons *parallélogramme*. — Un grand mot, n'est-ce pas ? mais il nous rappellera que les côtés sont *parallèles*, quoique les angles ne soient pas droits. (Développez.) En quoi le parallélogramme ressemble-t-il au *losange ?* En ce qu'il a 2 angles opposés obtus et 2 angles opposés aigus. En quoi diffère-t-il du losange ? Le losange a ses 4 côtés égaux ; le *parallélogramme* en a 2 grands et 2 petits. » (Voir les Bâtonnets.)

Pliages. — Combinaisons des formes précédemment décrites.

CINQUIÈME EXERCICE.

Le trapèze.

Formez les mêmes plis que pour le parallélogramme (leçon précédente). Dépliez complétement, jusqu'au grand carré (fig. 18). Rabattez deux angles opposés du grand carré jusqu'au centre, suivant des plis qui se trouvent déjà marqués (fig. 19). Vous avez une figure (polygone) de six côtés non égaux. Pliez la figure en deux, suivant la diagonale restée libre. Vous avez formé un *trapèze* symétrique (fig. 19, partie ombrée).

« Observez, mes enfants, que deux côtés seulement sont parallèles. — Les deux autres ne le sont pas ; ils penchent l'un vers l'autre. »

« Une figure de 4 côtés qui a seulement 2 côtés opposés parallèles se nomme un *trapèze*.... Combien le trapèze a-t-il d'angles ? Ces angles sont-ils égaux ? En quoi ce trapèze diffère-t-il du parallélogramme ? »

Pliages. — Arrivés là, les enfants possèdent assez de formes élémentaires pour pouvoir obtenir de nombreuses variations, de symétrie quaternaire ou binaire.

Ces formes une fois obtenues peuvent être groupées et collées sur une feuille de papier colorié (foncé) de manière à former des ensembles réguliers.

QUATRIÈME SÉRIE.

PREMIER EXERCICE.

Division de la surface du carré.

Cette 4ᵉ série correspond au 3ᵉ don et à la 3ᵉ série des bâtonnets. L'enfant a *vu* et étudié d'une manière sommaire, mais assez pour pouvoir les distinguer rationnellement, quelques figures planes fondamentales et usuelles dont il trouvera partout les applications dans ses petits travaux. Il continuera encore à réaliser quelques *pliages* à titre de jeu. Bientôt, de nouveaux exercices, le dessin, les courbes, etc., prendront à peu près complétement la place de ceux du *pliage*; mais la feuille de papier deviendra l'instrument d'un enseignement de plus en plus développé. Tandis que le 3ᵉ don nous offre l'occasion d'étudier l'égalité des volumes, leur division, etc., le carré de papier nous rendra les mêmes services relativement à l'étude des surfaces (figures planes).

Ce premier exercice sera fait après le troisième exercice du 3ᵉ don.

Faites montrer la surface du carré de papier; faites-la diviser par un pli suivant la diagonale.

« Nous savons que le carré est partagé en 2 triangles. Ces 2 triangles sont-ils égaux ? Vérifions. » (Par superposition.)

« La diagonale divise le carré en 2 triangles *égaux*.

« Puisque les 2 triangles sont égaux, ils sont chacun la *moitié* du carré. »

Faites diviser le carré en deux rectangles suivant la médiane. Les deux rectangles sont *égaux*. Chacun d'eux est la moitié du carré.

DEUXIÈME EXERCICE.

Division du carré (suite).

Le carré est un *entier*. — Faites diviser la surface en traçant deux plis diagonaux. Les triangles formés sont égaux. Prouvez-le par superposition, en les repliant tous quatre l'un sur l'autre. Chacun de ces triangles est un quart du carré. Faites développer un des plis.

« Ce triangle, qui est la moitié du carré, est formé de deux petits triangles, qui sont chacun un *quart*. Combien faut-il de ces quarts pour former la surface du carré? »

Faites partager la surface d'un autre carré de papier en quatre carrés égaux, par des médianes. Prouvez par superposition que ces carrés sont égaux. Chacun est le quart du carré primitif. Développez un des plis : les deux petits carrés forment le rectangle qui est la *moitié* du grand carré. Deux quarts font un demi. Combien de ces petits carrés pour former la surface du grand?

TROISIÈME EXERCICE.

Division du carré (suite).

Formez à la fois deux plis suivant les médianes, puis deux suivant les diagonales. Le papier ainsi plié offre la forme d'un petit triangle.

« Dépliez. Combien voyez-vous de petits triangles? Huit. — Sont-ils tous égaux? Vérifiez par superposition. Chacun d'eux est le $\frac{1}{8}$ du carré. Combien de huitièmes pour faire $\frac{1}{4}$? $\frac{1}{2}$? un entier? » (Voir le 3º Don.)

Ces notions qui viennent d'être enseignées à l'aide des cubes sont simplement *revisées* ici, et appliquées à la comparaison des étendues superficielles.

En dépliant un des petits triangles, vous reformez un des petits carrés, quart du grand. Les enfants en font autant Montrez la diagonale de ce petit carré. Deux huitièmes font un quart (pl. 15, fig. 20).

En dépliant autrement, vous obtenez un triangle ($\frac{1}{4}$) divisé en deux triangles égaux ($\frac{2}{8}$) (fig. 21). Développant de chaque côté un triangle ($\frac{1}{8}$), vous obtenez le rectangle ($\frac{1}{2}$), divisé en quatre triangles ($\frac{4}{8}$) (fig. 22).

Observer les plis qui marquent cette division. Les $\frac{4}{8}$ forment $\frac{1}{2}$.

En développant totalement le grand carré, puis repliant suivant une diagonale (fig. 4), vous obtenez les quatre triangles ($\frac{4}{8}$) comme dans le cas précédent, mais autrement disposés. Ils forment un triangle divisé en quatre triangles ($\frac{1}{2} = \frac{4}{8}$) (fig. 23).

« C'est le triangle moitié du carré. — De quelque manière qu'on s'y prenne, les 4 huitièmes font une moitié. »

QUATRIÈME EXERCICE.

Intersection des diagonales.

Tandis que l'enfant apprend, à l'aide du 3ᵉ don, à connaître le *solide*, retournons un instant avec lui aux lignes, pour lui faire observer quelques relations très-simples, utiles dans la pratique.

Deux diagonales sont formées. Elles se coupent, elles forment quatre angles. Les quatre angles sont droits. (Voir la série correspondante des *Lattes*.)

Les deux diagonales elles-mêmes sont partagées, en leur point de croisement, en deux parties égales. En pliant le carré comme pour le diviser en quatre triangles égaux, on fait se superposer les deux parties d'une des diagonales : on constate que ces deux parties sont égales. Donc, la diagonale est divisée en deux moitiés.

Le point où les deux diagonales se coupent est *juste* le *milieu* du carré.

CINQUIÈME EXERCICE.

Intersection des médianes.

Les observations de l'exercice précédent sont répétées à l'occasion des médianes. Les deux médianes se coupent en deux parties égales ; le point de rencontre est encore le milieu (centre de figure) du carré. Rappelons qu'elles forment quatre angles droits.

Ces observations, très-faciles, deviendront extrêmement utiles.

CINQUIÈME SÉRIE.

PREMIER EXERCICE.

Angles opposés par le sommet.

Cette 5ᵉ série est destinée à correspondre au 4ᵉ don. A ce moment les enfants ont entre les mains les lattes, les bâtonnets, les anneaux ; ils ont commencé le dessin ; le jeu des *pliages* est à peu près abandonné. Nos petits élèves ont acquis, à l'aide des instruments variés que nous venons d'énumérer, des notions que notre carré de papier va nous permettre de relier et de compléter. Ce sont désormais des *leçons* qui seront faites au moment de la convenance et du besoin, nécessairement beaucoup plus espacées que les exercices du commencement des travaux, vu qu'un grand nombre d'autres de nature différente sont venus se joindre successivement au programme, et réclament la part la plus large.

L'enfant a vu avec les lattes les angles *opposés par le sommet*. Observons les angles opposés que forme le pliage dans notre carré de papier.

Faites plier un carré suivant les 2 diagonales. Les angles

qui ont leur sommet au centre sont opposés deux à deux. Faites montrer les angles opposés par le sommet. En repliant le carré, suivant les médianes cette fois, les plis obtenus forment 8 angles opposés deux à deux.

Faites encore indiquer les angles opposés par le sommet dans quelques *combinaisons* simples que les enfants déplieront.

DEUXIÈME EXERCICE.

Division de l'angle.

C'est avec les lattes que nous avons communiqué la première idée de la division de l'angle ; il importe de familiariser l'enfant avec cette notion par quelques applications.

« Plions le carré suivant une diagonale. Dans l'angle droit nous avons formé 2 angles : nous avons divisé l'angle droit en 2 angles aigus. Ces 2 angles sont égaux. Chacun d'eux est la moitié de l'angle droit, etc. — La diagonale divise l'angle droit du carré en deux parties égales. »

Formons une 2e diagonale, une médiane. Deux des 4 angles droits formés au centre par les 2 diagonales sont divisés en 2 parties égales par la médiane ; ce sont deux angles opposés par le sommet qui sont ainsi divisés.

« Les 4 angles aigus formés sont égaux : ils sont la moitié de l'angle droit. Ils sont égaux à ceux que la diagonale forme en divisant en deux l'angle du carré. »

Cette dernière comparaison, un peu plus lointaine, sera laissée de côté si on craint qu'elle ne soit pas comprise de l'enfant.

TROISIÈME EXERCICE.

Valeur des angles formés autour d'un point.

Si les enfants ont compris sans effort ce qui précède, vous pourrez fructueusement leur enseigner la valeur de la somme des angles que l'on peut former autour d'un point. Dans le cas contraire, cette théorie, quoique très-simple, peut être ajournée.

Faites encore plier un carré suivant les 2 diagonales.

« Combien d'angles droits au centre? — Quatre.

« Ces 4 angles, qui ont leur sommet en un même point, contiennent entre eux quatre toute la surface du papier. Ce qui n'est pas dans un de ces angles est dans l'autre. — Marquez un pli suivant la médiane. Vous avez partagé en 2 parties 2 de vos angles droits. Regardez un de ces angles droits ainsi partagé : toute l'étendue de papier qu'il contenait est maintenant dans l'un ou dans l'autre des angles aigus. Ces 2 angles aigus réunis forment juste l'angle droit tel qu'il était avant, rien de plus, rien de moins. »

« Formons encore un pli qui divise en deux parties un de ces angles, moitiés de l'angle droit. Votre angle droit est maintenant divisé en 3 parties inégales, une plus grande et 2 plus petites ($\frac{1}{2}$ et $\frac{1}{4}$); mais les trois parties prises ensemble forment encore votre angle droit, ni plus, ni moins. — On pourra diviser l'angle droit de manière à former autant d'angles aigus qu'on voudra : tous ces angles aigus réunis ne feront encore que l'angle droit.

« Nous allons diviser de même les 4 angles droits : nous ferons autant d'angles aigus que nous voudrons; mais tous ces angles réunis feront exactement nos 4 angles droits.

« Tous les angles que l'on peut faire, n'importe comment, *autour d'un même point*, feront toujours juste la valeur de 4 angles droits. Car si nous formons 4 angles droits, ces 4 angles droits renfermeront tous les autres. Ce qui ne sera pas dans l'un sera dans l'autre, et tous ensemble *rempliront* ces 4 angles droits.

« Repliez maintenant votre feuille suivant une diagonale. Tous les angles que vous voyez sont disposés en éventail à partir d'un même point qui est leur sommet à tous. Mais nous n'avons cette fois que ceux qui sont d'*un côté* de la diagonale : les autres sont repliés en dessous, et nous ne nous en occupons pas. — Tous les angles que vous voyez sont contenus dans les 2 angles droits, l'un à droite, l'autre à gauche : tous ensemble forment les deux angles droits.

« Tous les angles qu'on peut faire à partir d'un point, mais du *même côté d'une ligne droite*, font ensemble deux angles droits. »

QUATRIÈME EXERCICE.

Valeur de deux angles adjacents.

Cet exercice est le complément du précédent, pour un cas particulier utile à faire remarquer.

« Marquez une diagonale. — Une médiane.

« Pliez suivant la diagonale. — Quels angles voyez-vous au centre?

« Deux angles, l'un aigu, l'autre obtus. Ces 2 angles, — il n'y en a que 2 cette fois, ayant leur sommet en un même point et du même côté de la ligne droite, — valent-ils encore juste deux angles droits ? Voyons. Marquez le pli de l'autre diagonale. D'un côté, vous avez un angle droit ; de l'autre, ce qui reste de l'angle obtus et l'angle aigu tout entier font ensemble un second angle droit.

« Deux angles formés en un même point d'un même côté d'une ligne droite valent ensemble, exactement, 2 angles droits ; ce que l'un a en plus, l'autre l'a en moins : cela fait compensation. »

Vous pouvez encore faire observer les angles *opposés par le sommet* que forment les deux plis qui se coupent ; dire que ces deux angles opposés sont égaux, et faire vérifier par superposition. Voyez à ce sujet l'exercice premier de la seconde série des *bâtonnets*, page 132.

LE DÉCOUPAGE.

Tel que nous le pratiquons, tel que l'entendait Frœbel, le *découpage* est une sorte de dessin, un dessin géométrique : il suffit de jeter les yeux sur les planches 18 et 19 pour s'en convaincre. Le procédé employé est différent ; le crayon est remplacé par un instrument plus facile à manier ; la symétrie se fait d'elle-même : le résultat obtenu est identique aux *rosaces* du dessin d'ornement. Mais s'il épargne aux enfants des difficultés qu'ils sont encore incapables de surmonter, le découpage exige de ces jeunes intelligences certaine combinaison qui aiguise singulièrement la perspicacité, et développe le sens géométrique. Les petits élèves puisent dans ces créations improvisées des *idées* qui se retrouveront dans le dessin ; ils se mettent, comme disent les dessinateurs, des formes dans l'œil. L'adresse de la main gagne beaucoup à ces travaux délicats.

Nous avons donné au découpage un développement plus considérable qu'on ne le fait généralement. Nous avons cherché à le perfectionner comme instrument d'éducation artistique, à y introduire l'*intention*, la composition, à la place du hasard, des rencontres fortuites d'une symétrie mécanique. Les enfants prennent un goût très-vif à ce travail ; les éducateurs intelligents, toujours préoccupés de trouver, pour servir d'intermède aux études plus abstraites, des exercices propres à rafraîchir l'attention sans entraîner la dissipation et le désordre, apprécieront après expérience faite le moyen qui leur est ici offert.

Le *découpage* peut commencer à peu près en même temps que le *tissage* ; c'est un des *travaux* que l'on n'abandonne pas, mais qui se transforment, se tenant à la hauteur du progrès accompli. On peut utiliser de diverses manières les découpages réalisés. On en décore des boîtes, des objets de cartonnage, auxquels la verve fantaisiste de ces ornements donne un certain éclat.

DISPOSITIONS PRÉLIMINAIRES.

La matière mise en œuvre pour le *découpage* est ce même carré de papier dont nous nous sommes servis pour le *pliage*. Quand les élèves seront assez avancés en âge et en dextérité acquise, on leur confiera de petits ciseaux. Ces ciseaux doivent être larges des branches, arrondis et non pointus aux extrémités. Ils seront distribués au moment même et par le procédé ordinaire. Dans les classes les plus avancées, chaque élève peut avoir les siens et les garder. Pour le découpage, le papier doit être choisi mince et léger.

PREMIÈRE SÉRIE D'EXERCICES.

Cette première série par laquelle commencent les travaux du découpage ne saurait fournir matière à un enseignement spécial et suivi. Le découpage, comme nous l'avons fait observer, comporte une opération préliminaire de pliage. A l'occasion de cette opération et au sujet du carré de papier lui-même, considéré comme objet d'étude, on peut reviser tantôt l'une, tantôt l'autre des notions élémentaires que nous avons indiquées dans les premières séries du pliage, et qu'il serait oiseux de répéter ici. On pourra donc rappeler en suivant la gradation établie, soit la nature des lignes formées par les plis, soit la division de la surface, etc.

Enseignez à faire le pliage préalable, toujours le même : la division a lieu suivant les diagonales d'abord ; puis on rabat les triangles huitièmes du carré, l'un d'un côté, l'autre de l'autre. La feuille de papier pliée offre alors l'aspect d'un triangle rectangle (pl. 17, fig. 1 A, etc.). Chaque coupure faite dans l'étendue de ce triangle se trouve, lorsqu'on développe la figure, répétée 8 fois symétriquement. La symétrie est alors quaternaire (autour de 2 axes rectangulaires : voir le 3ᵉ Don, 2ᵉ série. 9ᵉ exercice). Plus rarement on se borne aux 2 premiers plis, suivant les 2 diagonales : toute *coupe* (coupure) faite dans le triangle quart du carré, se trouve répétée 4 fois ; il en résulte une symétrie binaire autour d'un axe principal. Cette disposition est beaucoup plus difficile à traiter. Enfin, pour épuiser ici ce qui concerne le pliage préliminaire, disons encore qu'on divise quelquefois en 3 parties chaque angle droit formé par les 2 diagonales : ce qui fournit une symétrie par 6 (sextenaire). Mais cette disposition offre en réalité peu de ressources.

Les plis doivent être formés avec beaucoup de soin ; autrement la symétrie de la figure est désagréablement altérée. Chaque pli doit être rendu *vif* sous la pression de l'ongle.

Pour la première série, le découpage devant se faire par *déchirement*, avec les doigts, il importe de choisir un papier peu résistant, écrit, blanc ou coloré, suivant les cas.

Ce procédé de déchirement semble avoir quelque chose de bien primitif. Cependant les enfants auxquels on n'ose pas encore confier un instrument que leur maladresse pourrait rendre dangereux, arrivent à produire, en entaillant le papier avec les doigts, des figures régulières assez nettement définies, quoique un peu indécises dans leurs contours, et réellement gracieuses : on est toujours étonné du résultat en le comparant au moyen. Aux prises avec la difficulté, la main se perfectionne.

L'enseignement qui doit guider les enfants dans ces premiers essais est, comme on le pense bien, tout pratique. Cependant, graduellement et saisissant les occasions, on les amènera à se bien rendre compte de deux ou trois effets principaux qu'ils ont déjà dû entrevoir eux-mêmes, dès le premier jour, plus ou moins vaguement. On leur apprendra donc tout d'abord à discerner les *bords libres* du triangle, qui ne contiennent pas de *plis*, et qui sont les côtés du carré, des bords *pliés*. C'est surtout dans les bords *pliés* qu'il faut travailler.

1º Toute *coupe* (entaille) faite dans un bord *plié* se *double* (se répète symétriquement d'une manière continue) quand on développe le pli.

2º L'entaille ainsi doublée est reproduite 4 fois (symétriquement), ce qui apparaît lorsqu'on déplie totalement le papier.

Les enfants seront abandonnés à leur fantaisie ; cependant, pour qu'ils se rendent compte de ce dont il s'agit, l'institutrice exécutera devant eux quelques *découpages* par le procédé de déchirement. Elle pourra s'inspirer de quelques-uns des dessins donnés plus loin, ou de travaux fournis par des élèves plus avancés. On pourra de même mettre sous les yeux des enfants quelques découpages choisis, non comme modèles à copier, mais comme formes à imiter de loin. « Regardez ceci, et faites autre chose, » telle est, en somme, la formule qu'on peut donner comme règle générale de conduite en toutes circonstances analogues. Il faut que l'enfant apprenne à tirer de soi-même. L'usage de faire recopier par l'enfant une combinaison imaginée par lui, pour la reproduire, à titre de récompense, avec du papier colorié, n'entraîne pas les inconvénients de la copie d'*après le modèle*; il conduit l'enfant à se rendre compte des procédés déjà employés par lui, afin de reproduire les mêmes effets : c'est là un avantage qui n'est compensé par aucun inconvénient.

DEUXIÈME SÉRIE.

Ici, un instrument plus précis est donné à l'enfant pour la réalisation du découpage : une paire de ciseaux. A partir de ce moment, l'enseignement aussi prend un autre caractère.

Nous voulons que notre petit élève se rende compte d'avance de la forme qu'il va produire par tel coup de ciseaux. C'est le seul moyen d'arriver à faire de son jeu un *art :* un art enfantin. Le jeune travailleur, en effet, devra concevoir une forme d'ensemble, accompagnée de certains ornements groupés d'une certaine manière. Cela fait, il avisera à combiner les moyens de réaliser cette forme conçue.

L'enfant en arrivera là avec l'aide d'un enseignement fort simple et tout pratique. On lui fera produire des coupes suivant des directions géométriquement déterminées, puis observer l'effet réalisé, raisonner sur cet effet. Des séries méthodiques ont été composées dans ce but. Dans les séries méthodiques proposées jusqu'ici, on a fait détacher d'un coup de ciseaux certaines parties de la surface du papier; ces parties détachées, recueillies avec soin, devaient ensuite être

LE DECOUPAGE.

symétriquement disposées autour de la figure produite par leur enlèvement. Cela nécessitait une opération incommode : le *collage* de la découpure et des pièces détachées sur une feuille de papier. Aussi, en général, ces *séries* n'étaient-elles réalisées que par les institutrices, qui cherchaient par là à se rendre familiers les artifices du découpage, afin d'être en mesure de guider les essais des enfants. Nous avons suivi un principe tout différent. Nous demandons que la forme réalisée se soutienne par la continuité de ses parties, peu soucieux de sauver les retailles. Les enfants devront réaliser eux-mêmes les séries, suivant leur gradation. Ainsi mis en demeure d'observer par eux-mêmes, ils font de rapides progrès dans l'art.... de comprendre ce qu'ils font.

PREMIER EXERCICE.

Indications préliminaires.

Distribuez à chaque enfant trois carrés de papier.

« Pliez un de vos carrés comme à l'ordinaire. Vous avez un triangle : 3 côtés donc. Votre triangle a un grand côté, deux plus petits.

1° « Un des petits côtés contient, comme vous le savez, tous les bords *libres*. Ces bords sont les côtés du carré repliés. Dépliez doucement votre papier pour vous en assurer. Repliez-le. »

2° « Le grand côté (hypoténuse) du triangle est formé par des plis : ces plis contiennent plusieurs épaisseurs de papier pliées. En - développant doucement votre papier, vous observerez que ces plis sont les diagonales du carré. »

3° « Le petit côté du triangle qui est formé par des plis contient aussi plusieurs épaisseurs pliées : en développant vous verrez que ces plis dirigés suivant le petit côté du triangle sont les médianes du carré. — Le sommet de l'angle formé par les 2 côtés *pliés* est le *centre* du carré. »

« Donc : 1° Toute coupe que vous ferez sur le petit côté *libre* sera sur les côtés du carré. »

2° « Toute coupe que vous ferez sur le grand côté du triangle (hypoténuse) se trouvera sur les diagonales du carré. »

3° « Toute coupe que vous ferez suivant le petit côté *plié* du triangle sera sur les médianes du carré. »

12

Pour appuyer ces conclusions, la maîtresse fera, à mesure, une coupe dans la condition indiquée. Les enfants l'imiteront; puis tous déplieront leur carré pour observer l'effet produit Chacune de ces trois coupes différentes sera faite sur un seul des trois carrés de papier, qui demeureront pour terme de comparaison. Les enfants achèveront ensuite, suivant leur fantaisie, les découpages ainsi commencés.

DEUXIÈME EXERCICE.

Série A.

Distribuez quatre carrés de papier par enfant, afin de faire réaliser la *première série* des découpages méthodiques. (Première série A, pl. 17, fig. 1, 2, 3, 4.)

Ces figures et toutes celles que nous donnons dans cette planche sont disposées de telle sorte que le bord libre (côtés du carré), le côté *non plié*, est à droite; le petit côté *plié* en bas. (Médianes.) Les figures seront désignées par le n° d'ordre qu'elles occupent dans chaque série, et les séries elles-mêmes par des lettres.

Donnez un coup de ciseaux perpendiculaire à la médiane (et par suite, parallèle au côté du carré), de manière à détacher complètement le morceau (n° 1). — Dépliez les 2 parties séparées. Vous avez : 1° un carré central, *plein*; 2° un carré *vide*, dont les côtés sont parallèles aux côtés du carré primitif; le *plein* ici figure un *cadre carré*.

N° 2. Une coupe perpendiculaire à la diagonale (grand côté du triangle). Cette coupe ne doit pas aller tout à fait jusqu'à l'angle. On obtient : 1° un carré plein; 2° un carré vide dont les angles correspondent au milieu des côtés du carré primitif; ce qu'on appelle un carré *posé diagonalement*.

N° 3. Une coupe oblique : 1° Étoile centrale, à 4 rayons. 2° Vide de même forme, les rayons dirigés suivant la diagonale.

N° 4. Une coupe oblique en sens inverse : 1° Étoile centrale. 2° Vide en forme d'étoile, les rayons correspondant aux médianes.

Ces quatre effets étant observés, les enfants devront prendre les *formes centrales*, n°s 1, 2, 3, 4, et faire de nouvelles coupes *parallèles* aux coupes déjà faites qui forment les côtés exté-

Page 178. Pl. 17.

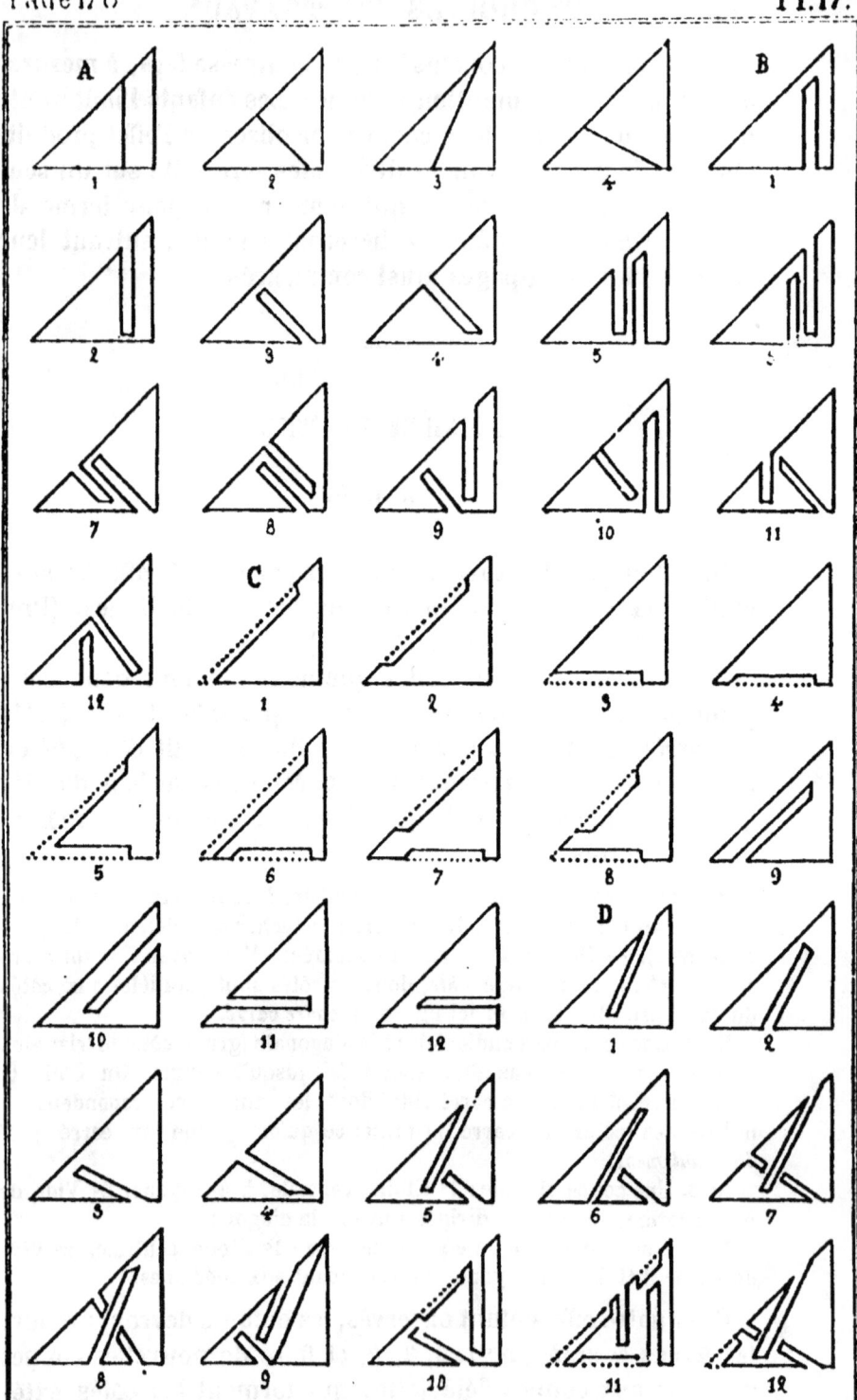

rieurs de ces figures. Ces coupes, faites adroitement, détacheront des figures carrées et ... étoiles de plus en plus petites et délicates : les coupes de plus en plus rapprochées, à mesure que les *formes* deviendront plus petites. Par cet exercice, l'enfant apprendra à voir dans ces bandes étroites qui restent entre chaque coupe, des *contours*, des lignes ; il s'habituera à manier son outil adroitement, et avec délicatesse. Ces figures, à mesure qu'elles seront réalisées, seront dressées et posées sur la table. Cette série de formes, point de départ des suivantes, pourra, s'il est jugé utile, être réalisée plusieurs fois.

TROISIÈME EXERCICE.

Série B.

Dans la seconde série et les suivantes, le principe des *directions* est le même que dans la série précédente. Mais la manière de faire les coupes est tout autre. Ici, la pièce extérieure n'est plus détachée. On donne deux coups de ciseaux, rapprochés et parallèles, suivant la direction voulue ; mais ces coups de ciseaux ne se prolongent pas de manière à détacher complétement la partie extérieure. Une bandelette étroite, tenant encore par une de ses extrémités, apparaît ; on la tranche transversalement à cette extrémité. La bandelette se détache. Le coup de ciseaux en travers qui détache la bandelette, ainsi qu'on pourra le remarquer sur les figures suivantes, devra le plus souvent, pour l'élégance de l'effet, se donner *parallèlement* à la ligne devant laquelle la *coupe* s'arrête pour ne pas détacher la partie extérieure (ici, un des côtés du triangle).

C'est donc cette fois le vide laissé par la bandelette détachée qui forme le dessin. Le vide est interrompu là où s'est arrêté le coup de ciseaux. Cette *interruption*, qui se montrera dans les contours de la figure réalisée, est de nécessité de construction ; car nous voulons que l'ensemble se soutienne.

La place occupée par cette interruption devient le point de départ d'effets variés.

2ᵉ série B (pl. 17, fig. 1, 2, 3, 4). Coupes en directions rectangulaires.

N° 1. Coupe perpendiculaire à la médiane; interruption près de la diagonale. Le vide figure un carré; l'interruption est aux angles.

N° 2. Même direction, l'interruption près de la médiane. C' , .nterruption au milieu du côté.

N° 3. Coupe perpendiculaire à la diagonale : interruption près de la diagonale; même figure que le n° 2, mais posée *diagonalement*.

N° 4. Même direction, coupe interrompue près de la médiane. Carré semblable au numéro 1, diagonalement disposé.

La réalisation des deux formes fondamentales de la série B, chacune sous ses deux aspects (fig. 1 et 2; fig. 3 et 4), pourra remplir deux ou plusieurs leçons; on laissera les enfants, à la fin de l'exercice, achever le découpage suivant leur fantaisie. Faites analyser sommairement ces formes, et observer le lieu des interruptions.

QUATRIÈME EXERCICE.

Combinaisons dérivées de la série B.

On fera réaliser les figures résultant de la combinaison deux à deux des quatre coupes de la série B. Pour abréger et tenir lieu d'une description, nous donnons pour *formule* à chacune d'elles les deux numéros désignant, dans la série dont il s'agit, les deux coupes combinées, en commençant par la plus extérieure.

Combinaisons dérivées de la série B (les nᵒˢ d'ordre font suite à cette série).

N° 5 = 1+2, n° 6 = 2+1, n° 7 = 3+4, n° 8 = 4+3,
n° 9 = 1+3, n° 10 = 2+4, n° 11 = 3+2, n° 12 = 4+1.

On peut former d'autres combinaisons; mais celles-ci, où les interruptions sont *alternées*, sont les plus élégantes. On peut encore *redoubler* une même coupe et former par exemple les combinaisons : 3+3; 4+4; 1+1+1; 2+2+2; ou en alternant 3 coupes : 1+2+1; 2+1+2; etc., etc.

L'enfant, en réalisant ces combinaisons, acquiert de la précision, et s'habitue à juger à l'avance les effets qu'il va produire.

CINQUIÈME EXERCICE.

Série C.

Faites réaliser la troisième série formée de coupes suivant les diagonales et les médianes, diversement interrompues.

Série C (pl. 17, fig. 1, 2, 3, 4). Coupes suivant les diagonales et les médianes.

N° 1. Croix dont les branches sont dirigées suivant les diagonales; centre vide.

N° 2. La même; interruption au centre.

N° 3 et n° 4. Mêmes formes suivant les médianes.

Analyse. — Faites observer que la largeur de ces sortes de coupes est *doublée* lors du développement.

SIXIÈME EXERCICE.

Combinaisons de la série C.

Les coupes de la série C combinées deux à deux fournissent les formes :

N° 5 = 1+3, n° 6 = 1+4, n° 7 = 2+4, n° 8 = 2+3.

Pour *redoubler* ces coupes, il faut les faire non pas sur les diagonales et les médianes, mais parallèlement. On obtient aussi les combinaisons :

N° 9 = 1 redoublé, n° 10 = 2 redoublé, n° 11 = 3 redoublé, n° 12 = 4 redoublé.

SEPTIÈME EXERCICE.

Série D.

La quatrième série comprend les coupes *obliques*.
Série D (pl. 17, fig. 1, 2, 3, 4) :

N° 1. Étoile, rayons dirigés suivant les diagonales. Interruption à l'angle rentrant.

N° 2. La même, mais interrompue à l'angle saillant; formant 4 V disposés autour du centre.

N° 3 et n° 4. Mêmes formes suivant la diagonale.

HUITIÈME EXERCICE.

Combinaisons de la série D.

Quand deux coupes doivent se *croiser*, de manière à représenter deux lignes qui se coupent, il devient nécessaire que l'une d'elles subisse, près du point de croisement, une interruption de chaque côté de celle qui se prolonge sans s'interrompre; — c'est ce qu'on devra faire observer aux enfants dans les n°s 7 et 8 des combinaisons d'obliques données comme exemple :

N° 5 = 1+3, n° 6 = 2+3, n° 7 = 1+3, n° 8 = 2+3.

On peut aussi former les redoublements 1+1+1; 2+2+2; ou en alternant 1+2+1; 2+1+2, etc. Le nombre de combinaisons est presque indéfini.

NEUVIÈME EXERCICE.

Combinaisons des diverses séries.

On peut combiner entre elles les coupes caractéristiques des séries A, B, C, D, et obtenir des formes d'une variété illi-

mitée, parmi lesquelles il en est d'une remarquable élégance. Exécutez et faites exécuter quelques-unes de ces combinaisons, en indiquant seulement la direction des coupes : les enfants auront à disposer les interruptions. Nous donnons ici quatre exemples de semblables figures, deux formées de 3 éléments empruntés des séries diverses, deux réunissant 4 coupes. La nature des coupes est indiquée ici par des lettres renvoyant aux séries dont elles sont extraites ; les numéros indiquent la place que chacune de ces coupes tient dans la série.

N° 9 = 3 A, 1 D, 3 B; n° 10 = 2 B, 2 C, 3 D;
n° 11 = 1 B, 1 C, 2 B, 3 C; n° 12 = 1 D, 3 D, 1 C.

TROISIÈME SÉRIE D'EXERCICES.

L'enfant sera désormais laissé le plus possible à son initiative propre. Même pendant la période précédente une large partie du temps consacré à l'exercice était attribuée aux inventions libres; la réalisation des séries méthodiques tenait une moindre place. Cependant sous son influence la manière de travailler du jeune élève s'est totalement transformée; rien ne procède plus du pur hasard, l'*intention* se montre partout. Ce ne sont plus que des encouragements et des conseils, l'exemple et la critique des travaux des autres, qu'il faut à l'enfant. Dans ses improvisations il a usé, un peu au hasard, de la courbe; l'étude des combinaisons de droites aura une influence qui se fera sentir sur la disposition des courbes elles-mêmes.

Les principaux conseils qu'il faudra savoir placer à l'occasion sont ceux-ci :

1° Quand le *dessin*, comme ce sera le plus souvent, procède de *lignes pleines*, petites bandes de papier *réservées* (tels sont les découpages, fig. 4, 5, 6, etc., pl. 18), il convient d'ordinaire que ces bandes étroites soient d'égale largeur partout.

2° On doit éviter autant que possible dans les courbes ces brusques inégalités de courbure que les dessinateurs nomment *jarrets*; il faut que les inflexions soient douces et les courbures continues. (Voyez pour exemple fig. 5, pl. 19.)

3º Quand le *dessin* présente des courbes qui se croisent et qui se prolongent après le croisement, effet d'une grande élégance et vraiment artistique, il faut que les deux parties de chaque courbe ainsi croisée soient bien continues. (Voyez pour exemple fig. 6, pl. 19.)

4º Un certain rapport *de plein et de vide* doit régner dans une même forme. Une composition, par exemple, où les parties centrales seraient larges, peu évidées, tandis que les contours offriraient des lignes étroites et des vides étendus, serait disgracieuse.

5º Quand dans l'ensemble de la composition il y a une *forme simple, un motif principal*, plusieurs fois répété dans le groupement, et modifié pour cela s'il est nécessaire, cette manière de procéder qui fait sentir une intention donne une réelle valeur à la composition. (Voir comme exemple la fig. 4, pl. 19.)

6º On peut prendre pour *motif* de composition une forme rappelant un objet naturel, fleur, feuillage, insectes, etc. (Voir fig. 9, pl. 18; et pl. 19, fig. 4 et 10.)

7º Le dessin peut être figuré par les vides, ainsi que dans les séries méthodiques. Un *motif*, quel qu'il soit, peut être représenté : 1º En plein. 2º Par un contour plein, évidé intérieurement. 3º En vide. Ce dernier procédé a l'avantage de ne pas nécessiter de points d'attache, qui, pour relier la forme représentée au reste de la composition, altèrent quelquefois la simplicité de cette forme.

Nous avons développé ici tout ce que doit connaître l'institutrice au sujet du découpage, afin qu'il n'y ait pas lieu d'y revenir plus tard. Les enfants s'en tiendront d'abord à des formes plus simples, mais les progrès seront rapides. Les figures que nous donnons (pl. 18 et 19) sont une reproduction exacte de découpages exécutés par des enfants de cinq à huit ans, choisis parmi des centaines d'autres à peu près équivalents. Ils montrent des exemples de combinaisons à tous les degrés de complication.

Les trois premiers découpages reproduits (pl. 18, fig. 1, 2, 3) ont été obtenus par *déchirement* (voir ci-avant). Ils sont ici pour donner la mesure moyenne de ce qu'on peut réaliser par ce procédé. Les figures 4, 5, 6, 7, 8 offrent des exemples de combinaisons exclusivement composées de lignes droites. La fig. 6 est une traduction faite par l'enfant d'une des figures symétriques réalisées avec les *cubes* (voyez pl. 3, fig. 79); nous la donnons pour montrer où l'imagination enfantine va chercher des motifs pour ses créations. La fig. 7 montre des *croisements* assez élégants de lignes droites en forme de coins d'encadrement. La figure 8 est remarquable par la simplicité de sa donnée.

Les figures 9, 10, 11 montrent des combinaisons de droites et de courbes. La courbe domine dans les figures 12, 13, et dans celles de la planche suivante. Les combinaisons marquées des chiffres 1, 2, 3, 4 (pl. 19) montrent à quel degré d'élégance et de délicatesse atteint le travail des élèves un peu plus avancés. Les figures 5, 6, 7, 8 se rencontrent souvent reproduites à la partie centrale de combinaisons compliquées. La fig. 9 présente un exemple de symétrie binaire : disposition plus difficile à traiter.

Enfin les figures 10 et 11 offrent des motifs représentés par des vides sur un fond figuré par le plein. La fig. 10 représentant des libellules et des abeilles autour d'une fleur centrale est la seule figure qui n'ait pas été imaginée par les enfants : c'est un type qui leur a été donné en *composition*, dans le but d'apprendre aux enfants à tirer parti des motifs figurant des objets naturels : l'exercice consistait à faire entrer les mêmes motifs dans des compositions différentes. Nous engageons les institutrices à faire de temps à autre usage de cette manière de procéder.

Toutes les figures des planches 18 et 19 sont réduites exactement de moitié sur les découpages originaux.

LE PIQUAGE.

On comprend sous le nom de *Piquage* un ensemble de petits travaux ayant tous comme point de départ un même procédé général, se pliant à divers modes de réalisation. Ce procédé consiste à produire, à l'aide d'une aiguille emmanchée dans un petit manche de bois ou simplement d'une épingle à grosse tête, des points piqués sur une ou plusieurs feuilles de papier. Dans une première série de travaux, les points ainsi obtenus, suffisamment rapprochés, figurent une ligne ponctuée : c'est le piquage proprement dit. Dans une seconde série, au contraire, les points ne sont destinés qu'à servir de repères pour les lignes qui doivent composer le dessin : le piquage n'est ici qu'une opération préliminaire. C'est du premier de ces deux genres de *piquage* que nous nous occupons exclusivement ici. La ligne ponctuée obtenue par des piqûres multipliées et rapprochées constitue une sorte de tracé que l'œil suit facilement : ce n'est donc qu'une variante du *dessin;* aussi nous renvoyons, en ce qui concerne la série des exercices, au chapitre qui porte ce titre.

―

PIQUAGE EN LIGNES PONCTUÉES.

Les exercices du piquage commenceront donc avec ceux du dessin sur les ardoises. Ils ont pour résultat de donner beaucoup de précision à l'œil et à la main. Les points doivent être rangés bien en ligne, bien égaux, très-près l'un de l'autre, à distance égale : il y a là un moyen de former la main dont l'influence se fera sentir sur le *dessin*, but final de tous ces petits travaux.

On fera exécuter tout d'abord par le piquage les exercices premiers et les figures les plus simples du dessin; plus tard, quand l'enfant en sera devenu capable, des figures plus compliquées, et cela surtout dans le but d'introduire de la variété. Pour ce, on fera alternativement emploi des procédés suivants :

1° Le dessin du piquage sera immédiatement improvisé sur le papier quadrillé, de même qu'on en agit pour le dessin.

2° Un dessin déjà réalisé sur papier sera doublé d'une feuille blanche. Les piqûres suivant le tracé du dessin donné, on obtient sur le papier blanc placé dessous une sorte de *calque* d'un aspect agréable : cet exercice habitue l'enfant à placer ses points avec précision.

3° Une *découpure*, de préférence en papier colorié, est assujettie entre les deux plis d'une feuille de papier mince et translucide : les enfants suivent fidèlement les contours de cette découpure.

Les *piquages* ainsi obtenus sont d'un effet meilleur quand on les regarde à l'envers.

DISPOSITIONS PRÉLIMINAIRES.

Les petites feuilles de papier quadrillé, ou les dessins tracés à l'avance (par la maîtresse ou par les élèves eux-mêmes) et doublés d'une petite feuille de papier blanc maintenue par quelques plis sur les bords, ou enfin les découpages introduits entre les plis d'une étroite feuille de papier mince, sont distribués par le procédé ordinaire. Les aiguilles emmanchées le sont à leur tour. Plusieurs doubles de papier *écrit* sacrifiés une fois pour toutes à cet usage, et recouverts d'une dernière feuille de gros papier bleu foncé, formeront une sorte de coussin sur lequel on posera le papier qui doit recevoir les piqûres.

Le papier bleu foncé est choisi, parce qu'il fait mieux ressortir les contours de la découpure sous le papier mince.

Ces coussins peuvent être distribués soit à part, soit avec les carrés de papier, les dessins, découpures, etc., qui, alors, y seront fixés au moyen d'une épingle.

La dimension habituelle des carrés de papier, pour ces divers exercices, est de 1 décimètre carré au plus.

EXERCICES.

On suivra exactement la série des exercices du tracé linéaire (*Dessin*, ci-après), laissant seulement de côté ce qui est de démonstration théorique.

L'institutrice fera donc exécuter, suivant les verticales et les horizontales, les tracés pl. 20, figures de 1 à 25. Elle fera construire, avec les éléments des figures 1, 2; 14 et 15 alternés; 21, 22, 23, 26, en répétant ces éléments en une *série linéaire*, des encadrements analogues à ceux des figures 1 et 2, pl. 24. Des combinaisons du genre des figures 19, 20; 24, 25; 43, 44; 50, 51, 52, occuperont le centre du cadre. Les encadrements de grecques, fig. 31, 32, 33, 34, 35, 36, réussissent fort bien avec le piquage.

Puis on passera aux obliques : pl. 20, fig. 1, 2, 3, etc.; puis aux encadrements formés avec les fig. 30, 31, etc.; enfin aux éléments les plus simples, fig. 12, 17, 20, 21; 37, 39, 42, 53; 65, groupés en des symétries très-simples aussi.

Relativement aux calques piqués de dessins et de découpages, il n'y a rien à ajouter aux indications données ci-dessus.

PIQUAGE ENLUMINÉ ET BRODÉ.

Le second mode de piquage, tout à fait distinct du premier, conduit à des effets plus intéressants et plus variés. Ici, les piqûres ne sont qu'une opération préliminaire. Elles ne sont plus serrées les unes contre les autres ; elles marquent les extrémités des lignes seulement, les points de rencontre, certains points notables. L'opération suivante consistera à les joindre par des lignes.

Cela encore se fait de deux façons. Ou les points marquées sont joints par des lignes tracées, soit au crayon noir, soit au crayon de couleur, soit plutôt encore à la plume avec des couleurs délayées ; c'est alors un procédé de dessin. Ou les lignes sont réalisées à l'aide de fils de laine et de soie colorés, passés d'une piqûre à l'autre ; et dans ce cas c'est une *broderie*.

Dans l'un et l'autre cas, la piqûre fournit une sorte de calque suffisant à guider la réalisation des contours, pour la reproduction d'un dessin déjà exécuté, presque toujours sur papier quadrillé. Le dessin donné est appliqué sur un *carré* de papier ou de *carte;* les points extrêmes et les points d'intersection des lignes sont *piqués,* et les piqûres, traversant les deux feuilles superposées, marquent les points de repère des lignes sur le papier blanc. Mais comme il y a un très-grand nombre de manières de joindre deux à deux des points donnés, le dessin-type restera sous les yeux de l'enfant pour le guider dans l'opération suivante, enluminure ou broderie.

Pour le détail de la première de ces deux opérations, nous renvoyons à l'article *Enluminure* (ci-après, page 226). Nous traitons ici ce qui est relatif à la seconde.

Celle-ci consiste, avons-nous dit, à passer par les piqûres des fils de laine ou de soie colorée. Des aiguilles sont remises pour cet usage aux enfants rendus adroits par les exercices de toute nature exécutés antérieurement. La difficulté est ici de tendre suffisamment le fil, et non pas trop : car une trop grande tension fait déchirer le papier. L'institutrice enseignera aux élèves à *arrêter* les aiguillées achevées.

Les dessins de broderie exécutés ainsi représentent exactement une combinaison déjà dessinée. Mais bientôt la piqûre et le dessin préalable sont supprimés, et l'enfant *improvise* sans autre guide que les rayures du papier quadrillé. Le dessin est presque toujours formé avec des fils de diverses couleurs; les enfants apprendront, avec le secours des conseils de leur maîtresse, à assortir les nuances, et à distribuer les couleurs dans les diverses parties du dessin.

Les broderies ainsi obtenues forment des compositions absolument identiques à celles du dessin (voir le *Dessin*). Toutes les combinaisons uniquement formées de lignes droites peuvent être réalisées ainsi, par *improvisation* surtout; les figures de la planche 22 (excepté la dernière) se prêtent fort bien à ce mode d'exécution. Le plus souvent le contour de tous les *éléments* semblables est réalisé avec une même couleur; l'ornement intérieur de l'élément, et celui qui occupe les *intervalles,* sont d'autres teintes. On peut aussi suivre d'autres règles quant à ces couleurs, pourvu que la *symétrie* (binaire ou quaternaire) soit observée aussi bien pour la couleur que pour la forme. Les piquages exécutés en laine peuvent être rehaussés de quelques fils de soie.

Rien de plus frais, de plus agréable à l'œil que ces petits travaux. C'est un attrait pour l'enfant, que l'aspect gracieux des combinaisons qu'il obtient; c'est une invitation au travail en même temps qu'une récompense. Les petites fillettes surtout tireront un sérieux avantage de ces travaux enfantins, analogues, quant aux procédés, à ceux qu'elles auront à exécuter plus tard : le goût formé, l'adresse acquise seront la plus heureuse préparation pour l'avenir.

Un genre d'application très-apprécié des enfants consiste à orner avec des broderies en soie de petites boîtes et autres objets de fantaisie en carton découpé, dont les diverses pièces de *développement* sont ensuite rattachées, collées au besoin. Dans ce cas, la *carte* ou le carton mince reçoit d'abord une piqûre, d'après un motif d'ornement préalablement composé sur papier quadrillé.

Il va sans dire que la maîtresse doit tracer et découper le *développement géométrique* de ces petits objets, que les enfants orneront de gracieuses et légères fantaisies.

DISPOSITIONS PRÉLIMINAIRES.

Les fils de laine seront des fils tordus, de petit numéro.

Le papier quadrillé doit être choisi fort et d'une rayure un peu large; le papier à calquer peut être suppléé par du papier à écolier très-mince. Ces papiers sont, au préalable, divisés en petits carrés, qui seront distribués suivant le mode ordinaire, ainsi que les fils, aiguilles, etc., etc.

EXERCICES.

Les exercices suivent, quant à la série des *tracés*, la même marche que ceux du dessin; les mêmes figures sont réalisées, seulement on laisse de côté ce qui a trait à la théorie, vu que cette théorie a dû être enseignée à l'aide du dessin sur l'ardoise. Il conviendra aussi d'abréger les exercices préliminaires.

On fera donc réaliser :

1° Des séries de verticales d'une division, de deux divisions, occupant toute la largeur du carré de papier. (Dessin, pl. 20, fig. 1.) De même les séries d'horizontales correspondantes.

2° Des grecques et encadrements, fig. 31, 32, 33, 34, 35, 36, et autres analogues, dont on formera ensuite des encadrements carrés ou rectangulaires.

3° Quelques éléments simples, fig. 21, 22, etc., et quelques groupements très-faciles.

On passera ensuite aux obliques, en faisant exécuter :

1° Des séries prolongées (jusqu'aux bords du carré de papier) d'obliques diagonales de une et de deux divisions, pl. 21, fig. 1 et 2, à gauche et à droite.

2° Des séries de points croisés, formant les fig. 15, 16 et autres analogues ; ensuite les fig. 27, 28, 33, 38, avec lesquelles on formera des encadrements carrés ou rectangulaires. — Mêmes exercices avec des formes dérivées, des obliques $\frac{1}{4}$ et $\frac{3}{4}$. (Voir le *Dessin*.)

3° Des éléments analogues à ceux de la page 21, et des groupes semblables à ceux de la page 22 [1].

Une fois mis en possession des procédés généraux, les enfants, après avoir *copié*, pour s'en rendre compte, des éléments donnés, seront invités à improviser directement sur le papier quadrillé, sans tracé ni piqûre préalable, sans modèle : et c'est alors qu'ils arriveront aux combinaisons les plus originales et les plus gracieuses.

---

[1]. Toutes les figures de la page 21 (sauf le n° 16) ont été ainsi exécutées sous nos yeux, et ont offert les plus jolis effets.

LE DESSIN.

Nous n'avons pas à revenir sur ce qui a été précédemment exposé touchant l'importance majeure du *dessin*, et la part qu'il convient de lui faire dans l'éducation. Rappelons seulement que le dessin admet des procédés très-variés, correspondant aux divers genres artistiques, aux diverses applications industrielles, depuis le dessin linéaire proprement dit, la ligne géométrique, rigoureuse, abstraite du dessin de construction et de machines, jusqu'au dessin librement imitateur des formes supérieures de la vie, enrichi de tous les prestiges de l'ombre et de la lumière, de la couleur même : la *tête*, l'*académie*, le paysage, la haute composition.

Entre ces extrêmes s'échelonnent, insensiblement nuancés, les genres intermédiaires de l'*ornement*, de l'architecture, etc., avec leurs infinies variétés. Le dessin géométrique est à la base, indispensable, point de départ de tout. Comme procédés généraux, on peut rapporter les divers genres à deux grands types : le dessin avec les instruments, le dessin à main levée.

Il est évident que le premier enseignement du dessin devait être approprié, et comme genre et comme procédé, à l'âge auquel il devait s'adresser : c'est donc un *dessin spécial* que nous enseignons à l'enfance, un dessin de genre distinct et usant de moyens particuliers. Seulement il fallait que cette étude fût une préparation à tous les genres de dessins, et plus spécialement aux formes les plus usuelles. Ce dessin devait tenir de très-près au dessin linéaire, et cependant faire l'éducation de l'œil, et façonner la main au libre mouvement du crayon.

Le dessin tel que nous le pratiquons avec les petits enfants procède directement du dessin géométrique, quant aux formes qu'il réalise, et du dessin à main levée en ce sens qu'il n'emploie aucun instrument de précision, pas même la règle. Pour que la rigoureuse proportion et la symétrie des formes soient réalisées autant qu'il est possible, des points de repère, des lignes directrices sont donnés : la main ainsi guidée doit obtenir le trait. Les lignes, symétriquement groupées, devront figurer des rosaces, des fleurons, des grecques : combinaisons ornementales d'une nature spéciale, qui ne manquent ni de grâce ni d'originalité. Plus rarement et plus difficilement il sera possible de figurer des formes d'objets, à moins que ces formes ne se rencontrent satisfaisant à la simplicité géométrique. Cependant, quand l'enfant aura appris à tracer quelques courbes élémentaires, l'imitation d'objets naturels, fleurs, fruits, feuillages (dans les limites d'une grande simplicité toujours), lui sera devenue accessible. Nous nous arrêterons là; c'est aux études plus avancées que revient la tache d'étendre et de développer ce que nous aurons ébauché. Des transitions nuancées conduisent de la façon la plus naturelle du *mode spécial* de dessin de Frœbel aux formes générales et aux procédés généraux des diverses sortes de dessins: dessin géométrique, plans, élévations, coupes; dessin d'ornement; dessin d'imitation à main levée, d'après le modèle et d'après nature. Nous ne pouvons nous engager ici dans cette voie : il y a là matière à un ouvrage spécial. Du moins qu'il soit bien entendu que les procédés de Frœbel ne conduisent pas nos petits élèves dans une impasse.

Les points de repère des longueurs et des distances, l'horizontale et la verticale, lignes directrices essentielles, nous sont donnés en même temps par la division en petits carrés égaux de la surface qui doit recevoir le tracé. Nous employons pour les premiers exercices l'*ardoise quadrillée;* avec les élèves un peu plus avancés, l'ardoise et le papier quadrillé, concurremment, suivant les circonstances. L'ardoise est surtout destinée aux improvisations; la récompense de l'élève qui a inventé ou réalisé sur l'ardoise un dessin méritant l'approbation de l'institutrice, est la permission de recopier son ouvrage sur le papier. Les élèves les plus exercés arrivent à improviser sur le papier sans hésiter, sans effacer, aussi librement que sur l'ardoise. Ajoutons encore que, dans l'intérêt de la variété, nous faisons parfois exécuter le dessin sur papier aux deux crayons rouge et bleu. (Jusqu'ici, les crayons des autres couleurs ne réussissent pas : ils marquent peu et inégalement.) Enfin la couleur peut être employée à la plume, et l'on obtient ainsi des effets plus intéressants et plus riches. Ce procédé est expliqué dans ses détails pratiques, en un article à part, faisant suite à celui-ci : l'*Enluminure*.

Quant au mode d'enseignement, quant à la progression des difficultés, à la direction que nous avons cru devoir donner aux compositions, nous éloignant à plusieurs égards des voies déjà battues, nous ne croyons pas devoir nous engager ici dans le détail. Un simple coup d'œil sur les séries d'exercices et les dessins qui les accompagnent en dira plus à cet égard qu'une longue dissertation théorique.

DISPOSITIONS PRÉLIMINAIRES.

Les ardoises qui servent aux exercices du dessin et au tracé des premiers linéaments de l'écriture sont *quadrillées* sur les deux faces : sur l'une, en centimètres carrés; sur l'autre, les traits sont distants d'un demi-centimètre seulement. — Les crayons d'ardoise doivent être apointis à l'aide d'une lime; on peut les remplacer par des crayons d'*ardoise artificielle*, qui ne nécessitent pas l'opération ennuyeuse de la taille.

Pour le dessin sur papier, le papier quadrillé doit être choisi fort, surtout bien égal de rayure : les carrés formés par cette rayure doivent avoir environ 5 millimètres de côté. Les crayons employés sont des crayons dits *demi-durs*.

L'enseignement du dessin nécessite en outre l'emploi d'un *tableau quadrillé*, dont les carrés doivent avoir 2 centim. 5 de côté. La rayure, suffisamment large pour être facilement visible à distance, sera de préférence tracée en *rouge*, afin que les traits blancs de la craie ne se confondent pas avec elle. La même rayure convient parfaitement pour la démonstration des principes de l'*écriture*, etc. Elle est d'ailleurs d'un secours inappréciable pour l'exécution des *dessins* improvisés dont la maîtresse doit à chaque instant accompagner ses petites leçons descriptives, lorsqu'il ne lui est pas possible d'offrir à l'observation l'objet même qu'elle décrit. — L'usage nous a fait préférer les tableaux dits *ardoisés*, de 75 c. sur 90, ou mieux encore, d'*un mètre carré* juste, en vue de la démonstration des mesures métriques.

PREMIÈRE PARTIE.

LES LIGNES DROITES.

Les premiers tracés emploient comme élément unique l'élément essentiellement simple, *axial :* la ligne droite, dans des directions diverses.

Les exercices doivent commencer lorsque l'enfant a déjà acquis (à l'aide des bâtonnets, des lattes, etc.) quelques notions de la ligne droite et de l'angle, c'est-à-dire avec les exercices du troisième Don, et se continuer parallèlement avec ceux des bâtonnets, des lattes, du quatrième Don, etc.

PREMIÈRE SÉRIE D'EXERCICES.

Les verticales et les horizontales.

PREMIER EXERCICE.

Dans cette première série, la verticale et l'horizontale, tracées suivant les lignes mêmes du quadrillage, sont seules employées.

La première leçon débutera par quelques explications touchant la nature, la forme et l'usage des nouveaux instruments mis à la disposition des jeunes élèves.

L'ardoise, pierre tendre, facile à rayer, fragile; doit être maniée avec précaution. — Se taille facilement en plaques minces : les ardoises qui couvrent nos toits. — Provenance, extraction.
L'ardoise a la forme d'un rectangle. Ses deux faces *planes.* La rayure de l'ardoise. Lignes parallèles, également distantes; forment sur chaque face de petits carrés *égaux.* Les lignes de l'ardoise se croisent en formant à chaque point de rencontre quatre angles droits.

Cette explication préliminaire recevra les développements

nécessaires : il n'y a pas lieu de regretter le temps employé à cette analyse.

Le crayon est d'ardoise aussi. En l'appuyant *légèrement*, il laisse une trace. — Nous tracerons des *lignes* en suivant la rayure de l'ardoise.

L'institutrice tracera elle-même quelques traits suivant les horizontales.

Puis ayant fait appel à l'attention, elle promettra aux enfants de leur apprendre à tracer sur leurs ardoises de jolis dessins ; et afin de mieux faire saisir l'emploi de ces instruments nouveaux, se mettant bien en vue, elle exécutera rapidement quelque dessin, de préférence un dessin figurant quelque objet usuel (tel que ceux qui sont donnés planche 20, figures 17, 26, 27, 29, 30, et planche 9, fig. 124, 144, 157, 158, 161, 163, 165, 166). Elle excitera ainsi le désir qui s'est déjà éveillé dans ces imaginations enfantines : car nos naïfs artistes se voient, en rêve, exécutant les plus brillants dessins, maisons, arbres, étoiles.... Elle se fera promettre, en retour, la patience et l'attention nécessaire, promesse qui ne coûtera guère, et qu'il dépendra beaucoup d'elle de faire tenir.

L'institutrice consacrera le reste du temps accordé à ce premier exercice, à apprendre aux enfants comment on obtient des traits fins et purs. Elle fera tracer des lignes suivant les horizontales, veillant à ce que les enfants suivent bien le trait, n'appuient pas trop fort, etc. Ce premier résultat obtenu — et il n'y a pas lieu de se montrer difficile pour cette fois, — l'exercice sera clos, et les ardoises reprises, avec promesse de plus vastes résultats pour la prochaine séance.

DEUXIÈME EXERCICE.

Une convention préalable, sans laquelle il serait impossible de s'entendre.

La maîtresse fera tenir les ardoises *verticalement*, appuyant sur la table par le petit côté du rectangle, et bien en face des enfants. Elle fera désigner cette position par les mots de *position verticale* ; montrera les côtés verticaux, les côtés horizontaux du rectangle, le côté *droit* et le côté *gauche*. Puis elle fera reconnaître les traits (rayures) *verticaux* et les traits *horizontaux*. Elle expliquera alors que telle est la position qu'il convient de donner à l'ardoise quand on *regarde* le dessin ; que cette position verticale est la position naturelle d'un dessin que l'on considère. Mais, pour plus de commodité, on pose l'ardoise (ou le papier) à plat sur la table, lorsqu'on dessine. Alors les lignes *verticales* vont se « coucher » horizontalement, tandis que les horizontales resteront ce qu'elles sont.

« Nous n'en continuerons pas moins à appeler verticales les lignes qui se trouvent dirigées « en face » de nous, d'avant en arrière, parce que nous supposerons toujours que pour les regarder nous redressons notre ardoise dans sa position naturelle : verticale. »

Cette convention universellement admise dans les arts du dessin étant comprise, on procédera aux premiers tracés ; mais il n'en sera pas moins nécessaire, dans les premiers temps, de faire redresser les ardoises quand il s'agira de considérer ou d'analyser le dessin exécuté.

Les deux faces de l'ardoise étant différemment rayées, nous convenons en outre d'appeler *une division* la longueur d'un des côtés des carrés du quadrillage, quelle que soit sa dimension. Ainsi une ligne d'une, de deux, de trois *divisions*, signifiera une ligne occupant la longueur d'un, de deux, de trois côtés des carrés, soit dans le sens horizontal, soit dans le sens vertical, aussi bien pour une face de l'ardoise que pour l'autre. Les premiers exercices se font sur le côté rayé en centimètres carrés, dit, par abréviation, le *grand côté* de l'ardoise. Faites connaître ces conventions diverses, et donnez les explications nécessaires pour éviter les malentendus.

Vers le haut de l'ardoise, *au milieu de sa largeur*, sera tracée la première ligne, point de départ du présent exercice. La maîtresse *dictera* les tracés ; et pour se faire mieux comprendre, elle tracera elle-même les lignes, à mesure, non pas sur l'ardoise, mais à la craie, sur le tableau quadrillé : ici encore, la longueur d'un des côtés du carré est appelée une *division*, et représente ainsi, suivant un terme qui fait abstraction de la grandeur, une *division* du quadrillage de l'ardoise. Soient dites ces choses une fois pour toutes.

« Tracez une verticale d'*une division* (planche 20, fig. 1, lettre *a*). — A droite de celle-ci, sur la ligne suivante et à partir de la même hauteur, tracez une autre verticale d'une division (*b*). — A gauche, de même, une verticale d'une division (*c*). »

Constatez si les enfants ont bien compris et exécuté ce tracé. — Faites de même tracer, alternativement à droite et à gauche (par intention de symétrie), les verticales égales (*d, e, f, g*, etc.).

« Vous voyez une rangée de petites verticales, toutes égales, placées à égale distance, figurant comme les *piquets* d'une barrière. Placez maintenant la pointe de votre crayon sous la première ligne que vous avez tracée, en « laissant » une division. A partir de là, tracez en descendant doucement une verticale de 2 divisions (fig. 2). — Bien! — A droite, à la ligne suivante, et toujours en laissant une division sous la rangée que nous venons de faire, une verticale de deux divisions. — Une verticale de deux divisions à gauche. — Autant encore à droite, — à gauche. » (Et ainsi de suite.)

Faites construire au-dessous une semblable série de lignes verticales, longues de trois divisions. Puis on exécutera, suivant les mêmes procédés, la figure 3 : faites apercevoir que l'ensemble de cette figure, produite par les verticales parallèles, semble former un *carré*. — Vous pouvez encore faire réaliser de cette manière un ensemble de forme rectangulaire. Faites bien observer que la figure *n'est pas* un carré, un rectangle : il lui manque les côtés horizontaux. Elle affecte seulement à l'œil cette forme : le regard *sous-entend*, pour ainsi dire, les côtés qui manquent, qui formeraient l'*enveloppe* de la figure.

TROISIÈME EXERCICE.

Nous procédons cette fois par lignes verticales d'inégales longueurs.

« Tracez, *au milieu* de votre ardoise, une verticale d'une division. A droite, commençant à la même hauteur, une verticale de deux divisions. A droite, de même encore, une verticale de trois divisions. Encore à droite, une verticale de quatre divisions. — Cette rangée de lignes de plus en plus longues ne vous rappelle-t-elle pas la forme d'un triangle? » (Fig. 4, lettre *a*.) — Faites tracer de même la deuxième partie (*b*) de la figure. — L'ensemble rappelle encore un triangle. Les enfants apprendront alors à tracer, à partir de la même ligne verticale où nous avons commencé la première partie (*a*) de la figure, et en *laissant* toujours une division entre la partie déjà faite et le pied des lignes qui restent à tracer, une série graduellement croissante de verticales commençant à des hauteurs différentes, et finissant à la même hauteur : opération qui nécessite l'intervention d'une certaine somme d'intelligence et d'attention. La série décroissante (*d*) achèvera la figure, qui rappelle dans son ensemble la forme d'un carré, posé obliquement et *écorné* aux angles. — Faites construire encore, d'après les mêmes principes, les figures 5 et 6.

Ces exercices n'ont pour but que d'apprendre à l'enfant à tracer une ligne d'une longueur donnée, dans une position déterminée. Nous ne nous arrêterons pas à ces sortes de figures, difficiles à *lire*; nous passerons aux horizontales, afin d'arriver le plus tôt possible à des combinaisons offrant plus d'attrait aux enfants.

QUATRIÈME EXERCICE.

Nous allons suivre, pour le tracé des horizontales, une marche absolument identique à celle que nous avons suivie pour les verticales, employant des combinaisons de lignes toutes semblables. L'institutrice s'aidera des *mêmes figures :* pour les voir sous l'aspect qu'elles auront, ainsi transformées, il lui suffira de tourner le livre en travers : les figures lui apparaîtront composées d'horizontales.

Faites tracer vers le milieu de l'ardoise : 1° une ligne horizontale (fig. 1 *a*) d'une division, 2° une autre trait horizontal (*b*) *au-dessous*, sur la ligne suivante de la rayure, 3° une autre horizontale de une division *au-dessus*, de même (*c*). Et alternativement en dessus et en dessous (en vue de la symétrie des mouvements) les lignes horizontales *d, e, f, g*. — Les enfants réaliseront ensuite les séries d'horizontales de 2 divisions et de 3 divisions (fig. 2). Enfin le *carré* (fig. 3) composé d'horizontales : cette fois ce sont les côtés verticaux, enveloppant les parallèles, qui font défaut au carré. — Faites reconnaître le parallélisme de toutes ces horizontales.

CINQUIÈME EXERCICE.

Cet exercice est la contre-partie du troisième. L'institutrice, retournant le livre ainsi qu'il a été dit précédemment, s'aidera des figures 4, 5 et 6.

A partir d'une même verticale, faites exécuter, en traçant de gauche à

Page 200.　　　　　　　　　　　　　　　　　　　Pl. 20.

droite, la série *descendante* et graduellement croissante, désignée par la lettre c, et formant le *quart droit supérieur* de la figure 4. Puis la série décroissante (toujours en descendant) désignée sous la lettre *d*, formant le *quart droit inférieur*. Enfin les horizontales du quart supérieur gauche (a) seront tracées à partir de points de plus en plus éloignés, et s'arrêtant toutes sur une même verticale, à la distance d'une division de la série précédente. Le quatrième quart (b) achèvera la figure.

Faites exécuter, d'après les mêmes principes, les figures 5 et 6 retournées horizontalement.

DEUXIÈME SERIE D'EXERCICES.

Combinaisons de la verticale et de l'horizontale.

Nous allons maintenant indiquer comment on aborde les plus simples combinaisons de la verticale et de l'horizontale.

« Tracez comme moi (vers le milieu de l'ardoise) une verticale d'une division (pl. 20, fig. 7); à l'*extrémité inférieure* de cette ligne, vers la droite, tracez une horizontale d'une division. Que forment ces 2 lignes ? — Un angle. — Un angle droit. — Formez comme moi un angle droit avec une horizontale et une verticale. Cet angle a son sommet dirigé vers la gauche et en bas (fig. 7). »

« Redressez votre ardoise pour bien juger de la position de votre angle droit. »

Faites exécuter ainsi, à la suite l'une de l'autre, les 3 autres positions d'un angle droit (fig. 8, 9, 10).

En réunissant ces 4 angles droits d'une manière symétrique, laissant une division d'intervalle entre chacun, on obtient les fig. 11 et 12. Dans la fig. 13, les 4 angles ont un sommet commun.

Faites tracer avec 2 verticales et 2 horizontales d'une division le petit carré (fig. 14). Montrez ses côtés; ses angles droits (avec la pointe du crayon, fig. 14). — Formez encore un carré dont le côté ait la longueur de 2 divisions (fig. 15).

Pour terminer l'exercice, accordons à l'enfant le plaisir de tracer, pour la première fois, le dessin d'un objet. Ce dessin, uniquement composé de verticales et d'horizontales, pourra être, par exemple, une *fenêtre* à 6 carreaux (fig. 17). Analysez sommairement la forme dessinée.

A dater de ce moment, il devient impossible de répartir

exactement entre des exercices en nombre déterminé le tracé des combinaisons de verticales et d'horizontales. On se conformera, en général, aux principes suivants :

1° La leçon de dessin débutera par le tracé de quelques figures géométriques, qui seront brièvement analysées, et de combinaisons symétriques graduées, telles que celles des fig 21, 22, 23, 24, 25, etc.

2° On fera dessiner, sous la *dictée*, quelques figures représentant des objets usuels (fig. 26, 27, 28, 29, 30).

3° Pour finir, on donnera carrière à l'imagination des élèves, en les invitant à exécuter quelques combinaisons de verticales et d'horizontales à leur fantaisie, en leur recommandant de les faire *symétriques*, et corrigeant celles pour lesquelles on se sera écarté du principe indiqué. (Voir 3ᵉ Don, 9ᵉ exercice, et ci-après, page 203.)

L'institutrice, sans se borner aux figures de la planche 20, devra les prendre comme point de départ. Elle y trouvera des exemples de figures géométriques, d'esquisses d'objets, de grecques, de lignes symétriques, qui susciteront dans son imagination de nouvelles combinaisons. On pourra encore, lorsque quelqu'un des élèves aura rencontré quelque combinaison originale, la faire reproduire *sous la dictée*, à la leçon suivante.

Figures géométriques et motifs symétriques divers : Le carré divisé en 4 carrés suivant les médianes, fig. 16. Rectangle, fig. 18. Combinaisons de verticales et d'horizontales, fig. 19. Quatre carrés s'enveloppant les uns les autres, fig. 20. Figures symétriques diverses, fig. 21, 22, 23, 24, 25.

Grecques, pour encadrements carrés ou rectangulaires, autour de l'ardoise, fig. 31, 32, 33, 34, 35, 36. Encadrements avec *coins* : filet simple, fig. 37, 38 ; filet double, fig. 39, 40.

Figures esquissant des objets : Échelle, fig. 26. Barrière, fig. 27. Cadre de tableau, d'ardoise, etc., fig. 28. Petite fenêtre, fig. 29. Porte de jardin, fig. 30.

On peut aussi reproduire le tracé de figures déjà réalisées par d'autres procédés, en leur faisant subir, s'il est nécessaire, de légères modifications :

Bâtonnets : Pl. 8, fig. 64 ; 87, 88 ; 91.
Pl. 9, fig. 104, 105, 122, 142.
Lattes : Pl. 10, fig. 12.
Pl. 11, fig. 35, 42, 43, 48.

Cubes :   Pl. 3, fig. 47, 48, 49, 50, 53 ; 76.

Prismes : Pl. 6, fig. 1, 3, 5 ; 16, 17, 18, 20.
Pl. 7, fig. 64 ; 78, 79 ; 87.

Il va sans dire que ces petits dessins, dont le nombre est encore fort restreint, à cause des conditions imposées aux lignes qui les forment, devront être le sujet d'explications et de descriptions relatives aux objets qu'ils représentent : tout ce qui a été dit à ce sujet à l'occasion des groupes de cubes, de prismes, etc., représentant des objets, trouve également ici son application.

Nous sommes loin d'avoir réalisé toutes les combinaisons possibles avec la verticale et l'horizontale ; les enfants en découvriront un grand nombre. Il nous reste à dire quelques mots relativement à l'intervention de l'institutrice dans ces *inventions libres* des enfants.

Pour celles qui auront la prétention de représenter des objets, l'institutrice se bornera aux redressements et aux encouragements. Relativement aux combinaisons symétriques, son intervention, toujours discrète, aura une plus large part. Graduellement, sans trop se presser, elle enseignera aux enfants les principes suivants de la symétrie élémentaire.

1° On trace une verticale et une horizontale d'égale longueur (fig. 41), se croisant au *milieu* de l'ardoise : la surface où on va dessiner se trouve ainsi divisée en quatre angles droits.

2° L'enfant dessinera d'abord dans l'un des angles une combinaison de verticales et d'horizontales, puis reproduira cette combinaison symétriquement dans chacun des trois autres angles.

3° Chaque trait du dessin devra se trouver ainsi représenté *huit fois :* une fois de chaque côté de chacune des quatre lignes verticales et horizontales rayonnant du centre dites axes de symétrie ; la symétrie sera alors *quaternaire* (fig. 41). La symétrie sera binaire, si chaque trait est seulement quatre fois reproduit (fig. 42). Les traits qui se confondent avec les *axes* mêmes ne sont reproduits que quatre fois dans la symétrie quaternaire, deux fois dans la symétrie binaire.

4° L'enfant réalisera d'abord les parties centrales de la symétrie. S'il désire ensuite étendre et compliquer son dessin, il surajoutera des traits qu'il aura soin de reproduire *immédiatement* autant de fois que la symétrie l'exige.

3° Les axes de symétrie ne coïncident pas toujours, dans un dessin tracé sur le quadrillé, avec les rayures elles-mêmes; ainsi, dans les figures 21, 22, 23, 24, etc., les axes de symétrie non tracés ici sont situés à mi-distance entre les rayures. Ce mode de réalisation sera employé aussi par les enfants, mais plus tard, parce que les axes sont ainsi plus difficiles à tracer ou à sous-entendre. (Voir aussi fig. 44.)

Toutes ces indications que nous donnons ici déjà guideront encore le travail plus compliqué des élèves plus avancés; nous y ajouterons successivement celles que nécessiteront les progrès réalisés.

Un assemblage de traits quelconque, répétés symétriquement, ainsi que nous venons de l'expliquer, constituera une figure plus ou moins agréable à l'œil par sa régularité. Mais quand cet assemblage, point de départ de la combinaison, est lui-même, considéré à part, une figure ayant sa signification propre, sa régularité, alors l'ensemble acquiert un intérêt, une valeur tout autre. La forme *élémentaire* devient partie intégrante d'une forme plus compliquée, qui l'embrasse dans son unité. Entre les éléments juxtaposés, de nouvelles figures prennent naissance, qui elles aussi ont leur signification et leur beauté. La figure primitive, base de la combinaison, est appelée un *élément*, un *motif*. Nous verrons bientôt que plusieurs éléments différents peuvent être associés dans une combinaison.

Mais ces règles d'une *composition* relativement supérieure ne peuvent encore trouver ici qu'une application très-restreinte. C'est pourquoi nous renvoyons leur exposé après l'étude du tracé des obliques, alors que les formes élémentaires elles-mêmes auront plus de variété et offriront plus de ressources. On peut déjà cependant faire réaliser aux enfants quelques combinaisons très-simples dans ce genre: telles sont celles qui résulteront des fig. 21, 22, 23, 24, 25, répétées quatre fois symétriquement. Ce sera une première initiation; et déjà on verra les enfants s'essayer à combiner les éléments, peu nombreux encore, qu'ils possèdent. Nous donnons, fig. 43 et 44, deux exemples de ce mode de groupement.

Comme élément de variété, aux verticales et aux horizontales, nous ajoutons vers la fin de cette série d'exercices les *points*, un peu plus difficiles à marquer nettement. On peut voir par les fig. 45 et suivantes quel parti on peut en tirer, et combien ils ajoutent aux tracés linéaires les plus simples d'élégance et de légèreté.

TROISIÈME SÉRIE D'EXERCICES.

Les obliques.

Les seules obliques que nous employons dans ces exercices sont celles dont la direction et la longueur sont définies par des points de rencontre avec les verticales et les horizontales. Nous faisons d'abord exclusivement usage de celles qui suivent la direction de la *diagonale* des petits carrés du quadrillage, et qui ont pour longueur un nombre exact de fois la longueur de cette diagonale.

L'institutrice trace d'abord au tableau quadrillé une oblique, de droite à gauche, diagonale d'un des carrés. Elle fait reconnaître et définir cette ligne : c'est une ligne droite dans la direction oblique. Elle détermine la direction en faisant observer que cette ligne est tracée de *droite à gauche en descendant* (suivant la pente ordinaire de l'écriture).

Elle en trace plusieurs autres à la suite de celle-ci, et pose cette convention que les obliques ainsi dirigées seront appelées, par abréviation, *obliques à gauche*. Puis elle fait constater qu'une telle oblique est la *diagonale* d'un des petits carrés. Elle trace une autre oblique dans la même direction et de longueur double, fait observer que celle-ci traverse deux petits carrés dont elle forme les diagonales; qu'elle a par conséquent la longueur exacte de deux diagonales (ou de deux fois la diagonale) de nos carrés.

Elle achève de fixer cette dénomination en disant : « Voici une oblique d'*une* diagonale (de longueur), une de deux diagonales, une de trois diagonales, » et en traçant à mesure les lignes ainsi déterminées par une expression abréviative convenue.

Ces définitions et conventions bien comprises, l'institutrice fait exécuter, *sous la dictée*, les séries d'obliques pl. 20, fig. 1, 2, 3, ainsi qu'il suit :

« Tracez, à l'angle *gauche supérieur* de votre ardoise, une oblique à gauche *d'une diagonale*, comme je le fais au tableau. A droite de celle-ci, dans le carré suivant, une oblique à gauche d'une diagonale. — A droite encore, une oblique d'une diagonale, etc. » (Fig. 1.)

Nous ne procédons pas ici alternativement à droite et à gauche, vu que l'oblique ne nous donne pas les conditions de symétrie qui nous avaient déterminé à agir ainsi avec les verticales et les horizontales. — Faites exécuter de même la série d'obliques d'une longueur de 2 diagonales (fig. 2), puis une de 3 diagonales.

Cela fait, et après avoir donné des explications analogues à celles que nous avons développées ci-dessus, vous ferez exécuter des séries toutes semblables avec des obliques à *droite* (penchées en sens inverse de l'écriture, de gauche à droite en descendant), d'une, de deux, de trois diagonales de longueur. Donnez d'abord la formule explicite : « Oblique de gauche à droite, formant la diagonale d'un des petits carrés ; » puis la formule abréviative.

Vous ferez ensuite exécuter la fig. 3, alternativement avec des obliques à gauche et des obliques à droite. Puis viendra le carré formé d'obliques de la fig. 4, que vous dicterez ainsi :

« Tracez une oblique à gauche d'une diagonale. A droite en commençant sur la même horizontale, une oblique de 2 diagonales, toujours vers la gauche, etc., etc. »

On achèvera la figure par un point placé aux 2 angles opposés *tronqués*. Puis on fera observer que la forme obtenue rappelle un carré, quoique ses côtés ne soient nullement tracés. On exécutera la même figure par des lignes obliques à *droite*.

Les mêmes principes seront appliqués à la réalisation des fig. 5 et 6 ; dans cette dernière, les quatre parties symétriquement disposées seront construites successivement.

Il va sans dire que dans tous ces exercices, comme du reste il est de règle générale pour les dessins dictés, l'institutrice tracera à mesure les lignes au tableau quadrillé.

Comme il faut avant tout éviter la sécheresse, les exercices consacrés aux tracés ci-dessus seront restreints à la première moitié du temps consacré à la leçon ; pendant la seconde moi-

tié, les enfants, abandonnés à leur libre initiative, reviendront à ces combinaisons de verticales et d'horizontales avec lesquelles ils sont déjà familiarisés, et qu'ils réalisent sans effort.

Lorsque, par ces études préliminaires, les enfants auront appris à tracer les diagonales d'un trait fin et *à peu près* droit, on fera exécuter les fig. 7, 8, 9, 10, et le groupement symétrique qui en résulte; puis les fig. 11, 12, 13, 14, 17, les grecques d'encadrement, fig. 15, 16 : combinaisons exclusivement formées d'obliques dans les conditions ci-dessus définies, et correspondantes à celles qui ont été exécutées avec les verticales et les horizontales (pl. 20, fig. 7, 8, 9, 10 et suivantes).

Puis les verticales et les horizontales seront mêlées aux obliques dans des formes semblables aux fig. 18, 19, 20 et suivantes de la planche 21.

Figures géométriques (à analyser). Pl. 21, fig. 19, 20, 21 et 22; 23, 24, 25, 26; 39, 40.

Grecques, encadrements; treillages de balcons: fig. 27, 28, 29; 30, 31, 32, 33, 34, 35, 36, 37, 38. (Analyser.)

Figures symétriques, motifs d'ornementation : fig. 41, 42, 43; 44, 45, 46, 47; 48, 49; 50, 51, 52, 53, 54; 55, 56, 57, 58, 59, 60; 61, 62, 63, 64, 65, 66.

Les figures réalisables dans les conditions indiquées sont désormais innombrables. Les enfants en inventeront indéfiniment de nouvelles. C'est donc seulement à titre d'exemples que nous renvoyons aux figures suivantes, empruntées à d'autres modes de réalisation, et parmi lesquelles il s'en trouve un certain nombre qui sont des dessins d'objets.

Bâtonnets : Pl. 8, fig. 43, 44; 63; 71, 72, 73, 74, 75; 89; 95.
Pl. 9, fig. 106, 110, 120, 121, 124; 127, 141, 143.
Lattes : Pl. 11, fig. 38, 39, 40; 44, 45, 47, 49, 50, 51, 52; 55, 56, 57; 62, 63.
Cubes : Pl. 3, fig. 36, 37; 43; 46; 55; 61; 82, 83.
Découpages : Les figures réalisées par le développement des figures suivantes : Pl. 17, série B, fig. 7, 8, 9, 10, 11, 12; série D, fig. 11.

Le moment est venu d'enseigner aux enfants, toujours graduellement et sans empressement, les règles de la composition des figures ornementales symétriques, du moins les règles du genre spécial de combinaison qui leur est seul abordable.

Observons tout d'abord qu'une semblable combinaison se compose d'un ou de plusieurs *motifs* symétriquement répétés, soit sur une *file* (en ligne droite; ornements de frises, de plinthes, encadrements, etc.), soit couvrant une superficie de forme géométriquement régulière. Les figures de la planche 22 représentent des exemples de ce mode de groupement.

Le *motif* ornemental lui-même, l'*élément*, peut se composer d'une forme géométrique principale, plus ou moins compliquée d'ornements. Parfois la forme géométrique est pour ainsi dire *sous-entendue*, dans le sens que nous avons donné à ce terme à l'occasion de la superficie carrée couverte de traits parallèles (1re série, 2e exercice, page 199). Ainsi, dans l'ensemble des figures composées (pl. 22, fig. 6, 7, 12, 14), l'œil démêle un contour carré, affecté par la tendance générale des lignes groupées, quoique *aucune partie* des côtés de ce carré ne soit réellement tracée.

Les figures de la planche 21, de la fig. 41 à la fig. 66, sont des exemples d'éléments plus ou moins compliqués d'ornements, de *motifs* plus ou moins *variés*, dérivés d'un petit nombre de formes géométriques principales.

Soit, par exemple, la forme rayonnante d'étoile à 8 rayons dont la fig. 50 représente le contour absolument dénué de tout ornement étranger. A l'intérieur de cette forme, des lignes diagonales diversement disposées transformeront pour ainsi dire l'élément premier, et lui donneront les aspects variés des fig. 51, 52, 53, 54.

De même, le contour simplement chargé d'une étoile au centre dans la fig. 61 présentera, avec quelques lignes surajoutées à l'intérieur, l'entrelacement de 2 carrés, fig. 62; ou l'enroulement de la fig. 63; ou fera retrouver (fig. 64) dans sa partie centrale la forme élémentaire d'une des figures précédentes (fig. 56). Le même motif se retrouvera encore dans les fig. 65 et 66, mais *inscrit* dans un contour octogonal. Il est ici *varié* à la fois par des traits secondaires tant à l'intérieur qu'à l'extérieur; la figure 66 ainsi obtenue représente assez bien un diamant taillé à facettes. Les mêmes observations s'appliquent à la *variation* de formes différentes : celle de la figure 55, par exemple.

Les enfants apprendront bien vite à orner une forme première donnée de croix, de diagonales, d'étoiles, de *réticules* (treillis); à inscrire des formes plus petites dans des contours plus grands. Les figures de la page 21 leur serviront de point de départ. Ils rechercheront toujours assez la complication, et il y aura plutôt lieu de les rappeler à une simplicité de bon goût.

Dans la plupart des cas il convient de *dicter* la forme première, le contour principal; les enfants trouveront les variations. Le plus souvent même on ne doit *dicter* qu'une *partie* du contour de la forme élémentaire, la moitié ou le quart, en indiquant les axes de symétrie ; les enfants devront achever la figure, puis l'orner à leur fantaisie.

Voici, comme exemple de cette manière de procéder, la *dictée* de l'élément figure 55.

« Au milieu de votre ardoise (petit côté) tracez une oblique à gauche, de la longueur d'une diagonale. » — Les enfants s'arrêtent à l'extrémité de la ligne tracée, sans lever le crayon. A moins d'indication contraire, c'est toujours de l'extrémité de la dernière ligne tracée que part le trait suivant, vu que l'on cherche, autant que possible, la continuité des contours. Cela étant convenu d'avance, il suffira donc ici de dire, sans autre indication : — « Tracez, en descendant, une ligne verticale d'une division. — Tracez, vers la gauche, une horizontale d'une division. Une oblique à gauche d'une diagonale. Une oblique à droite d'une diagonale. Une horizontale vers la droite d'une division. Une verticale en descendant d'une division. Une oblique d'une diagonale à droite. — Achevez symétriquement le contour. — Ajoutez à l'intérieur un ornement à votre fantaisie. »

L'institutrice exécute elle-même le tracé au tableau; parfois cependant, pour exercer l'intelligence des élèves à mieux saisir une explication *abstraite*, elle peut s'abstenir de tracer le contour qu'elle dicte.

Le motif principal étant obtenu et orné, il s'agit de former le groupement.

Voici, à cet égard, les règles de la disposition symétrique, telles qu'elles sont applicables au cas particulier que nous avons en vue.

Un *élément* étant donné, on peut former un groupement dans quatre conditions différentes :

1° Les éléments juxtaposés se touchant par un ou plusieurs points communs. Telle est la disposition des éléments en forme d'étoiles de la fig. 70, pl. 21, dans le groupement de la fig. 12, pl. 22. Les dispositions fig. 1, 6, 11, 13, pl. 22, ont été obtenues suivant le même procédé.

2° Les éléments peuvent être en contact par une certaine étendue de leur contour, avoir des lignes *communes*, délimitant l'un par l'autre. Tels sont les octogones de la fig. 44 (pl. 21) dans le groupement fig. 8 (pl. 22); de même l'élément en forme de croix de la fig. 55 (pl. 21), qui est groupé dans la fig. 1 (pl. 22) de telle sorte que le contact s'établit par des *points communs*, est disposé dans la fig. 2 (pl. 22) de telle sorte que le contact s'établit suivant des *lignes communes*.

3° L'élément peut être répété symétriquement en laissant entre chaque reproduction de cette figure principale une distance plus ou moins étendue, intervalle dans lequel on pourra ensuite, s'il y a lieu, construire des figures secondaires. Tel est le mode de groupement par lequel l'étoile à huit rayons de la figure 52 (pl. 21) a fourni la disposition de la figure 5 (pl. 22).

4° L'élément principal et ses reproductions symétriques peuvent se *pénétrer* réciproquement, empiéter de l'un sur l'autre. Les combinaisons ainsi obtenues sont très-jolies; mais le procédé de groupement est difficile, et ne réussit qu'avec des éléments assez simples. Ainsi la figure 15 (pl. 22) est produite par les *pénétrations* réciproques de six losanges semblables à celui de la figure 68 (pl. 21). Trois ont leur grande diagonale horizontale, trois verticale. Le joli diamant à facettes de la figure 16 est le résultat de la pénétration réciproque de huit losanges semblables, mais groupés autrement. Le dessin figure 2 de la planche 24 qui offre les pénétrations de deux éléments *courbes*, est un exemple très-explicatif de ce mode de combinaison. Enfin le dessin fig. 28 (pl. 21) peut être considéré comme résultant de la pénétration réciproque d'une série d'hexagones allongés.

Les éléments groupés peuvent affecter par leur ensemble des formes très-diverses. Pour diriger le groupement, il faut faire tracer tout d'abord sur l'ardoise une verticale et une horizontale se croisant au milieu ; elles représenteront les axes de la symétrie. *Sur* ces axes, ou *dans l'intervalle* qu'ils laissent, mais toujours à égale distance du centre, à égale distance des axes de symétrie, on marque le centre de figure de l'élément choisi ; dessiné d'abord une fois, dans la partie supérieure du dessin, il est ensuite reproduit autant de fois que l'exige la symétrie.

Très-souvent l'élément principal figure au centre même de la symétrie. Dans ce cas, on commence par cette forme centrale ; puis on répète la même figure autour du centre dans des conditions de position choisies suivant l'inspiration du moment. Les figures 1, 3, 4, 11, 12 (pl. 22) ont ainsi l'élément principal au centre de symétrie.

Au bout de quelque temps d'exercice, les enfants habitués à retrouver, parmi les lignes du quadrillage, celles qu'ils ont choisies pour axes de leurs compositions, s'abstiendront de les tracer autrement.

Dans tous les cas, le groupement des éléments principaux étant achevé, on s'aperçoit facilement que les intervalles qu'ils laissent affectent aussi une forme régulière. Ainsi de la juxtaposition des octogones de la figure 8 (pl. 22) naissent de petits carrés, et un vide central polygonal ; ainsi des étoiles à quatre rayons naissent entre les croix losangées de la figure 11. Les quatre étoiles principales de la figure 6 fournissent quatre petits carrés, en outre du vide central, carré aussi. Les éléments de la figure 56 (pl. 21), juxtaposés dans la figure 1 (pl. 22), ont fourni dans l'intervalle le contour de l'élément de la figure 61 (pl. 21).

Enfin il arrive très-souvent que le vide laissé entre les éléments affecte une forme interrompue ; on peut alors achever symétriquement ce contour, pour l'enrichir ensuite d'autres ornements ; tel est le procédé qui a été mis dans le groupement fig. 3 (pl. 22), construit avec la croix de la figure 58 (pl. 21), comme élément principal.

La charpente géométrique du dessin étant ainsi achevée, l'enfant choisit, pour orner sa composition, des *motifs* secondaires qu'il surajoute aux éléments principaux, ou *inscrit* dans les intervalles qu'ils laissent. Ainsi ont été ajoutées les étoiles, au centre des octogones de la figure 8, et au centre des croix de la figure 3 (pl. 22); ainsi on a inscrit au centre, et tracé entre les quatre éléments principaux, les lignes qui achèvent la figure 5; l'étoile à huit rayons qui occupe le centre de la figure 6; les lignes qui construisent, avec le contour donné par l'intervalle des éléments eux-mêmes, la petite rosace centrale de la figure 8.

Les formes d'ensemble peuvent être diversifiées à l'infini; toutefois, il en est qui sont plus faciles à obtenir, et en même temps d'un meilleur effet. Telles sont celles dont nous donnons des exemples (pl. 22).

Le carré : Pl. 22, fig. 1, 5, 9, 10, 11; on peut former par le même procédé des rectangles : voir pl. 24, fig. 3, 4, 5.

Le carré placé *diagonalement* : Pl. 22, fig. 2, 3, 6, 7, 12, 13, 14.

L'octogone : Pl. 21, fig. 15, 16.

La croix grecque : fig. 4; l'*X* (ou croix de Saint-André), fig. 8.

La disposition *linéaire* (en ligne droite), qui convient pour encadrements, frises, plinthes, etc., et qui s'inscrit dans un rectangle allongé, nous fournit deux exemples. Pl. 24, fig. 1 et 2 (courbes). Nous renvoyons également aux combinaisons de courbes de la planche 24 pour y trouver des exemples de symétrie binaire, dans des formes de rectangle, de triangle, etc.; mais ces mêmes dispositions peuvent aussi bien être réalisées avec des éléments exclusivement formés de lignes droites.

Nous ferons observer encore la symétrie *tournante* de la fig. 9, pl. 21, comme étant en dehors des préceptes que nous avons donnés ci-dessus; mais ces sortes de combinaisons étant beaucoup plus difficiles à construire, il n'y a pas lieu de nous y arrêter davantage.

Tous les principes ci-dessus exposés seront très-facilement compris et appliqués par les enfants : l'expérience faite l'a prouvé.

Il va sans dire que ces préceptes ne seront pas donnés en une ou deux leçons, mais enseignés au fur et à mesure du besoin, sous forme de conseils, tant individuellement que collectivement adressés. C'est quand l'enfant, le crayon à la main, hésite ou se trompe que l'institutrice intervient :

« Mon enfant, puisque ton *élément* de droite (soit une étoile) touche celui du milieu, ici, par sa pointe, il faut que celui de gauche touche également, à la pointe opposée. — Voici un *intervalle*, un *endroit vide* entre tes éléments, qui fait mauvais effet : trouve quelque chose pour le remplir. — Tes deux derniers dessins avaient la forme d'un carré : il faut

changer maintenant; cherche autre chose; une croix, si tu veux.... — Voici un ornement trop répété : il faut varier davantage.... »

Que l'enfant soit ainsi soutenu, encouragé, conseillé; tantôt poussé et tantôt retenu. Son goût se formera, sans que la spontanéité de son imagination y perde; il apprendra le peu de préceptes théoriques dont il a besoin par la pratique même.

Cela se fait avec une facilité telle, que les enfants semblent, lorsqu'on les voit travailler, agir d'instinct; ils ont le sentiment de la régularité, et en découvriraient d'eux-mêmes les conditions. Il suffira sans doute pour rassurer ceux qui seraient disposés à s'effrayer de la difficulté, et que l'aspect de la planche 22 découragerait, de leur faire savoir que toutes les figures de cette planche (excepté la fig. 16) ont été composées et exécutées par des élèves de la petite classe, au bout de quelques mois d'école[1]; les unes ont été formées à l'aide d'un élément principal donné (un simple contour comme celui des fig. 50, 55, etc., pl. 21); les autres absolument improvisées à titre d'*inventions libres*.

Nous avons développé ici, pour ne plus avoir à y revenir, des principes de composition qui peuvent trouver quelque application dès maintenant, et qui serviront également à guider le travail de l'enfant dans l'emploi des *courbes* (séries suivantes). Nous n'avons pas oublié que le petit élève n'a encore à sa disposition que les lignes verticales et horizontales d'un nombre exact de divisions, et les obliques diagonales du carré dont l'inclinaison se mesure en géométrie par un angle de 45° avec la verticale et l'horizontale (1/2 angle droit). Lorsque les enfants se seront familiarisés avec leur emploi, nous leur enseignerons à tracer une nouvelle oblique, autrement définie.

Tracez au tableau un petit rectangle de deux divisions en hauteur sur une de largeur. (Ce petit rectangle contient deux carrés.) Tracez la diagonale de ce rectangle, de *droite à*

---

[1]. L'auteur des fig. 2 et 8 n'a pas plus de 4 ans 1/2; les fig. 5 et 6 sont dues à un enfant de 5 ans 1/2. Les autres sont l'ouvrage d'enfants de 6 à 7 ans.

gauche (sens d'inclinaison de l'écriture). L'oblique ainsi obtenue est définie par cette condition de rencontre avec les verticales et les horizontales (coordonnées rectangulaires). Elle correspond à une division dans le sens horizontal (abscisse), pour deux divisions dans le sens vertical (ordonnée). Appelons-la, si vous voulez, pour abréger, *une oblique de 2 sur 1* (2 d'ordonnée pour 1 d'abscisse); et convenons de la figurer par cette expression de forme fractionnaire $\frac{2}{1}$ [1]. — Tracez une semblable oblique en sens inverse : l'autre diagonale du petit rectangle.

Formez maintenant un petit rectangle de *deux unités de longueur* (deux divisions) dans le sens horizontal, et *une unité* (une division) dans le sens vertical. Ce rectangle, semblable au précédent, a seulement sa position différente, sa grande dimension étant horizontale. Tirez la diagonale (de droite à gauche). Cette oblique est définie de même, dans sa dimension et son inclinaison, par les deux divisions qu'elle occupe dans le sens horizontal, sur une seule division dans le sens vertical. (Une unité de longueur d'ordonnée pour deux d'abscisse.) Appelons-la donc, pour abréger, une oblique de 1 sur 2, et formulons-la pour notre usage par l'expression renversée $\frac{1}{2}$. Tracez l'autre diagonale en sens inverse (à droite).

Ces 4 positions nouvelles de l'oblique avec les 2 déjà obtenues précédemment (45°) sont les seules que nous employions; les autres obliques sont beaucoup plus difficiles à exécuter, et n'apporteraient pas à nos combinaisons de sérieuses ressources.

Ayant donc fait connaître aux enfants ces obliques, leur dénomination abrégée, l'institutrice fera tracer :

1° Une série d'obliques $\frac{2}{1}$ (pron. 2 sur 1) à gauche, dans une disposition analogue à celle employée pour les obliques diagonales du carré (fig. 2, pl. 21).

2° Une série semblable, à droite.

3° Une série *descendante* d'obliques $\frac{1}{2}$ (pron. 1 sur 2), suivant la disposition de la figure 3 (pl. 21).

4° Une ou deux obliques dans chaque sens, prolongées de

---

[1]. Conventionnellement, le dénominateur de l'expression fractionnaire représente l'*abscisse* (sens horizontal), le numérateur l'*ordonnée* (sens vertical).

manière à occuper une longueur double, pour faire comprendre que ces obliques peuvent se prolonger (mais toujours par deux divisions dans un sens).

Cela fait, l'enfant possède un nouvel élément. Faites-lui construire immédiatement la figure 67, pl. 21, résumant ces deux directions en un rayonnement autour d'un point, puis le losange, figure 68, ayant sa grande diagonale verticale; un autre losange semblable, mais dans le sens horizontal.

Enfin, dans une série d'exercices qu'il n'y a pas lieu d'abréger, le petit élève apprendra à construire les motifs dérivés de ces sortes d'obliques $\frac{1}{4}$ et $\frac{2}{1}$: soit seules, ainsi que dans la fig. 69 (pl. 21), et les fig. 13, 14, 15, 16 (pl. 22); soit combinées avec les autres obliques, les verticales et les horizontales, fig. 70, 71, 72, 73, 74, 75, 76, 77, 78, 79 (pl. 21), et à les grouper symétriquement, suivant la règle ordinaire. Bientôt il trouvera lui-même de nouvelles formes élémentaires construites avec ces obliques.

DEUXIÈME PARTIE.

LES COURBES.

Dans la nature et dans les arts du dessin, la *courbe* est la grâce et la vie.

La ligne droite est *une*; il n'y a à définir à son endroit que la direction et la longueur; deux points donnés y suffisent. Les courbes sont d'une variété infinie : pour déterminer leurs formes, la géométrie a des *lois* et des *formules* compliquées.

Aussi sont-elles plus difficiles à définir et à tracer. — La ligne droite se prolonge indéfiniment dans une même direction; quand notre crayon trace une courbe, nous avons le sentiment d'un continu et graduel changement de direction dans son mouvement. Plus pour une certaine longueur parcourue ce changement de direction est considérable, plus la *courbure* est prononcée. Ce qui rend plus facile l'appréciation de cette courbure, c'est d'avoir sous l'œil, ou dans l'œil, des lignes droites qui servent de *repères*, et auxquelles se compare la direction variable du mouvement de la courbe. Il y a d'ailleurs à déterminer, non-seulement la forme générale, mais encore la limite d'étendue, la longueur de la courbe ou de la portion de courbe (arc de courbe) qu'on emploie : ce qui peut se faire par deux points, ainsi que pour la ligne droite.

La courbe la plus simple est le *cercle*. Nous n'emploierons dans nos études que des cercles ou parties de cercle. De plus, la courbe est d'autant plus difficile à tracer (à main levée) que son étendue est plus considérable, et les points de repère, les lignes droites de comparaison, plus écartées. Voilà pourquoi nous nous restreignons à l'emploi d'arcs de cercle de peu de développement (peu de longueur). Nous procédons par le *quart de cercle*, qui, prolongé et reproduit suivant des points de repère assez rapprochés, nous donne la $\frac{1}{2}$ circonférence, les $\frac{3}{4}$, le cercle entier.

Pour définir le mieux possible la forme et arrêter la dimension des courbes, nous employons comme ligne de repère la *corde* de l'arc qu'il s'agit de tracer : les points extrêmes de la corde, déterminés eux-mêmes par les intersections des lignes du quadrillage, fixent les limites de la courbe tracée. Nous emploierons d'abord les arcs ayant pour cordes les droites verticales et horizontales de la rayure, d'une, puis de deux ou trois *divisions* de longueur ; ensuite les arcs ayant pour cordes les obliques d'une et de deux diagonales ; enfin ceux qui correspondent aux obliques que nous avons formulées ci-devant $\frac{1}{3}$ et $\frac{2}{3}$.

Nous aurons lieu d'appliquer au tracé de ces courbes les notions acquises à l'aide des *anneaux*, relativement au *contact*, à l'*intersection*, au *raccordement*. La présente série ne doit donc être abordée qu'après les exercices des *anneaux*. Nous ajouterons à mesure, en fait de théorie, ce qui sera indispensable pour guider le travail des enfants.

PREMIÈRE SÉRIE D'EXERCICES.

Arcs sous-tendus par les côtés du petit carré.

Rappelez aux enfants la forme du cercle et sa division en deux et quatre parties. Tracez au tableau quadrillé une verticale d'une division : faites, à droite, un arc de cercle ayant (à l'œil) la courbure d'un quart de cercle, joignant les deux extrémités de la droite (pl. 23, fig. 1). Rappelez ce que c'est qu'un *arc* de cercle (anneaux, troisième exercice). Prenez une *latte*, et, attachant aux deux extrémités une petite ficelle, faites plier la latte de manière à lui donner la forme d'un *arc*. Cela fait, comparez la forme de cet objet à la figure tracée au tableau, et les enfants sauront pour toujours que « la droite qui joint les deux extrémités d'un arc de cercle s'appelle la *corde* de l'arc. »

Faites tracer, sur le *grand côté* de l'ardoise, une verticale d'une division. A droite, un arc de cercle semblable à celui qui figure au tableau. — Une autre verticale un peu plus loin, d'une division : un arc de cercle tourné en sens contraire, à *gauche* (fig. 2). Faites désigner l'arc, la corde.

Tracez et faites tracer : 1° une horizontale d'une division. Un arc de cercle *en dessous*, dont cette droite soit la corde (fig. 3). 2° Même tracé, l'arc en dessus (fig. 4).

Vérifiez, par une rapide inspection, les courbes tracées. Elles ne seront certes pas très-correctes.... mais il n'y a pas lieu d'insister encore beaucoup sur le tracé : l'important, en ce moment, c'est que les enfants aient compris.

Faites tracer un petit carré (de 1 division de côté); puis *dictez* les 4 arcs de cercle (fig. 5). Exécutez-les vous-même au tableau, le plus exactement possible, de manière que leur ensemble fasse un cercle satisfaisant pour l'œil. Faites observer le cercle ainsi formé « autour du carré » et conclure que les arcs ainsi tracés sont des quarts de cercle. C'est pour nous le point de départ; c'est du quart de cercle qu'il s'agit quand nous disons, pour abréger, un *arc*.

Faites tracer un petit carré semblable au précédent, et réaliser la figure 5 par des arcs tournés en sens inverse.

Expliquez aux enfants comment cette droite, qui est la corde de l'arc, nous sert à guider notre œil pour tracer l'arc d'une de ses extrémités à l'autre, et à juger de sa *courbure* par l'*espace* que l'arc, en sa convexité, laisse entre lui et la corde. Cette explication étant donnée sommairement et familièrement, le crayon en main comme toujours et en répétant le tracé de l'arc (fig. 1), ajoutez qu'il n'est pas nécessaire de tracer la corde de l'arc qu'on veut dessiner, puisque le trait de la rayure de l'ardoise suffit pour guider l'œil. Faites alors exécuter la série des courbes dans les quatre positions des figures 7, 8, 9, 10. Essayez dès lors d'obtenir quelque pureté et quelque régularité dans le tracé.

Cela fait, on fera réaliser, le mieux possible (ne soyons pas trop exigeants !), le cercle fig. 11 (circonscrit au carré), puis la fig. 12 ; les deux arcs en sens inverse, ayant pour corde commune une verticale d'une division (fig. 13) ; même figure se rapportant à la corde horizontale (fig. 14).

Ensuite, rappelant ce qu'on a enseigné avec les anneaux touchant le *raccordement* des arcs, faisant observer qu'on a déjà *raccordé* les arcs dont on a formé le cercle dans un des précédents exercices, on fera réaliser le demi-cercle, par raccordement de deux quarts, dans les deux positions, fig. 15 et 16 ; puis dans les deux autres positions inverses, non figurées ici. De là, on passera au raccordement en forme d'S, de deux arcs tournant en sens inverse (fig. 17 et 18). On fera observer la contiguïté des deux arcs de la fig. 19, qui se touchent par leur extrémité, sans cependant être raccordés. Enfin l'institutrice, rappelant ce qui a déjà été dit du contact de deux courbes (Anneaux) *en un seul point*, fera réaliser la figure 20, et multipliera, s'il le faut, les exemples.

Toutes ces explications auront été données graduellement, en une série d'exercices plus ou moins longue. Répétons encore ici ce que nous avons dit à l'occasion des obliques : les exposés un peu abstraits et les exercices un peu arides par lesquels l'enfant doit arriver à s'approprier une forme qu'il mettra plus tard en œuvre dans ses combinaisons, seraient rebutants, s'ils n'étaient donnés à petite dose, en quelques mi-

Page 218. Pl. 23.

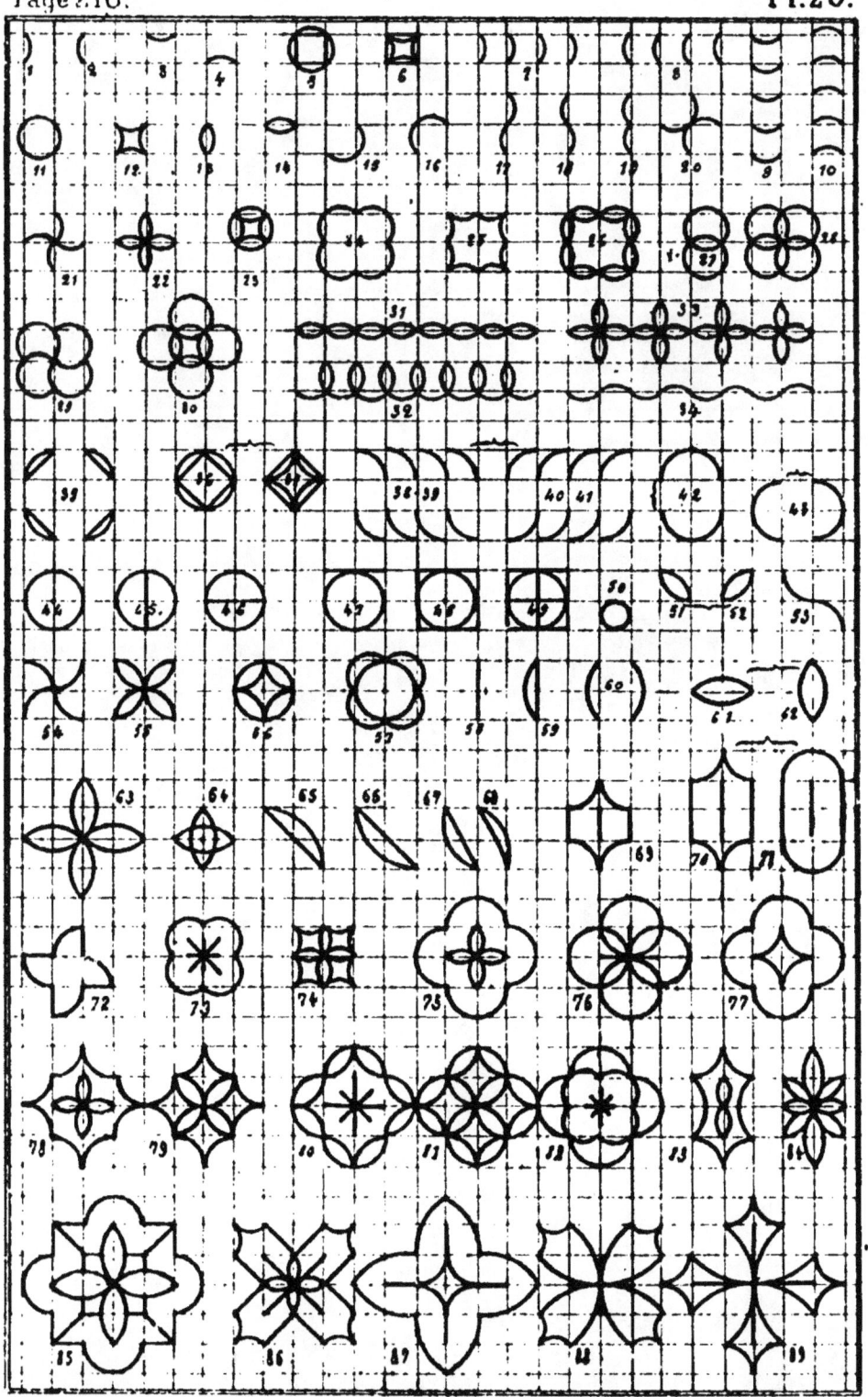

nutes au commencement de la leçon. Le reste du temps consacré au dessin, nous rendons l'enfant aux *inventions libres*, avec ou sans éléments *dictés*, exercices qu'il accomplit maintenant avec intérêt et sans fatigue.

Quand le petit élève, à l'aide des études élémentaires précédentes, saura tracer *à peu près* sa courbe, on lui dictera les figures plus *parlantes* déjà (formées à l'aide de l'arc ayant pour corde la verticale ou l'horizontale d'une division), des fig. 21, 22, 23, 24, 25, 26 (pl. 23); dès lors il pourra les introduire dans ses combinaisons à titre de *motifs*, concurremment avec ceux qui sont formés de lignes droites. En faisant réaliser la figure 27 et les suivantes, l'institutrice rappellera ce qui a été dit déjà (Anneaux, 4ᵉ exercice) relativement aux intersections : deux arcs de cercle ne peuvent se couper qu'en deux points.

L'institutrice peut maintenant *dicter*, ou même parfois faire copier sur tracé fait d'avance au tableau, un grand nombre de dessins formés de courbes, notamment un certain nombre de ceux qui ont été réalisés avec les anneaux; quelques-uns de ceux-ci devront être légèrement modifiés dans leur forme ou leur position.

Parmi ceux que nous désignons ici, elle trouvera des motifs de décoration que les élèves pourront faire entrer dans leurs compositions, soit seuls, soit mêlés aux éléments formés de lignes droites; les autres représentent des objets naturels, dessins toujours accueillis avec plaisir par les enfants. Nous avons donné quatre exemples seulement de combinaisons propres à encadrements, fig. 31, 32, 33 et 34; nous en désignons d'autres parmi celles qui ont été réalisées avec les anneaux; les enfants en inventeront eux-mêmes, une fois mis sur la voie.

Dessins réalisés à l'aide des anneaux et pouvant être reproduits dans les conditions ci-dessus, soit identiques, soit légèrement modifiés :

Anneaux. Pl. 12, fig. 7, 8, 9; 15; 27, 28;
   Pl. 13, fig. 47; fig. 51, posée diagonalement;
   Fig. 81; fig. 83, posée diagonalement;
   Pl. 14, fig. 90, posée diagonalement;
   Fig. 95, avec 2 sépales seulement au calice;
   Fig. 99; fig. 101, la feuille, modifiée.

DEUXIÈME SÉRIE D'EXERCICES.

Arcs sous-tendus par les diagonales.

Nous enseignerons maintenant aux enfants à tracer des arcs de cercle ayant pour corde une diagonale de nos petits carrés, ce qui donne à nos courbes une nouvelle disposition. Faites en conséquence tracer, suivant l'expression convenue, une oblique à gauche d'une diagonale; celle-ci sera la *corde*. Tracez et faites tracer l'arc. Faites réaliser de même les trois autres positions, réunies dans la figure 35 (pl. 23). — Formez le carré avec quatre diagonales (fig. 36); puis on tracera le cercle qui l'enveloppe. De même, vous ferez réaliser la figure 37, où les arcs tournent leur convexité en dedans du carré.

Faites alors observer que lorsqu'il s'agit de tracer un arc semblable, il n'est pas nécessaire de mener d'abord la diagonale : il suffit de conduire bien régulièrement la courbe d'un angle du carré (du quadrillage) à l'angle opposé. C'est ce à quoi les enfants s'exerceront en réalisant les tracés indiqués figures 38-39, 40-41. — Avec deux arcs *quarts de cercle* raccordés, on formera la demi-circonférence dans les quatre positions des figures 42 et 43; avec quatre quarts raccordés, le cercle entier, fig. 44.

Cette fois, nous pourrons profiter de la position que notre cercle occupe par rapport aux lignes du quadrillage pour enseigner quelques notions désormais indispensables. A la rencontre de la verticale et de l'horizontale qui se croisent dans le cercle, faites marquer un point : c'est le *centre* du cercle. Faites tracer la verticale de deux divisions qui traverse le cercle (fig. 45) : elle passe par le centre.

« Une ligne qui traverse le cercle en passant par le centre s'appelle le *diamètre* du cercle. »

On tracera ensuite l'horizontale de deux divisions (fig. 46) : vous ferez reconnaître que cette ligne, dans une autre direction, satisfait à la définition précédente : c'est aussi un diamètre de notre cercle. Faites tirer l'horizontale touchant le cercle (la tangente, fig. 47). Faites remarquer qu'une ligne droite ne peut *toucher* le cercle, *sans le couper*, qu'en un seul point : aidez-vous pour cela d'un des *anneaux* qui représentera le cercle ; un petit bâtonnet figurera la tangente, que vous appliquerez successivement en divers points. On tirera alors es quatre lignes verticales et horizontales *touchant* le cercle tangentes au cercle) : nous avons le cercle « enfermé » (*inscrit*) dans un carré, ce qui est l'inverse de la fig. 5 (réalisez-la au tableau), où c'est le carré qui est dans le cercle.

Ceci compris, invitez les enfants à tracer comme vous le petit cercle enfermé dans le carré du quadrillage, tant sur le grand que sur le petit côté de l'ardoise (fig. 50). Enfin, le cercle inscrit dans le carré divisé en quatre carrés de la fig. 49 étant tracé, faites observer que les deux *médianes* de ce carré forment les diamètres du cercle.

Ceci est suffisant, en fait de géométrie. Quand donc, au bout de plusieurs leçons, les enfants auront compris ces notions élémentaires, vous ferez réaliser les arcs « opposés » (ayant une corde commune), fig. 51, 52 ; puis les arcs raccordés, fig. 53, pour arriver aux fig. 54, 55, 56, reproduisant les fig. 21, 22, 23, mais sous une autre position. Ces nouveaux éléments acquis entreront immédiatement dans les combinaisons symétriques exécutées. — La figure 57 est une combinaison des arcs dans les positions diverses définies dans cette *seconde série* et dans la première.

TROISIÈME SÉRIE D'EXERCICES.

Arcs de développement plus étendu.

Nous avons pour visée, en cette troisième série, d'habituer l'enfant à donner un peu plus de développement à ses courbes.

Nous lui ferons donc tracer des arcs *quart de cercle*, ayant pour cordes des verticales ou des horizontales de deux divisions.

Il tirera d'abord la verticale (fig. 58); à gauche, sur l'horizontale qui la traverse par le milieu, il placera un point à moitié de la division (demi-longueur de côté). C'est le point que devra atteindre la convexité de la courbe. Ce point de repère ainsi déterminé correspond *sensiblement* à la courbure du quart de cercle demandé (fig. 59). — Puis on formera les arcs (fig. 60) sans tracer au préalable ni la corde ni le point. Mêmes tracés dans le sens horizontal. Viendront ensuite les arcs opposés (fig. 61, 62), entrant dans la composition des éléments fig. 69 et 70, qui en montrent une application immédiate. A partir de ce moment, les *motifs* tels que ceux des figures 89, 90, 91, sont réalisables pour les enfants.

Préparés par les exercices des séries précédentes, ces explications et ces tracés seront enseignés assez rapidement, et sans difficulté aucune. On passera alors aux arcs de cercle ayant pour cordes des obliques de deux diagonales (fig. 71, 72), par rapport auxquels on répétera quelques-uns des exercices de la deuxième série (fig. 35, 36, 37, etc.), *avec des dimensions doubles* : c'est, du reste, la seule différence.

Enfin, nous ferons tracer aux enfants des arcs (fig. 73, 74) ayant pour cordes les obliques $\frac{2}{1}$ et $\frac{1}{2}$ (voir la série des *obliques*); ils entrent dans la composition d'un grand nombre de *motifs*, tels que ceux des figures 93, 94, 95.

Nous avons rassemblé (fig. 75 et suivantes) un certain nombre d'exemples de motifs composés soit de courbes dans les conditions définies ci-avant, soit de ces mêmes courbes combinées avec des droites; l'institutrice en démêlera facilement d'autres qui font partie des combinaisons de la planche 24. Du reste, il y a un procédé facile pour obtenir des motifs semblables indéfiniment variés. Ce procédé, dérivé du mode même que nous avons suivi pour l'enseignement du tracé des courbes, consiste à remplacer par des arcs de cercle totalité ou partie des lignes droites d'un motif à contours rectilignes. — Ainsi l'étoile formée de losanges de la figure 74 (pl. 21) donnera, en remplaçant ses obliques $\frac{1}{2}$ et $\frac{2}{1}$ par les arcs correspondants, l'élément à lignes courbes dont est formée la figure 9 (pl. 24). L'institutrice devra *dicter* les motifs

Page 222. Pl. 24.

de la planche 23 et autres analogues, pour mettre les enfants sur la voie; ils en inventeront bientôt eux-mêmes de nouveaux. On fera analyser sommairement les formes de ces éléments, autant qu'il sera nécessaire : ainsi on fera reconnaître que le contour de la figure 81 est formé de quatre demi-cercles; que la figure 87 contient quatre cercles qui se coupent, etc., etc.

Les règles de la composition avec les courbes seront exactement les mêmes que déjà nous avons exposées à l'occasion des lignes droites. — Nous ajouterons seulement quelques observations relativement aux figures offertes comme exemple (pl. 24).

Les figures 1 et 2, pl. 24, montrent deux encadrements carrés, formés à l'aide des éléments, fig. 11 et 37, pl. 23. (Le cercle et une forme courbe à angles saillants.) Dans la fig. 1, ces éléments se suivent en alternant; dans la fig. 2, ils se pénètrent. On a achevé, aux angles, la petite rosette que la rencontre des courbes commence d'elle-même : c'est ainsi qu'en beaucoup de circonstances des rencontres de traits toutes fortuites conduisent à développer une forme qu'elles ébauchent. Ces encadrements entourent 2 figures, fig. 13 et 14 dont il sera parlé plus loin.

Les fig. 3, 4 et 5 offrent des symétries binaires de forme générale rectangulaire. La fig. 6 est une symétrie binaire résultant de la combinaison de deux éléments divers. Le premier, point de départ de la composition, est une croix (*ancrée*), ornée de deux courbes. En juxtaposant deux éléments semblables on peut observer, dans l'intervalle qui les sépare, la moitié du contour extérieur du deuxième motif. L'enfant auquel est due cette composition ayant observé cette ligne accidentée de droites et de courbes, a imaginé de la reproduire symétriquement autour d'un centre secondaire de symétrie qui est devenu le centre du deuxième élément. Cela fait, il a cherché quelle forme il pourrait bien inscrire dans ce contour; et l'instinct d'une certaine unité lui a fait rencontrer et choisir la petite croix centrale, comprenant comme la grande des droites, et des courbes de même disposition. Puis il a ajouté les lignes qui relient ces deux motifs. Nous avons détaillé le mode de construction de cette figure afin de faire comprendre comment on peut obtenir, sans effort d'imagination, des compositions d'un effet très-agréable.

Les fig. 7 et 8, aussi formées de deux éléments, ont été construites sur les mêmes principes : la fig. 8 avec la croix courbe qui figure au centre du deuxième élément de la composition précédente (fig. 6), et qui lui a été directement empruntée par l'enfant; l'autre, fig. 7, dérive d'un élément de la fig. 93, pl. 23, légèrement modifié, et de sa reproduction dans le sens oblique.

Les fig. 9, 10, 11 montrent comment on peut obtenir un élément courbe en modifiant un élément à lignes droites. La combinaison fig. 9 a pour base l'élément qui a servi à la construction de la fig. 11, pl. 22; la fig. 11, pl. 24, reproduit la fig. 9, pl. 22, modifiée par des courbes remplaçant certaines lignes droites.

Mettez dans le carré de la fig. 4, pl. 22, la croix fleurie, fig. 59, pl. 21; vous aurez un motif à lignes droites pouvant servir de point de départ à d'élégantes combinaisons. Modifié par quelques courbes remplaçant des droites, il a donné la fig. 10, pl. 24. L'entrelacement de la fig. 12, compliqué en apparence, résulte de courbes faciles à tracer. — Les fig. 13 et 14 occupant le centre des encadrements fig. 1 et 2 représentent une fleur et un feuillage ornemental.

Ces motifs imités d'objets naturels et quelques autres semblables empruntés aux dessins des anneaux (notamment les fig. 81, pl. 13; 42 et 43, pl. 12), ayant été étudiés dans une leçon préparatoire, on a fait exécuter, en *dictant* les dimensions des courbes directrices de l'une des deux branches, la composition fig. 16, pl. 24, afin de faire comprendre aux enfants comment on peut faire entrer de tels motifs dans une combinaison. Cette composition donnée pour type a été traduite par les enfants en plusieurs formes diverses de groupement.

C'est du reste la seule figure de la planche 24 qui n'ait pas été composée par les enfants. Nous l'avons donnée pour montrer comment on doit de temps en temps fournir des types qui *lancent* la fantaisie de nos petits artistes dans une voie nouvelle, et les empêchent de tourner dans un cercle trop étroit de formes connues. L'autre *coin*, fig. 15, est simplement le quart gauche supérieur d'une composition analogue à celle de la fig. 2.

L'ENLUMINURE.

Ce nouveau travail est encore une *variante* du dessin.

Le dessin sur papier quadrillé peut être exécuté avec des crayons de couleur; mais ce procédé est assez restreint dans ses applications. L'*enluminure* à la plume est susceptible de beaucoup plus de variété, et produit de plus jolis effets. Elle se fait de deux manières différentes.

La première consiste à *calquer* en couleur les contours d'une découpure déjà réalisée, maintenue entre les plis d'un papier transparent. Si la découpure est en papier de couleur, on se contente de la glisser entre les deux surfaces repliées; si elle est en papier blanc, on peut, pour la rendre plus visible, passer dessous un papier de teinte foncée.

Ces dispositions prises, l'enfant calque les contours en faisant glisser légèrement sa plume trempée dans la couleur. Il peut changer de teinte à sa fantaisie; la loi unique est de tenir compte de la symétrie. Les contours tracés, le petit dessinateur remplit les intervalles d'ornements délicats, plus ou moins heureusement choisis. Tantôt ce sont les vides de la découpure qui reçoivent les ornements, tantôt les parties correspondantes aux pleins. Les couleurs varient encore les dispositions.

Le second mode d'enluminure consiste à réaliser, suivant le procédé des dessins sur l'ardoise et le papier quadrillé, mais à la plume et en couleurs, des combinaisons analogues à celles dont nous avons longuement expliqué, ci-devant, la construction. Quelquefois le dessin a pour point de départ les *piqûres*, calque élémentaire d'un dessin déjà réalisé; on trace entre les points piqués, et cette fois sur du papier entièrement blanc, les lignes droites ou courbes qui forment la figure (voyez *Piquage*, page 187). Cet exercice a été adopté comme un nouvel élément de variété. Mais le plus souvent les enfants improvisent directement leur dessin sur papier quadrillé, soit sans modèle aucun, soit avec un élément donné. Tous les éléments des planches 21 et 22 et autres semblables, toutes les combinaisons dont les planches 23 et 24 offrent des exemples, peuvent être ainsi interprétés en couleur; ils offrent alors l'aspect le plus frais et le plus gai, et donnent aux petits travailleurs les vives jouissances d'un naïf contentement. — Il résulte de ce qui précède que les exercices d'*enluminure* doivent commencer lorsque les enfants ont déjà acquis quelque habileté au dessin.

DISPOSITIONS GÉNÉRALES.

Les carrés de papier quadrillé sont distribués comme d'ordinaire; pour le *calcage* des découpures, on distribue de même les découpures assujetties entre les deux plis d'un petit carré de papier à calquer assez transparent.

On doit choisir pour cet usage des découpures assez simples, surtout dans les premiers temps ; on préférera celles qui offrent des courbes assez régulières et un peu développées.

La maîtresse dispose elle-même devant les enfants de petits godets de porcelaine offrant 6 cavités. Chacun de ces godets peut suffire à 2 ou même 3 enfants. Les cavités sont à demi remplies de couleurs préparées à l'avance, ainsi qu'il est expliqué ci-après. Les plumes doivent être des plumes métalliques un peu longues, de taille *demi-fine*. Un petit chiffon sert à essuyer la plume quand, après avoir tracé tous les traits qu'il veut faire de même couleur, l'enfant veut changer de teinte.

Les couleurs doivent être préparées en petite provision dans des pots de porcelaine à *couvercle*. Un pinceau de moyenne grosseur est consacré à chaque couleur. On est presque toujours obligé d'y mélanger une certaine quantité de gomme, sans quoi la couleur serait trop fluide.

On se borne d'ordinaire à 6 couleurs : rouge, bleu, violet, vert, jaune, orangé ou brun. — Toutes les couleurs employées doivent être *non vénéneuses*. On peut faire usage des tablettes *non vénéneuses* spécialement préparées pour cet emploi ; les teintes n'en sont pas très-riches, mais il faut à tout prix éviter les dangers d'empoisonnement. Une *tablette* semblable dissoute et additionnée d'un peu de gomme, produit une sorte d'encre qui alimentera longtemps les godets, si on a soin de tenir couvert le petit pot de porcelaine qui la contient. La quantité de couleur versée dans chaque godet peut suffire à plusieurs exercices séparés par une semaine d'intervalle : en serrant les godets, on les superpose, de telle sorte qu'ils se recouvrent mutuellement; le dernier est recouvert d'une plaque de verre ou d'ardoise. L'évaporation est ainsi beaucoup ralentie; et il suffit avant de commencer l'exercice, d'ajouter quelques gouttes d'eau à la couleur devenue trop épaisse, en agitant un peu à l'aide du pinceau consacré à cette couleur.

Comme on peut ne pas avoir sous la main des couleurs en tablettes spécialement préparées, nous donnons ici une liste de couleurs *absolument inoffensives* que l'on peut trouver chez tous les marchands de fournitures de dessin, etc.

Rouges : Ocre rouge.
　　　　　Rouge d'Angleterre, colcothar.
　　　　　Rouge de Venise, rouge d'Anvers
　　　　　Rouge de Mars.
　　　　　Laque, carmin de garance.
　　　　　Laque carminée.
Violets : Violet végétal. — Laque carminée et bleu de **Prusse**.
Bleus : Bleu de Prusse. Carmin bleu, indigo.
Verts : Terre verte de Vérone. Laque verte. Vert de vessie. Vert d'Iris. Verts obtenus avec les jaunes de cette liste et le bleu de Prusse.
Jaunes : Ocre jaune. Jaune de Mars.
　　　　　Curcuma. Laque de Gaude.
Orangés : Orangés de Mars. — Mélanges des jaunes et des rouges ci-dessus.
Bruns : Brun Van-Dyck. Terre de Sienne brûlée. Brun de Prusse. — Sépia.

EXERCICES.

Les enfants apprendront à se servir de la plume en reproduisant les séries de verticales, d'horizontales et d'obliques des premières figures (pl. 20 et 21) : on n'insistera pas longuement, et on passera aux combinaisons obtenues avec des éléments déjà étudiés au crayon, puis aux *inventions libres* (voir le *Dessin*).

Aussitôt que les enfants sauront se servir de la plume, on alternera les enluminures sur papier quadrillé (en suivant les séries progressives du dessin), avec les calcages de découpures.

Les ornements que les enfants réussissent le mieux à combiner aux contours calqués des découpages sont :

1º Le semis de points, remplissant l'intervalle.
2º La rangée de points, accompagnant parallèlement le contour tracé.
3º Des étoiles analogues à celles de la fig. 10, pl. 22. — Un semis de petites croix ou de petites étoiles.

4° Des bordures *dentées*, anguleuses ou courbes, accompagnant les contours.

5° Des hachures fines, parallèles ou croisées ; des hachures formant un quadrillé ou un rayé très-fin, mêlé de points entre les lignes.

6° Des bordures semblables à celles des fig. 31, 32, 34, pl. 23.

7° Les imitations de fleurs de couleurs variées, de feuillages verts.

L'institutrice enseignera, sous forme de conseils, ces divers ornements de remplissage et autres analogues, lorsque l'imagination ou l'expérience faisant défaut aux petits travailleurs, ils se trouveront dans l'embarras. Bientôt l'essor donné, la fantaisie éveillée, il n'y aura plus lieu d'intervenir que pour en contenir les écarts.

OBSERVATIONS ET RENSEIGNEMENTS DIVERS.

EMPLOI DU TEMPS DANS UNE CLASSE ENFANTINE.

Nous donnons ici, à titre de renseignement, la division des heures de la journée que l'expérience nous a fait adopter pour une petite classe.

Matin. 9 heures. — Marches au préau avec chants, se terminant par l'entrée en classe.
   Exercices de lecture, accompagnés des tracés de lettres. (Enseignement simultané de la lecture et de l'écriture ; voir ci-après.)
   10 heures. — Gymnastique; jeux et chants.
   10 heures et demie. — Leçon intuitive.
   11 heures. — Exercices arithmétiques et géométriques, avec les bâtonnets, les lattes, le Boulier, etc.
   11 heures et demie. — Repas, récréation.

Après-midi. 1 heure. — Chants. — Dessin et ses variantes (enluminures, piquages, etc., alternant suivant les jours).
   2 heures. — Marches, jeux gymnastiques, jeux organisés.
   2 heures et demie. — Travaux de Frœbel : Tressage, tissage, pliage, découpage (alternant).
   3 heures. — Récréation.
   3 heures et demie. — Premier enseignement raisonné de la langue. — Écriture; exercices sténographiques.
   4 heures et demie. — Exercices et constructions avec les cubes, les prismes, les bâtonnets, les lattes, les anneaux (alternant).

Pour montrer la mise en œuvre de l'emploi du temps, et la correspondance des diverses matières de l'enseignement, nous reproduisons ici quelques pages du journal d'une petite classe. Ce journal est un cahier sur lequel l'institutrice écrit chaque jour le sujet de la leçon orale, la nature et le degré des exercices, afin de se rendre un compte exact de la marche de son enseignement.

Lundi 5 mai. Lecture. — Explication du texte.
        Leçon. — Botanique. — La racine.
        Arithmétique. — Soustraction (Bâtonnets).
        Dessin. — Éléments formés d'obliques.
        Découpage (série D).
        Exercices oraux : Fonct. de l'adjectif.
        3e don (volume).

Mardi. Lecture. Analyse des voyelles.
        Leçon. — Géographie. — Montagnes et vallées.
        Géométrie (Bâtonnets). Rectangle et parallélogramme.
        Dessin. Points piqués.
        Pliage : Parallélogramme.
        Exercices oraux : Phrases avec adjectifs.
        Lattes.

Mercredi. Lecture. Analyse des consonnes.
        Leçon. — Zoologie. — Rongeurs.
        Arithmétique. Soustraction. Pose des chiffres.
        Dessin. — Obliques.
        Tissage.
        Leçon orale : La forêt, le bûcheron.
        3e don.

Jeudi. Lecture. Historiette morale. — Réflexion.
        Leçon. — La pluie.
        Géométrie (Lattes). — Les angles.
        Dessin, calque en couleur.
        Piquage brodé.
        Exercices oraux : Phrases au singulier et au pluriel.
        Anneaux.

Vendredi. Lecture. Analyse du tracé des lettres.
        Leçon. — Minéraux; la chaux.
        Arithmétique. Révision sur la numération.
        Dessin. — Commencement des courbes.
        Découpage.
        Exercices oraux : Verbe.
        Lattes.

Samedi. Lecture.
        Leçon. — Le sucre. Dissolution.
        Géométrie : Parallèles (révision).
        Dessin sur papier.
        Pliage.
        Exercices oraux : Lecture et explication d'un récit.

OBSERVATIONS ET RENSEIGNEMENTS DIVERS.

LIVRES A CONSULTER POUR L'APPLICATION DES PROCÉDÉS DE FRŒBEL.

Nous indiquons ici quelques livres où on peut puiser d'utiles renseignements :

De l'éducation de l'homme, par Frœbel.
Les causeries de la Mère, par Frœbel.
Le Manuel des Jardins d'Enfants, par Jacobs.
Histoire d'un Jardin d'Enfants, par Mlle Octavie Masson (Liége.)
La Gymnastique du premier âge, jeux et exercices, par Jules Guillaume (Bruxelles).
Récréations instructives (jeux, rondes, etc.), par M. Delbrück.
Jeux gymnastiques, par Mme Pape-Carpantier.

NOTE SUR L'ENSEIGNEMENT DE LA LECTURE ET DE L'ÉCRITURE.

Pour faire entrer dans l'esprit de la *méthode intuitive* l'enseignement de la lecture, nous faisons d'abord observer sommairement à l'enfant le mode de production de chaque son et de chaque articulation de son langage, en lui montrant puis lui faisant immédiatement reproduire le *signe écrit*, la lettre qui correspond au son, à l'articulation analysée, nous conformant, tant pour la classification que pour la progression, aux principes de la science linguistique, tels qu'ils sont si nettement établis dans le livre de M. Chavée : *Enseignement scientifique de la lecture*. En même temps, et pour venir en aide à la mémoire des enfants, pour leur faciliter la décomposition et la recomposition de la syllabe, nous employons l'excellent procédé mnémonique dit *procédé phonomimique* de M. A. Grosselin. — L'enseignement simultané de la lecture et de l'écriture, à l'aide duquel l'enfant apprend à reconnaître les lettres en les traçant lui-même, est généralement pratiqué en Belgique, où il produit les meilleurs résultats.

NOTE RELATIVE A L'ACCOMPAGNEMENT DU CHANT.

Pour faciliter l'introduction de la musique et plus particulièrement de l'accompagnement du chant dans les écoles, nous avons fait construire, d'après nos indications, un petit orgue spécialement adapté aux conditions d'un tel emploi. L'instrument peut donner toutes les nuances du son, depuis la plus grande douceur jusqu'à un degré de force plus que suffisant. Il est contenu dans un meuble formant bureau pour l'institutrice, et disposé de telle sorte que celle-ci n'ait à subir aucun dérangement lorsqu'elle veut faire chanter les enfants, ni aucune incommodité pendant le temps où elle ne fait pas usage de son orgue.

TABLE DES MATIÈRES.

INTRODUCTION.

De la Méthode intuitive .... Page	1
Des Exercices et Travaux de Frœbel..	17

EXERCICES ET TRAVAUX.

Le Jeu de la balle (1er don)...	43
La Sphère, le Cube, le Cylindre (2e don)...............................	55
Les Cubes (3e don)..	69
Les Prismes (4e don)..	88
Les Bâtonnets...	103
Les Lattes..	127
Les Anneaux..	139
Le Tressage...	147
Le Tissage..	149
Le Pliage...	153
Le Découpage...	173
Le Piquage..	187
Le Dessin...	193
L'Enluminure...	225
Observations et renseignements divers...	229

FIN DE LA TABLE.

35956. — Imprimerie Lahure, rue de Fleurus, 9, à Paris.

COURS
D'ÉDUCATION ET D'INSTRUCTION
POUR LES ENFANTS DES DEUX SEXES
DE 5 A 12 ANS
PAR MME PAPE-CARPANTIER
avec la collaboration de professeurs de lettres et de sciences

Ce Cours comprend deux années préparatoires, une période élémentaire et une période moyenne. Les volumes destinés aux élèves sont imprimés dans le format grand in-18, contiennent des gravures intercalées dans le texte et se vendent cartonnés.

PREMIÈRE ANNÉE PRÉPARATOIRE (de 5 à 7 ans).

Manuel des maîtres, comprenant : l'exposé des principes de la pédagogie et le guide pratique de la première année. 2 fr. 50	Petites lectures morales; premières notions de grammaire. 50 c.
Enseignement de la lecture, à l'aide du procédé phonomimique de M. Grosselin. 50 c.	Premières notions d'arithmétique, de géométrie et du système métrique. 50 c.
Tableaux reproduisant la méthode 3 fr.	Premières notions de géographie et d'histoire naturelle. 75 c.

DEUXIÈME ANNÉE PRÉPARATOIRE (de 7 à 8 ans).

Lectures morales et instructives; grammaire, 1 vol. 1 fr.	Géographie ; premières notions sur quelques phénomènes naturels. 75 c.
Arithmétique; géométrie; système métrique. 1 fr.	Histoire naturelle ; leçons préparatoires à l'étude de l'hygiène. 1 fr.

PÉRIODE ÉLÉMENTAIRE (de 8 à 10 ans).

Manuel des maîtres, guide pratique de la période élémentaire. 2 fr. 50	Premiers éléments de cosmographie; géographie. 1 fr. 50
Grammaire, lectures et dictées. 1 fr. 50	Histoire naturelle. 1 fr. 50
Arithmétique; géométrie appliquée; système métrique avec problèmes. 1 fr. 50	Premières notions d'hygiène, de physique et de chimie. 1 fr.

PÉRIODE MOYENNE (de 10 à 12 ans).

Grammaire, accompagnée de dictées, exercices. 1 fr. 50	Hygiène ; physique et chimie. 2 fr.
Éléments de cosmographie ; géographie de l'Europe. 2 fr. 50	Arithmétique ; système métrique ; géométrie; dessin. 2 fr.

www.ingramcontent.com/pod-product-compliance
Lightning Source LLC
Chambersburg PA
CBHW070754170426
43200CB00007B/779